UNE VIE
EN MUSIQUE

DANIEL BARENBOIM

UNE VIE EN MUSIQUE

Avec la collaboration
de Michael Lewin

*Traduit de l'anglais
par Charles Ballarin*

PIERRE BELFOND
216, boulevard Saint-Germain
75007 Paris

Cet ouvrage a été publié sous le titre original
A LIFE IN MUSIC
par Georges Weidenfeld and Nicolson Limited, Londres

Si vous souhaitez recevoir notre catalogue
et être tenu au courant de nos publications,
envoyez vos noms et adresse, en citant ce livre,
aux Éditions Pierre Belfond,
216, bd Saint-Germain, 75343 Paris cedex 07.
Et, pour le Canada, à
Edipresse Inc., 945, avenue Beaumont
Montréal, Québec H3N 1W3.

ISBN 2.7144.2883.5

AVANT-PROPOS

Lorsque j'étais enfant, et plus tard pendant mon adolescence, j'étais fasciné par les biographies. Je dévorais, les unes après les autres, les vies de gens que j'admirais, de gens que je n'aimais pas, et même d'autres que je ne connaissais pas. Pourtant, quel que fût le plaisir que j'y prenais, j'ai toujours pensé que la part personnelle de la vie d'un artiste doit demeurer privée. Cela ne veut pas dire qu'il n'y a pas de liens entre l'homme public et l'individu qui se cache derrière lui. Néanmoins, il me semble que ces deux faces de la vie d'un homme doivent demeurer distinctes. Peut-être suis-je devenu conscient de cela à cause des nombreuses années pénibles que j'ai traversées lors de la maladie de ma première femme; c'est à cette époque que j'ai commencé à être particulièrement sensible à tout ce que je considérais comme une intrusion dans ce qui demeure pour moi un domaine personnel.

L'aspect autobiographique n'est là, par conséquent, que pour servir de fil conducteur aux réflexions sur la musique, et sur les liens existant entre elle et l'existence, qui sont la matière de ce livre.

J'ai souvent observé que la musique m'accompagne partout, même dans des situations qui ne lui sont liées ni directement, ni indirectement. Je n'ai jamais éprouvé le besoin de la mettre entre parenthèses, pour ainsi dire, afin de faire autre chose. J'ai beaucoup d'autres activités dans la vie mais, d'une certaine manière, la musique demeure pour moi une compagne de tous les instants. C'est probablement pour cela que je ne me suis jamais senti capable de m'exprimer avec des mots aussi pleinement que j'ai pu le faire grâce à la musique. Cependant, sans avoir jamais éprouvé le besoin, ni le désir, d'écrire une biographie au sens conventionnel du terme, il me semble que l'expérience particulière de quelqu'un qui non seulement fait de la musique, mais vit littéralement dans la musique, méritait d'être racontée.

D'après ce que je viens de dire, il est clair que je n'ai nullement l'intention de faire référence à des sujets d'ordre personnel, à plus forte raison privés. Je n'aurai pas davantage l'arrogance de penser que, même après quarante ans sur scène, j'ai quoi que ce soit de définitif à dire sur la musique et les musiciens, j'ai simplement essayé de mettre par écrit les impressions d'un homme obsédé par la musique, et qui a le souci d'analyser son obsession.

1

En Argentine

Mes grands-parents étaient tous les quatre juifs, originaires de Russie. Au début du siècle, lors des pogroms atroces qui eurent lieu dans leur pays, mes grands-parents maternels, qui étaient encore très jeunes, émigrèrent en Argentine. Je crois même qu'ils se sont connus sur le bateau ; ma grand-mère avait quatorze ans, mon grand-père seize. Ils vécurent en Argentine jusqu'en 1952, et c'est là que leurs six enfants virent le monde et furent élevés. Ma grand-mère maternelle était une sioniste convaincue depuis sa jeunesse. En 1929, elle emmena ma mère, alors âgée de dix-sept ans, en Terre sainte. Il s'agissait d'une simple visite. Néanmoins, la sœur aînée de ma mère est restée là-bas, et y a vécu jusqu'à sa mort.

Les milieux que fréquentaient mes grands-parents se passionnaient pour la question juive. La maison de ma grand-mère devint un lieu de rendez-vous pour les sionistes, où l'on débattait des espoirs et des grands objectifs du sionisme. On y évoquait aussi la création d'Israël, un État fondé sur les bases du socialisme sioniste – en hébreu, on disait *Mapai.* Il ne s'agissait pas d'un socialisme au sens soviétique, mais au sens occidental du terme. J'ai très bien connu mes grands-parents maternels. Ils ont émigré en Israël presque à la même époque que mes parents et moi, en 1952. Au début, d'ailleurs, nous avons vécu ensemble dans un appartement minuscule, et quand j'étais enfant, et pendant mon adolescence, nous sommes restés très proches.

Je n'ai jamais connu ma grand-mère paternelle, en revanche. Elle est morte avant le mariage de mes parents.

Mon grand-père, qui était horloger, est mort alors que j'avais quatre ou cinq ans, si bien que j'ai fort peu de souvenirs de lui, sinon qu'il ne se sentait guère concerné par la question juive. Les parents de mon père étaient d'un milieu différent de celui de mes grands-parents maternels, bien que les deux familles fussent très liées. Mon père, qui s'intéressait passionnément à la musique depuis sa plus tendre enfance, a toujours été partagé entre la possibilité de faire une carrière de pianiste et le souci de maintenir l'unité de sa famille. On lui proposa, au cours des années trente, d'aller donner des concerts aux États-Unis, mais il refusa : l'attrait de la vie familiale était le plus fort.

Mon père s'est toujours intéressé aux choses de l'esprit davantage qu'à la politique. Il assistait aux conférences que le philosophe Ortega y Gasset donnait à Buenos Aires, fréquentait des milieux plus intellectuels que la famille de ma mère. Lorsqu'ils se sont connus, puis mariés, ils se sont ouvert mutuellement des horizons nouveaux. Ma mère fit la découverte d'une curiosité intellectuelle qu'elle n'avait pas connue chez elle. Quant à mon père, il prit conscience de son appartenance au peuple juif, à travers les gens qu'il fréquentait avec ma mère, et commença à s'intéresser activement aux problèmes de notre peuple.

Je crois que l'Argentine n'a pas connu de gouvernement à proprement parler démocratique depuis les années trente, c'est-à-dire jusqu'à l'arrivée de Perón. C'est lui en effet qui a jeté les semences de l'histoire pour le moins chaotique de l'Argentine contemporaine. Nous vivions alors dans un pays très riche, qui subvenait à quatre-vingt-quinze pour cent de ses besoins. Il ne lui manquait que du pétrole. Perón, en bon démagogue, entreprit de transformer l'Argentine en un pays industriel, encourageant, à force de subventions, de nombreux paysans à venir dans les villes. Aujourd'hui encore, près d'un tiers de la population vit à Buenos Aires et dans les villes environnantes.

En ce qui concerne la politique étrangère, Perón fit

preuve d'une certaine habileté. Il ouvrit les portes de son pays aussi bien aux Juifs victimes du nazisme qu'aux nazis eux-mêmes. Le sud de l'Argentine, le Bariloche, était une véritable place forte nazie, et pendant les dernières années de la Seconde Guerre mondiale, il n'était pas rare de voir des gens échanger ouvertement des saluts nazis.

Ce qui n'empêchait pas que l'immigration et la présence d'une communauté juive étaient généralement acceptées. Il y avait environ sept cent mille Juifs en Argentine à cette époque. En importance, il s'agissait de la troisième communauté juive du monde, après celles d'Union Soviétique et des États-Unis. Le Grand Rabbin de Buenos Aires était, je m'en souviens, en très bons termes avec le régime péroniste. Celui-ci surveillait de très près l'activité et les opinions politiques. La dictature était assez stricte, mais autant que je m'en souvienne, il n'y avait pas la moindre manifestation d'antisémitisme, ni en public, ni en privé. La vie des membres de la communauté juive était très bien organisée et très ouverte. J'allais dans une école juive et, pour la gymnastique et le sport, mes parents m'avaient également inscrit dans un club juif qui s'appelait le Macchabée.

Je suis né le 15 novembre 1942. Dans les années quarante, Buenos Aires était une capitale musicale, ce qui n'est malheureusement plus le cas aujourd'hui. Arturo Toscanini y venait, ainsi que Wilhelm Furtwängler, le jeune Herbert von Karajan, et, avant eux, Richard Strauss, Wilhelm Backhaus, Walter Gieseking, Arthur Rubinstein, Erich Kleiber et Claudio Arrau, s'y étaient produits assez fréquemment.

De même qu'en Europe, on trouvait fort peu de disques dans le commerce – à cette époque, il n'y avait que les 78 tours – si bien qu'on jouait encore énormément de musique de chambre chez soi. Au Teatro Colón, il y avait une saison allemande et une saison italienne, ainsi qu'un grand nombre de concerts symphoniques. L'un de mes premiers souvenirs se rattachant à un artiste mondialement connu remonte à 1949, lorsque Adolf Busch joua le *Concerto* pour violon de Beethoven, et dirigea un orchestre de chambre dans les *Concerti grossi* de Haendel. J'eus la chance de pouvoir assister à de nombreuses répétitions, et jouai même devant lui. C'était la première fois que je rencontrais un musicien de cette importance.

Mon père avait étudié le piano avec le grand pédagogue italien Vincente Scaramuzza, qui a vécu jusqu'à un très grand âge puisque Martha Argerich, qui a trente ans de moins que mon père, a été son élève elle aussi. Mon père jouait à Buenos Aires et dans les environs, donnait des concerts avec d'autres musiciens. Mais sa vraie passion était l'enseignement. C'est une des raisons pour lesquelles il n'a jamais fait une carrière de pianiste de concert. Ma mère, elle aussi, était professeur de piano. Elle enseignait aux enfants et aux débutants, tandis que mon père, lui, s'occupait des élèves les plus avancés. Quand j'étais enfant, chaque fois qu'on sonnait à la porte, je savais que c'était quelqu'un qui venait prendre sa leçon. J'ai donc grandi avec la conviction que tout le monde jouait du piano, et il m'a fallu un certain temps pour me rendre compte qu'il y a des gens qui n'en jouent pas!

Quand j'avais quatre ans, mon père donna plusieurs concerts avec un violoniste. Les répétitions avaient lieu chez nous. J'ai soudain éprouvé une envie folle de jouer du violon, afin de pouvoir jouer moi aussi avec mon père. J'étais plutôt petit et, lorsque enfin mes parents se décidèrent à chercher un violon pour ma taille, j'avais déjà changé d'avis : ayant vu mon père jouer des duos avec un autre pianiste, j'avais compris que je pouvais également jouer avec lui au piano. C'est ainsi que je choisis le piano. J'avais cinq ans lorsque je débutai. Ma mère m'apprit à lire la musique et me donna mes premières leçons. Puis je commençai à étudier avec mon père. Il a été mon seul professeur pendant les premières années, et les principes de base qu'il m'a inculqués me sont restés gravés dans la mémoire.

Tous les musiciens de Buenos Aires, et ceux qui se trouvaient en tournée en Argentine, se rendaient au 1257 Talcahuano. C'était là qu'habitait la famille juive originaire d'Autriche d'Ernesto Rosenthal. On y jouait de la musique de chambre le vendredi soir (Rosenthal lui-même était violoniste à ses heures). J'y ai fait deux rencontres qui devaient avoir une grande importance pour moi. La première fut celle de Sergiu Celibidache, devant qui j'ai passé une audition alors que j'avais sept ou huit ans. Je devais le revoir souvent par la suite en Israël. J'assistais à toutes ses répétitions et à chacun de ses concerts : j'avais tellement de choses à apprendre de lui ! Je l'ai perdu de vue ensuite, jusqu'à la fin des années soixante. Ma première femme, Jacqueline du Pré, joua avec lui à Stockholm, mais pour ma part, ce n'est que lorsqu'il arriva à Munich que je commençai à jouer régulièrement avec lui.

L'autre rencontre importante que je fis chez les Rosenthal fut celle du chef d'orchestre et compositeur russe Igor Markevitch. Mes relations avec lui ont été moins suivies qu'avec Celibidache. Mais c'est lui qui, alors que j'avais neuf ans, a dit un jour à mon père : « Votre fils joue très bien du piano, mais je peux vous dire, à sa manière de jouer, qu'il est fait pour être chef d'orchestre. » Mon père m'avait appris à jouer de telle façon que je sonnais comme un orchestre.

A première vue, le piano est un instrument beaucoup moins intéressant que les autres. Il suffit d'enfoncer les touches pour obtenir du son. Le résultat est le même que ce soit Arthur Rubinstein, un cendrier, ou un caillou qui enfonce la touche. L'ennui, c'est que le fait d'appuyer sur les notes ne suffit pas à produire un son coloré ou intéressant. C'est la raison pour laquelle le piano paraît au début un instrument bien moins gratifiant que les autres. Cependant, une fois qu'on a accepté cette neutralité, on se rend compte que c'est précisément elle qui confère au piano ses multiples possibilités expressives. On est un peu en face d'un piano comme un peintre devant un mur totalement blanc, au lieu d'être bleu, ou vert. Le mur tel qu'il se présente est certainement moins séduisant, mais si on veut peindre dessus, sa neutralité nous laisse des possibilités infiniment plus vastes. Cela ne s'applique ni au violon, ni au hautbois, par exemple : ce sont des instruments qui ont une couleur propre. Bien entendu, les grands violonistes doivent avoir une sonorité particulière. Celle de David Oïstrakh n'est pas celle d'Isaac Stern, ou d'un autre. Mais elle demeure la sonorité d'un violon. Celle du piano, au contraire, est neutre. C'est la pression sur les touches qui produit le son, et c'est la raison pour laquelle le piano est, au premier abord, à la fois plus facile et moins intéressant. Je crois que cet instrument possède, et c'est bien là ce qui le différencie des autres, le pouvoir de sonner comme s'il était n'importe lequel d'entre eux. Grâce à sa sonorité neutre, le piano pouvait sonner à mes oreilles comme un orchestre. Peut-être est-ce là ce qui a incité Markevitch à penser que j'étais fait pour être chef. Mon père m'avait également enseigné l'importance du rythme, ce qui est un aspect essentiel de la formation d'un chef d'orchestre.

Ce fut Adolf Busch qui poussa mes parents à me faire jouer en public, à l'inverse de ce qu'il aurait, dit-on, conseillé au jeune Yehudi Menuhin, à qui il avait suggéré de se consacrer d'abord complètement à l'étude. Tout ce dont je me souviens – mais est-ce vraiment un souvenir, ou me l'a-t-on raconté ? – c'est qu'il me semblait parfaitement naturel d'entrer sur une scène pour jouer devant un public. J'adorais aller jouer chez les gens. Lors des soirées de chambre chez les Rosenthal, je jouais pour tous ceux qui voulaient bien m'écouter, et les gens étaient toujours curieux d'entendre ce qu'un enfant de sept ans était capable de faire.

C'est au mois d'août 1950, alors que j'avais tout juste sept ans, que j'ai donné mon premier concert officiel à Buenos Aires. Le programme comprenait toute une série de pièces, parmi lesquelles une œuvre de Prokofiev.

J'ai commencé mes études en Argentine, pour les achever en Israël. Même lorsque j'ai commencé à jouer plus souvent en public, à l'âge de treize ou quatorze ans, je ne partais jamais pour de longues tournées, si bien que j'ai eu une éducation parfaitement normale. Si je m'absentais en plein trimestre, je rattrapais et, à y bien réfléchir, je ne crois pas avoir perdu un moment de ma jeunesse ni de mes études à cause de mes concerts. Le seul effet négatif, en ce qui me concerne, de ces interruptions, est que j'avais du mal à m'organiser dans mon travail, et à me plier à la discipline, pour laquelle je n'ai jamais eu beaucoup de goût. J'étudiais le piano une heure et demie, deux heures tout au plus, par jour. Une fois par semaine, j'avais l'autorisation de jouer tout ce que je voulais, aussi longtemps que je le désirais. C'est ce qui m'a permis de développer ma faculté de déchiffrer, et de me familiariser avec un vaste répertoire.

A l'âge de huit ans, j'ai donné mon premier concert avec un orchestre, à Buenos Aires, en jouant le *Concerto* n° 23, K. 488 de Mozart. Cependant, bien que j'aie joué Mozart depuis le tout début, c'est Beethoven qui, à cette époque, représentait le plus pour moi. Ma grand-mère, qui ne connaissait rien à la musique, disait toujours : « Beethoven, pfff ! » Chaque fois que je me mettais au piano, elle se plaignait : « Voilà que tu remets ça avec ton Beethoven ! »

Lorsque l'État d'Israël a été fondé, en 1948, mes parents ont eu le désir d'y émigrer. Rien ne nous forçait à quitter l'Argentine, et notre départ n'avait rien à voir avec l'antisémitisme. Ce fut une décision réfléchie, prise pour des raisons positives. Il reste que, pour mon père, ce fut un profond bouleversement de quitter son pays. A la différence de ma mère, ce n'était pas un sioniste enthousiaste. Ce n'est que plus tard qu'il a vraiment pris conscience des enjeux du sionisme et de la situation particulière des Juifs.

J'ai étudié avec mon père jusqu'à l'âge de dix-sept ans. Je crois que j'ai eu de la chance de n'avoir pas dû changer de professeur. De nombreux musiciens passent d'un professeur à l'autre, apprenant chaque fois une nouvelle façon de jouer. Il leur faut alors oublier ce que le professeur précédent leur a dit, et s'adapter à une nouvelle méthode. Cela peut même s'appliquer aux aspects techniques : certains professeurs vous disent de jouer en gardant le poignet très haut, d'autres au contraire, veulent qu'on ait le poignet bas. Et il y en a qui veulent que l'on joue avec les doigts à plat, alors que les autres exigent, au contraire, que l'on joue avec les doigts recourbés. Tous ces changements nuisent à la sincérité et à la spontanéité du jeu.

Pour moi, apprendre à jouer du piano était une chose aussi naturelle qu'apprendre à marcher. Mon père avait une idée fixe : il fallait que tout soit naturel. Le principe fondamental de mon éducation musicale supposait qu'il n'existait aucune coupure entre les problèmes musicaux et les problèmes techniques. Pour mon père, c'était d'ailleurs une question de philosophie : jamais il ne m'a obligé à faire des gammes ou des arpèges. C'est en jouant la musique que mes qualités de pianiste se sont développées. L'un des principes premiers qu'il m'enseigna, et auquel je tiens encore, était de ne jamais jouer une seule note de manière machinale. L'enseignement de mon père était fondé sur la conviction qu'il y a déjà bien assez de gammes dans les concertos de Mozart.

Je rencontre souvent des musiciens qui essaient de résoudre leurs problèmes en traitant d'abord les difficultés techniques. Ce n'est que par la suite qu'ils ajoutent la qualité musicale, comme le nappage sur un gâteau. Il faut au contraire que les deux aspects demeurent liés dès le départ, parce que les moyens techniques mis en œuvre pour surmonter certains écueils d'ordre physique auront fatalement une incidence sur le jeu et l'expression. Je travaille toujours en premier les passages techniquement périlleux – séparément, et en prenant mon temps – afin d'apprendre à les maîtriser, et de définir un phrasé. Il faut résister à la tentation d'essayer le tempo correct tant qu'on ne maîtrise pas bien le passage sur un tempo plus lent. En outre je ne commence jamais par jouer un passage difficile de façon mécanique, avec l'intention d'ajouter le phrasé plus tard. Un passage techniquement difficile doit être joué lentement jusqu'à ce qu'on le maîtrise parfaitement, mais avec l'expression musicale juste dès le départ. Séparer l'aspect technique de l'expression en musique revient à séparer l'âme du corps.

Mon père attachait une grande importance à la polyphonie – à l'indépendance des voix. C'est pour cela qu'il me faisait jouer souvent des œuvres de Bach. Au piano, on ne se sert pas de ses deux mains comme si elles constituaient deux unités indépendantes. On joue au contraire soit avec un ensemble constitué de dix doigts – Liszt utilisait et composait des arpèges et des passages sans césure d'une main à l'autre, montrant par là que les deux mains sont solidaires – soit avec dix unités, c'est-à-dire dix doigts indépendants. Dans l'idéal, il faut une combinaison des deux. En tout état de cause, il ne faut jamais considérer les mains séparément. Je pense que le fait d'avoir deux mains, du moins en ce qui concerne le piano, est un handicap physique, qui ne nous avance à rien.

J'ai appris très vite combien il est important de faire attention à la polyphonie, et de la travailler. L'idée fixe de mon père – chaque chose doit être complètement naturelle – procédait d'une conception philosophique : pas d'esprit sain sans corps sain. Il affirmait que la façon dont on s'asseoit au piano traduit un état d'esprit. C'est pourquoi il insistait pour que j'adopte une position naturelle, assis à une distance qui me permette de mettre tout le poids nécessaire sur les touches. Le siège ne doit être ni trop bas ni trop haut, afin qu'on puisse se tenir avec le dos droit. Il voulait que je sois au piano comme si j'étais à table en train de manger : ainsi mes bras et mes mains pouvaient tomber naturellement sur les touches. Il ne faut pas jouer la tête entre les épaules car on gâche une énergie indispensable pour jouer. Lorsqu'on est assis avec les épaules décontractées, au contraire, le poignet devient le prolongement naturel du bras, et une ligne ininterrompue se crée de l'épaule au bout des doigts. Ce sont là des principes de base dont j'ai fait mon profit plus tard.

Le problème suivant est de contrôler les mouvements du poignet, et de décider si on jouera avec les doigts à plat ou recourbés. On peut peut-être comparer le poignet à l'archet sur un instrument à cordes. Celui-ci, en effet, doit se déplacer horizontalement, jamais verticalement. Pour le legato, en particulier, c'est un facteur essentiel. Ce sont les doigts, et non un mouvement de haut en bas du poignet, qui sont responsables de l'articulation. On a tendance à concevoir le legato comme le simple fait de lier les notes les unes aux autres. Mais même dans le legato, chaque note doit être articulée individuellement. C'est là qu'il est important de savoir si on jouera avec les doigts à plat ou recourbés. Afin de bien comprendre la position correcte, il suffit de s'imaginer que l'on tient une petite pomme dans la main : tous les doigts semblent alors avoir la même longueur. Si on tient les doigts à plat, l'auriculaire est beaucoup plus court – à moins d'avoir une main particulière, comme Rubinstein, dont les doigts ont tous à peu près la même longueur. J'ai le petit doigt non seulement beaucoup plus court, mais en plus légèrement tordu. Pourtant, lorsque je joue avec les doigts un peu recourbés, ils sont tous à peu près de la même longueur. Il est ainsi beaucoup plus facile de bien répartir le poids et la pression que chacun exerce sur les touches.

Le piano et la musique ne sont pas seulement une partie de ma vie : ils en sont l'essence même. Ils font partie de mon éducation, me sont aussi nécessaires que boire ou manger. Et bien que la souffrance et la passion jouent un grand rôle dans l'expression musicale, je pense qu'il faut tout de même mener une existence normale et saine, avoir une attitude positive envers toute chose. Sinon on n'est jamais vraiment en mesure d'exprimer ses émotions. Si les sentiments personnels d'un artiste sont impliqués de façon trop directe dans son jeu, ils provoquent des interférences, et viennent occulter les qualités expressives de la musique elle-même.

Je crois nécessaire de méditer et de prendre du recul si l'on veut exprimer quoi que ce soit en musique. Le moment le plus intense de *Tristan et Isolde,* par exemple, ne peut être rendu qu'au prix d'un certain degré de contemplation préalable. La contemplation et le souvenir sont aussi essentiels à un musicien que les émotions qu'il projette dans la musique. Il y a en anglais une distinction assez précise entre souvenir et mémoire. Se souvenir, et simplement se rappeler sont deux choses différentes, et la distinction est d'une grande importance en ce qui concerne la musique et son exécution. Un jeune homme se rappelle; un homme âgé se souvient. La mémoire est une faculté qui vient spontanément à notre secours, tandis que le souvenir ne peut nous venir qu'à travers la réflexion. Le fait de se souvenir est un art qui exige un certain pouvoir d'illusion. J'en donnerai ici un exemple simple : il nous arrive parfois, alors que nous sommes chez nous, d'éprouver un sentiment de nostalgie qui ressemble tout à fait au mal du pays. Une telle expérience met en jeu ce que j'appelle le souvenir, par opposition à la mémoire. Et il s'agit là d'une distinction cruciale, qui pose de nombreux problèmes aux interprètes actuels, dans la mesure où nous jouons énormément de mémoire. Le souvenir exige un effort individuel, et tout, dans l'exécution musicale, dépend de notre faculté de nous souvenir. En d'autres termes, même si l'on a appris *Tristan et Isolde* par cœur, si l'on a chaque note en mémoire, et même si l'on est sensible à l'incandescence de la musique, il faut être capable de rappeler à soi cette incandescence. C'est le rôle du souvenir, car la mémoire n'y suffit pas. En outre, chaque représentation vient modifier le souvenir.

Diriger sans partition signifie vraiment que l'on connaît chaque détail, chaque note : il ne s'agit pas de s'en remettre à son orchestre. Et il ne suffit pas de se rappeler les notes : il faut également savoir comment elles doivent être jouées. La mémoire seule, sans le secours du souvenir, devient mécanique, et peu sûre. La faculté de se souvenir est une condition de la créativité.

Bien entendu, tout cela exige beaucoup de travail et de pratique. Mais le mot « pratique » semble si étranger à la musique! C'est une question de langue, en réalité : en hébreu, les termes qui désignent l'art, l'entraînement, et la foi, ont la même racine (לנלכ); je ne pense pas qu'il s'agisse d'une simple coïncidence.

Chacun de nous a un pouvoir de concentration différent. Personnellement, je n'ai pas de règle stricte, comme jouer huit heures par jour, ou au contraire pas plus de quarante-cinq minutes. Ces deux extrêmes sont également stériles. Je m'arrête de jouer sitôt que ma concentration faiblit, autrement, je cours le risque de me mettre à jouer comme un automate.

Il y a beaucoup de musiciens qui s'exercent pendant des heures, pour des raisons qui n'ont rien à voir avec la musique, comme par exemple pour se donner confiance. Il n'est qu'une façon d'acquérir cette confiance en soi : c'est de savoir ce qu'on fait et comment on le fait. Si l'on a besoin d'assurance, ce n'est pas en jouant de la musique qu'on y parviendra. Les grands compositeurs, Beethoven, Wagner, Debussy, Boulez ou Mozart – n'ont pas confié les secrets de leur cœur à la musique pour que nous autres, misérables pianistes, ayons davantage confiance en nous-mêmes. C'est une question de force de caractère, et d'aptitude au raisonnement. Et nous ne pourrons améliorer notre confiance en nous-mêmes qu'en connaissant et en comprenant mieux la musique, et non en la jouant de façon mécanique.

Une part de cette connaissance, et de cette compréhension peut être acquise grâce au déchiffrage, qui est lui-même affaire d'entraînement. J'ai horreur de la solution de facilité, qui consiste à dire : « Ah, c'est trop difficile, inutile de me donner tant de mal ! » Déchiffrer la musique n'est pas simplement une question de patience. Il faut également connaître les difficultés et, bien sûr, s'exercer. Si on le pratique avec régularité, le déchiffrage peut s'apprendre, à condition que l'esprit, les yeux et les doigts s'habituent à saisir tout un morceau en une seule fois. Ce n'est qu'alors qu'on peut entrer dans le détail. En revanche, si on ne voit que les détails, on ne peut pas déchiffrer une partition. Par définition, déchiffrer, c'est regarder en avant, jouer la première mesure avec les yeux et l'esprit déjà tournés vers la cinquième.

En mûrissant, j'ai pu mettre à profit, et développer, les leçons de mon père. Pourtant, après plus de quarante ans de carrière, je n'ai ni oublié, ni modifié le contenu de son enseignement. Si bien que je ne puis me considérer comme un pianiste autodidacte. En tant que chef d'orchestre, cependant, j'ai élaboré mes propres méthodes de travail. Et pourtant, là non plus, je ne saurais sous-estimer l'apport de l'éducation musicale que j'ai reçue de mon père, non plus que l'influence de nombreux grands musiciens, solistes et chefs d'orchestre, que j'ai pu observer depuis mon tout jeune âge.

2

Intermède européen

Nous partîmes pour l'Europe en juillet 1952. Notre destination finale était Israël. Il y avait déjà longtemps que ma famille souhaitait s'y installer. Le plus grand désir de mes parents, en fait, était de voir leur fils grandir comme membre « majoritaire » d'une population et non dans une communauté juive minoritaire de la Diaspora.

Lorsque je fis la connaissance de Markevitch chez les Rosenthal à Buenos Aires, et que je jouai devant lui, il dit à mes parents qu'il y avait, dans ma façon de jouer, un sens fondamental du rythme qu'il souhaitait développer. Il pensait que j'étais né pour être chef d'orchestre. Il souffrait, à cette époque, de ce qu'on pourrait appeler *la folie des grandeurs*. Il avait une manière toute personnelle de diriger, et voulait fonder une école de chefs d'orchestre. Il dit à mes parents : « Amenez-le à Salzbourg : il pourra participer au concert final de mon cours de direction d'orchestre. » Les choses se passèrent exactement de cette façon : je jouai le *Concerto* en ré mineur de Bach. Et je suivis ses cours de direction pendant tout l'été 1952.

Nous prîmes l'avion pour Rome, puis le train jusqu'à Salzbourg. Aujourd'hui, il s'agirait simplement d'un voyage d'une quinzaine d'heures entre Buenos Aires et Rome avec, tout au plus, une ou deux escales. Ensuite, il suffirait de prendre un autre avion pour Salzbourg. En 1952, en revanche, en plus du bouleversement de notre départ d'Argentine, le voyage à lui seul dura cinquante-deux heures. L'avion fit escale, si mes souvenirs sont exacts, à Montevideo, puis à São Paulo et Recife au Brésil, et encore une fois sur une île du nom de Del Sol entre l'Amérique et l'Afrique. De là, nous gagnâmes Madrid, notre dernière escale avant Rome.

Une fois là, nous nous rendîmes directement à la gare, où nous prîmes le train pour Salzbourg. J'étais tout excité, malgré la fatigue du voyage, à l'idée de me retrouver pour la première fois, non seulement en Europe, mais à Salzbourg, la ville de Mozart, qui signifiait tant pour un jeune musicien.

Nous avions réservé des chambres dans une maison particulière. Comme nous devions rester à Salzbourg un certain temps, l'hôtel nous aurait coûté trop cher. Laissant nos bagages dans nos chambres, nous nous rendîmes tout de suite, après un brin de toilette, au Festspielhaus. C'était la fin de l'après-midi. Sur le chemin, nous nous arrêtâmes dans la Getreidstrasse, pour voir la maison natale de Mozart. Puis nous regardâmes les gens qui se rendaient au Festspielhaus. En ce temps-là, le Grosses Festspielhaus n'existait pas; il n'y avait que le Manège des Rochers, et le petit Festspielhaus. J'ignore si la foule des festivaliers était aussi impressionnante à l'époque qu'aujourd'hui. Mais je n'ai pas le souvenir d'une foule aussi élégante et distinguée que de nos jours. Ce qui n'empêche que je fus fort intimidé par le spectacle des petites rues montant vers le Festspielhaus, et de tous ces gens qui s'y rendaient.

Ma curiosité était, et c'est bien naturel, énorme. Je vis que ce soir-là on donnait *La Flûte enchantée* sous la direction de Karl Böhm. Je n'étais jamais allé à l'opéra, et je mourais d'envie d'entrer sur-le-champ. Bien entendu, il n'y avait pas moyen d'avoir des billets. Mais je dis à ma mère que j'arriverais sûrement à me glisser dans le poulailler sans billet, car j'étais tout petit, je n'avais que neuf ans, et personne ne ferait attention à moi. Mais je ne savais pas où retrouver mes parents en sortant : ils étaient beaucoup trop respectueux des lois pour seulement envisager d'entrer en fraude. Regardant alentour, ils décidèrent d'aller m'attendre au café Tomaselli, qui se trouve à proximité du Festspielhaus. J'attendis donc, dissimulé dans la foule, là où personne ne me remarquerait. Lorsqu'il me sembla que nous étions à l'intérieur, j'ouvris une porte qui, par chance, donnait sur une loge vide. Je m'installai confortablement et, heureux et fier d'avoir réussi à entrer sans billet, j'attendis impatiemment l'entrée du chef. Dès qu'il entra, je me sentis transporté d'enthousiasme; il y eut des applaudissements, et l'ouverture commença. Je me rappelle avoir entendu dix, peut-être vingt mesures – je suppose qu'après cela, l'épuisement et l'émotion eurent raison de ma résistance, car je m'endormis rapidement, et n'entendis pas une note, ni de la fin de l'ouverture, ni des airs et des dialogues qui suivirent. Ce dont je me souviens, en revanche, c'est que, lorsque je me réveillai, une espèce de terreur s'empara de moi. Je ne savais absolument plus où j'étais. J'entendais de la musique; il y avait des gens assis autour de moi. Pendant un court instant, je ne pus même pas me souvenir où étaient mes parents, ni ce que je faisais là, si loin de tout ce qui m'était familier. Je me mis à pleurer très fort. Une ouvreuse arriva et avec fermeté, pour ne pas dire avec une certaine brutalité, me fit sortir de la loge où je dérangeais le public, et me jeta hors du Festspielhaus. C'est alors, bien sûr, que je me souvins que mes parents m'attendaient au café Tomaselli. J'allai donc les rejoindre, toujours en pleurant. Mais c'était davantage parce que j'avais été pris de panique, et n'avais même pas eu la présence d'esprit de me rappeler où j'étais, ni de rester pour écouter la musique. Et il était trop tard pour revenir sur mes pas.

Telle fut ma première rencontre avec un opéra de Mozart. A première vue, elle n'augurait pas bien de l'avenir!

Bien plus tard, pendant les années soixante, j'ai joué au festival de Salzbourg, dans le grand Festspielhaus, le *Concerto* en ré mineur de Brahms, avec l'Orchestre Philharmonique de Berlin. Cette fois encore, c'était Karl Böhm qui dirigeait. J'ai commis la sottise de lui conter ma mésaventure, pensant qu'il trouverait amusant que, pour ma première soirée à l'opéra, je n'aie pas pu rester éveillé à cause de la fatigue du voyage. En réalité, je crois qu'il a été offensé par mon manque de goût musical. Je compris alors que son sens de l'humour s'exprimait davantage dans la musique que dans ce genre de situation.

Ce fut à Salzbourg que je fis la connaissance du pianiste et chef d'orchestre suisse Edwin Fischer. Je jouai devant lui, et assistai comme auditeur libre à beaucoup de ses cours d'interprétation. Quelques années plus tard, je l'entendis avec l'Orchestre Royal du Danemark, lors d'une tournée en Europe, au cours de laquelle ils jouèrent la *Symphonie Haffner*, les *Concertos* pour piano en ut mineur K. 491, et en mi bémol K. 482 et, en bis, le *Rondo* en ré majeur de Mozart. Je fus fasciné de voir Fischer diriger du piano, car il dirigeait effectivement.

Il fut très gentil avec moi, très doux, et je fus rempli d'enthousiasme pour son jeu, et très attiré par sa personnalité. Je lui dis que mon rêve était de diriger les concertos de Mozart un jour, tout en jouant au piano. Il me dit : « Si vous voulez diriger les concertos de Mozart du piano, il faut d'abord apprendre à diriger sans jouer. On ne peut pas compter d'emblée sur la qualité de l'orchestre. Il faut être capable de diriger et de jouer en même temps, ce n'est qu'à cette condition que l'on peut obtenir une homogénéité qu'un simple chef d'orchestre n'atteint pas facilement. »

Fischer avait deux qualités qui sont restées vivantes dans mon esprit, et que j'admirais beaucoup : son legato était le plus naturel que j'aie jamais entendu chez un pianiste. Il était capable de jouer legato sans avoir recours à la pédale, ce qui signifie qu'il pouvait utiliser celle-ci pour ajouter encore plus d'expression. Un legato sans pédale a une spontanéité et une clarté d'articulation toutes différentes d'un legato qui n'est réalisé qu'avec le renfort de la pédale. Et il y avait également une luminosité naturelle dans sa sonorité lorsqu'il jouait des accords, comme par exemple au début du mouvement lent de la *Wanderer Fantasie* de Schubert. C'était tout à fait merveilleux. A mon sens, il jouait les concertos de Mozart exactement comme il faut les jouer. Il avait une vivacité dans les mouvements rapides et une simplicité, alliée à une richesse d'expression, que je n'oublierai jamais. J'écoute rarement des enregistrements, mais si je voulais entendre un concerto de Mozart, je crois que je choisirais un disque de Fischer.

L'autre compositeur auquel il s'identifiait parfaitement, et au sujet duquel il exerça sur moi une forte influence, était Bach. Ses enregistrements du *Clavier bien tempéré* et de la *Fantaisie chromatique et Fugue* demeurent incomparables. Il abordait les interprétations de Bach d'une façon pour ainsi dire libre de toute inhibition, avec une vitalité extraordinaire dans les fugues en particulier. Il était capable de trouver un élément presque paysan, voire plébéien, dans certaines configurations rythmiques de Bach.

On ne peut que regretter que Fischer ait été plus à l'aise au concert qu'en studio. C'est peut-être l'enregistrement qui l'inhibait. Il y a trop peu de disques de Fischer en général, et de Fischer au meilleur de sa forme en particulier. Mais je me rappelle encore combien je fus impressionné par son enregistrement du *Concerto l'Empereur* avec Furtwängler. Et il existe quelques disques absolument merveilleux où il tient seulement la baguette, entre autres une admirable *Symphonie* n° 104 de Haydn, avec l'Orchestre Philharmonique de Vienne.

Je l'ai entendu lors de son ultime récital à Salzbourg. Il joua les *Sonates* op. 28, op. 53 et op. 111, avec en bis la *Fantaisie* op. 77 de Beethoven. Il avait une façon merveilleuse de donner l'impression que tout ce qu'il jouait était improvisé. C'était comme s'il avait inventé la musique à mesure qu'il jouait. Fischer n'était peut-être pas un grand virtuose, et n'a jamais prétendu l'être, mais son jeu était époustouflant, ainsi dans le dernier mouvement du *Concerto* en mi bémol K. 482 de Mozart. Il y avait un éclat et une vitalité naturels dans son jeu. En plus c'était un musicien complet, capable d'obtenir tout ce qu'il voulait d'un orchestre.

Quand on quitte un pays à l'âge de neuf ans, on ne peut dire qu'on y a vraiment grandi, et pourtant beaucoup de mes habitudes de pensée, sans parler de mes goûts gastronomiques, ont été contractées de bonne heure. Je ne parlais qu'espagnol, et un peu de yiddish que ma grand-mère m'avait appris. Ce n'est que beaucoup plus tard que j'ai réalisé à quel point j'avais été influencé par la mentalité et la langue de l'Argentine. Je n'avais aucune envie de les effacer de ma vie. Mes parents ont été complètement formés par l'Argentine, y ont été élevés. J'ai vécu chez eux jusqu'à ce que je sois en âge de voyager seul.

Le génie du peuple argentin doit énormément à la culture européenne. L'influence espagnole, en particuler, y est encore très forte : les Argentins ont une façon de jouir de la vie qui est typiquement latine. Malgré toute l'admiration et l'attirance que j'éprouve pour beaucoup d'autres façons de vivre, comme celles des Anglais et des Allemands, je trouve que les Latins ont une faculté d'attacher du prix aux choses simples, comme le déjeuner, par exemple, qui m'est tout à fait sympathique. Je n'ai jamais pu m'habituer à l'habitude américaine d'avaler un hamburger entre deux répétitions. En Argentine, on prend un vrai repas, avec une bonne tranche de viande. J'adore aller dans un café, en fumant un cigare. Et je comprends tout à fait qu'on ait besoin d'un peu de *dolce farniente* même au cours d'une journée particulièrement chargée. Et j'éprouve la plus grande sympathie pour cette qualité purement espagnole qu'est le don-quichottisme. Non pas que j'aime, comme Don Quichotte, me battre contre des moulins à vent. Simplement, j'ai un certain respect pour les choses du royaume de la fantaisie et de l'imagination. Je me sens immédiatement en pays de connaissance, lorsque j'aborde les livrets des opéras de Verdi, ou ceux que Da Ponte a écrits pour Mozart. Je ne pense pas que je les comprendrais aussi bien si j'avais été élevé à Vienne, New York ou Londres. Tout cela m'est apparu particulièrement évident au cours des quinze années que j'ai passées à Paris parce qu'il y a une certaine parenté entre l'esprit espagnol et l'esprit français.

L'une des difficultés de la vie en Argentine, lorsque j'étais enfant (mais je ne pense pas que les choses aient changé de façon spectaculaire depuis lors), tenait au fait que, bien que la culture européenne ait été acceptée et adoptée par de nombreux intellectuels argentins, leurs compatriotes dans l'ensemble éprouvent un certain complexe d'infériorité (bien entendu, je généralise à l'extrême). C'est un trait de caractère qu'ils partagent avec les Australiens, qui ont, eux aussi, adopté la culture et les modes de pensée européens : ils se sentent très à l'écart, ne serait-ce que pour des raisons géographiques. Ce fut pour moi toute une expérience que de débarquer en Europe pour la première fois, de venir, enfant, à Salzbourg. Certes, j'étais déjà musicien, et j'avais déjà joué en public. Mais le fait de visiter la ville de Mozart, c'est-à-dire le centre du monde de la musique, constitua un événement inoubliable.

J'avais entendu dire beaucoup de choses sur les traditions et la musique européennes. Chez les Rosenthal, en particulier, on vivait dans une ambiance et d'une façon qui, je suppose, étaient les mêmes qu'à Berlin et Vienne au début de ce siècle, ainsi sans doute qu'au XIXe siècle : en ce temps-là, on jouait fréquemment de la musique chez soi, sur un fond soutenu de conversations cultivées. La nourriture autrichienne, par exemple, était, pour mon imagination enfantine, inséparable de ce genre de circonstances – il y avait toujours de l'*Apfelstrudel* et de la crème fouettée chez les Rosenthal. Et, à mes yeux, cela allait avec Mozart, Schubert et Brahms, quel que fût le programme de la soirée. De sorte que le décor et la vie de Salzbourg n'étaient pas totalement nouveaux pour moi.

La nourriture est un excellent indicateur de la façon dont une civilisation évolue. Au cours des années cinquante, alors que j'étais à Londres, il était impossible de manger autre chose que de la nourriturre anglaise – il n'y avait pas, par exemple, autant de restaurants italiens qu'aujourd'hui. J'avais l'impression que chaque pays attachait un grand prix à son héritage national, à sa culture, et à sa cuisine. De nos jours, quand on est né à Buenos Aires ou à Londres, et si l'on se rend pour la première fois en Italie à l'âge de neuf ans, ce n'est nullement une nouveauté de manger des spaghetti, parce qu'il y a des centaines de restaurants italiens dans les grandes villes du monde.

Nous restâmes à Salzbourg jusqu'à la fin du mois d'août 1952. Après quoi, nous allâmes à Vienne, où mon père prononça une conférence à l'Académie. Pour ma part, je donnai une série de concerts, dont l'un à l'Institut américain. Le programme était composé pour moitié d'œuvres américaines. Le chef qui devait me diriger était Heinrich Hollreiser. Mais il tomba malade au dernier moment. Le jour du concert, il fut remplacé par un jeune chef encore inconnu : Michael Gielen.

Cela me laissa une étrange impression de découvrir à Vienne une ville occupée, découpée en quatre secteurs. Je me souviens que certaines choses étaient interdites, comme d'entrer dans le secteur soviétique. A mon âge, bien sûr, j'étais incapable d'analyser toutes les choses que je voyais autour de moi. Que pouvais-je penser, en effet, des différences politiques entre l'Amérique et l'Union soviétique ? Elles existaient, j'en étais conscient. Et je savais aussi ce que l'Amérique signifiait pour moi, d'un point de vue matériel : à Vienne, il y avait du Coca-Cola partout. Les Russes, à cette époque, étaient plus malins; faute de Coca-Cola, ils envoyaient David Oïstrakh ! C'est par l'intermédiaire de la culture qu'ils voulaient s'imposer. Je savais que l'Union soviétique était soucieuse d'établir des contacts en Autriche et d'y exercer son influence dans ce domaine, ainsi qu'en Allemagne, je suppose. Mais en face, il y avait les Américains et le plan Marshall, dont il ne faut pas sous-estimer les bienfaits.

Nous menions la vie très unie d'une famille juive. Lorsque j'étais enfant, nous fréquentions surtout les milieux juifs, ou musicaux. En réalité, il y avait tellement de musiciens juifs, que cela revenait au même. Et si je n'avais jamais eu conscience de ce qu'était l'antisémitisme en Argentine, je commençai à en soupçonner l'existence en Autriche. Un jour, des amis juifs m'emmenèrent dans un endroit proche de Salzbourg – je crois que c'était Bad Gastein – où il y avait une immense chute d'eau. Et ils m'expliquèrent qu'on y avait précipité des Juifs sous le régime nazi. Ce fut mon premier aperçu de toutes ces horreurs.

A Vienne, bien que je fusse encore très jeune, je ne pouvais m'empêcher de me demander, lorsque je rencontrais quelqu'un qui n'était pas juif : « Qu'a-t-il fait pendant la guerre ? A-t-il pris part à l'extermination des Juifs, ne fût-ce que passivement, par le simple fait de fermer les yeux ? » En Argentine, jamais une telle question ne me serait venue à l'esprit. Bien sûr, j'étais trop jeune pour comprendre la signification réelle de l'holocauste, mais je me rappelle fort bien d'avoir été extrêmement perturbé par les histoires que racontaient les gens que je rencontrais avec mes parents à Salzbourg et à Vienne. Ce ne fut que plus tard que je pris conscience de l'étendue des horreurs commises au cours de cette période de l'histoire du peuple juif et de l'humanité en général. Mais déjà tout cela me faisait une impression très profonde. Mes parents m'avaient, c'est évident, parlé des événements qui se déroulaient en Europe, et ils m'avaient expliqué que c'était l'une des raisons pour lesquelles ils souhaitaient tant partir pour Israël.

Nous quittâmes Vienne pour Rome, où je donnai un récital en novembre ou en décembre. A cette époque, on n'avait pas besoin de programmer son calendrier des années à l'avance. Même les artistes les plus demandés honoraient leurs engagements de la saison, qui se terminait en avril ou mai, puis prenaient leurs dispositions pour la saison suivante, qui débutait en octobre ou novembre (à l'exception bien sûr de quelques festivals comme ceux de Lucerne, Salzbourg ou Édimbourg). A Rome, je passai un nombre important d'auditions, et fus engagé pour jouer à la Societa Filarmonica Romana, dont le secrétaire général, à l'époque, était Massimo Bogianckino qui devait devenir plus tard administrateur général de l'Opéra de Paris et puis maire de Florence. Mais il s'agissait là, en somme, de simples péripéties : la raison première de notre venue à Rome était que nous devions y prendre l'avion pour Israël – c'était aussi simple que cela !

3

Israël

Les fondations de l'État d'Israël, et sa nature même, sont par-dessus tout l'œuvre de David Ben Gourion. Un Juif d'Israël n'est pas nécessairement un membre d'une profession libérale ou artistique de la Diaspora : du jour au lendemain, on s'est aperçu qu'il y avait des paysans juifs. En d'autres termes, l'idée qu'on se faisait des Juifs se trouva profondément modifiée dès lors que toutes les couches de notre peuple se trouvèrent rassemblées dans un État où il n'était plus minoritaire. Cette transformation s'effectua de façon remarquable, malgré les énormes différences existant entre les Juifs originaires d'Europe, ceux qui venaient des pays arabes, d'Amérique du Nord, ou du Sud, et ce en dépit des atrocités qui avaient décimé le peuple juif pendant la Seconde Guerre mondiale. Ce processus se poursuivit de façon ininterrompue jusqu'en 1967.

Nous avions tous clairement conscience que, pour la première fois en deux mille ans, les Juifs vivaient de nouveau dans un pays qui était le leur. Peu importaient désormais nos inquiétudes ancestrales quant à la réaction des « Gentils » devant ce que nous faisions : la nécessité d'assimiler des coutumes autres que celles de notre peuple avait disparu. La culture européenne demeurait cependant très présente. Pour ma part, je n'ai jamais eu beaucoup de contacts avec la culture sépharade.

L'immigration en masse de Juifs non européens, qui se produisit alors que j'étais en Israël, amena également des gens d'une éducation très pauvre, très basse : de nombreux Juifs arrivèrent du Yémen à cette époque. On a parlé à propos de cette arrivée massive de « Tapis magique », à cause des avions d'El Al qui décollaient pour le Yémen et revenaient chargés de Juifs venant soit de là-bas, soit d'Irak. Le problème de leur intégration souleva de nombreuses discussions. Je me souviens, en particulier, d'un garçon à l'école, qui arrivait du Yémen et ne savait pas se servir d'une fourchette. Ces gens-là ignoraient tout de ce que nous considérons comme des habitudes élémentaires de la vie en société.

A cette époque, le luxe était mal vu. En entrant dans les mouvements de jeunesse, nous avons en effet pu constater qu'il existait un fort sentiment de réprobation à l'encontre de tout ce qui dénotait une attitude superficielle. On considérait ainsi comme « bourgeois » pour un garçon de se laisser pousser la moustache. Et on n'avait que mépris pour une fille qui se mettait du rouge à lèvres. C'était la première fois que je me trouvais dans une société gouvernée par l'idéalisme. J'en ai été profondément marqué dans ma façon de penser d'abord, dans celle de faire de la musique ensuite. Je venais d'un monde aux traditions très différentes, d'un pays latin où les apparences comptaient énormément – les Argentins attachent beaucoup d'importance à l'élégance vestimentaire. Les raffinements de la vie en société jouaient un rôle essentiel en Argentine, alors qu'en Israël on n'avait que faire de tels artifices. Au point que des aspects aussi élémentaires que la politesse étaient considérés comme sans importance. C'était là le côté le moins agréable, sans nul doute, et le moins attrayant, de la vie en Israël. Mais il ne s'agissait en aucune façon d'une attitude de laisser-aller : c'était le résultat de notre quête d'idéalisme, et de notre mentalité positive.

En dehors d'Israël, on avait encore tendance à voir en nous les Juifs de la Diaspora. Et pourtant il y avait tant d'éléments nouveaux : l'esprit pionnier, une véritable soif d'action et d'idéal. J'éprouvais le sentiment qu'ici enfin je me réaliserais pleinement, un sentiment que l'éducation reçue dans ma famille, fondée sur l'observation et l'analyse de soi, ne faisait que renforcer. En tant que musicien, c'est-à-dire quelqu'un qui mène inévitablement une existence publique, cela m'a beaucoup aidé. On est toujours hanté par la question de savoir si le public va aimer ce que l'on fait. L'aspect très positif de la mentalité israélienne (et non plus simplement juive) au cours des années cinquante n'a fait qu'enraciner plus profondément en moi cette indépendance d'esprit dans laquelle baignait ma vie de famille. Ma maison et mon pays se confondirent en une seule entité. J'éprouvais un sentiment de sécurité émotionnelle qui m'a accompagné très longtemps. Ce ne fut que bien plus tard, lorsqu'il me fallut affronter les difficultés personnelles liées à la maladie de Jacqueline, que cet équilibre affectif fut menacé par des forces extérieures.

Ce sentiment de sécurité affective, lié au souci constant de construire, que ce soit ma personnalité, une société, une existence ou un pays, ont souvent fait croire à une sorte d'arrogance hors de nos frontières. Ce soupçon n'est pas sans fondement car (c'est le moins qu'on puisse dire), l'attitude d'Israël a très souvent ressemblé à la morgue de ceux qui n'ont que mépris pour toutes les sortes de politesses ou de convenances. Mais j'espère pour ma part n'avoir retenu de cette attitude que ses côtés positifs.

En arrivant en Israël, il m'a fallu affronter une expérience extrêmement pénible : je ne connaissais pas la langue. Cela n'avait rien à voir avec les quelques semaines passées durant l'été à Salzbourg et à Vienne. J'arrivais en Israël au mois de décembre, c'est-à-dire en pleine année scolaire. J'en avais déjà manqué la moitié, parce que l'hiver en Europe correspond à l'été en Argentine : en 1952, j'étais rentré en classe au mois de mars ou d'avril, pour quitter l'Argentine en juillet. Le moins qu'on puisse dire est que ce ne fut pas facile, du jour au lendemain, d'aller à l'école en Israël, où l'on parlait une langue dont je ne connaissais pas le premier mot, sans parler de l'alphabet, qui était complètement différent.

Personne ne parlait un mot d'hébreu dans ma famille, ce qui montre que notre départ pour Israël avait été décidé assez rapidement... C'était sans nul doute l'invitation de Markevitch à Salzbourg qui avait précipité les événements. Sans cela, je suis certain qu'on aurait pris le temps de me faire apprendre l'hébreu, et que je n'aurais pas été obligé d'entrer à l'école au beau milieu de l'année scolaire. Je m'entendais bien avec les autres élèves, et me sentais assez à l'aise, mais la langue constituait un obstacle énorme. Certes, il y avait en Israël de nombreux immigrants venus de tous les horizons, mais l'essentiel de l'immigration européenne avait eu lieu un certain temps auparavant, vers 1948. Je ne sais plus s'il y avait d'autres enfants qui parlaient espagnol dans mon école.

Une fois le premier choc surmonté, je m'adaptai assez rapidement à ma nouvelle vie, comme c'est généralement le cas chez les enfants. Je n'étais ni particulièrement renfermé, ni timide, et je me faisais facilement des amis. A cause du climat, les enfants passaient le plus clair de leur temps dehors. J'appris à jouer au football dans les rues de Tel-Aviv – chose qui serait impensable aujourd'hui. Mais à cette époque, Tel-Aviv était une toute petite ville et, en dehors du temps que je passais à travailler mon piano, ou à l'école, je jouais dans la rue une grande partie de la journée. Plus tard, mes parents m'inscrivirent dans des mouvements de jeunesse, mais à cette époque, la vie sociale des enfants se passait pour l'essentiel dans la rue. Les problèmes actuels de drogue et de délinquance n'existaient pas. Israël était le centre de l'idéalisme juif. Nous croyions que certaines choses ne pouvaient pas arriver aux Juifs tant qu'ils vivraient dans un état juif. L'idée même qu'il pût exister des policiers en Israël était saugrenue – dans la Diaspora, les Juifs appartenaient aux professions libérales : ils étaient médecins, avocats, artistes, écrivains ou banquiers, mais l'idée d'un policier juif, d'un soldat juif, d'un voleur juif était le signe d'un changement inouï en Israël. A cette époque, personne ne fermait sa porte à clé. Les portes et les fenêtres restaient ouvertes, les gens s'interpellaient d'une maison à l'autre. C'était leur façon à eux de communiquer.

Chacun se consacrait à la construction d'une vie nouvelle,

d'un pays nouveau, d'une société nouvelle – le mélange des idéaux sioniste et socialiste restait présent à l'esprit de tous vingt-quatre heures sur vingt-quatre. Nous affrontions tous l'existence de façon très positive. Quelques années plus tard, je me souviens avoir étudié Auguste Comte et le positivisme, qui m'apparurent comme la vérification de notre façon de vivre et de penser. Chaque jour nous étions confrontés au fait que notre pays avait été un désert, que nous essayions de l'irriguer, pour faire des jardins, et bâtir des maisons. Autant de défis à notre créativité, qui servirent de moteur à la société israélienne de ce temps.

Entre décembre 1952 et l'été 1954, je ne suis pas sorti d'Israël une seule fois. Nous vivions tous ensemble avec mes grands-parents dans un petit appartement. Je m'y sentais vraiment chez moi. Aucun élément extérieur ne venait menacer mon sentiment de sécurité. Ceci me semble un point essentiel, dans la mesure où, de nos jours, on ne trouve plus une telle harmonie où que ce soit dans le monde. En même temps, je réagissais assez vivement à la fois contre mon passé argentin et tout ce qui me rappelait la Diaspora. Pour moi, tout cela était un chapitre clos : je ne voulais plus y penser, ni même parler espagnol. C'était, bien sûr, une réaction puérile, mais j'avais l'impression désormais qu'Israël était notre pays, notre société, notre foyer.

J'ai eu la chance d'avoir un excellent instituteur à la première école où je suis allé. Son enseignement est venu compléter celui que je recevais à la maison – non seulement parce qu'il m'a aidé à apprendre l'hébreu, mais aussi parce qu'il mettait l'accent sur les mêmes valeurs que ma famille. J'ai commencé à apprendre l'anglais, qui est encore aujourd'hui la première langue étrangère enseignée dans les écoles israéliennes. Mais le plus important, pour moi, c'est que j'ai également commencé à cette époque à prendre conscience du sens des mots : être juif. C'était une expérience différente de celle des Juifs de la Diaspora. Pour ceux-ci, en effet, le sentiment principal est qu'ils sont différents des autres, et considérés comme tels. En Israël, au contraire, la conscience juive a une tout autre signification.

Il s'agit d'une conscience historique. Israël était un État très séculier au début, malgré la présence d'éléments profondément religieux. On étudiait certes la Bible, mais c'était parce qu'elle appartenait à notre histoire – c'était notre héritage, et il était intimement lié à notre existence quotidienne. Des fêtes comme la Pâque juive (mais c'est aussi vrai des autres) sont en réalité des célébrations d'ordre historique davantage que religieux. Le passé juif – j'entends par là le passé lointain – était enseigné à l'école comme quelque chose d'extrêmement vivant. C'était là une façon d'enseigner l'histoire qui est fort différente de ce qui se fait, par exemple, en France ou aux États-Unis. Dans ces pays, on étudie Charlemagne, ou la Révolution américaine, comme s'il s'agissait d'événements coupés du présent, sans influence sur notre vie. Il me semble au contraire que les disciplines scolaires devraient toutes être reliées à notre expérience présente. On devrait développer nos facultés de déduction, et le sens des rapports existant entre les différentes disciplines.

Ce sens de l'importance de l'histoire était extrêmement fort en Israël. Je m'en suis souvenu lorsque j'ai commencé à étudier l'opéra. Ce qu'on y montre sur scène, en effet, doit être relié, d'une façon ou d'une autre, à la vie d'aujourd'hui. Cette correspondance entre histoire et vie quotidienne est un élément que j'ai délibérément tenté d'intégrer aux représentations lyriques, et aussi à la musique non scénique, qu'il s'agisse du répertoire symphonique, pianistique, ou de la musique de chambre : je sais que ce qui a été écrit il y a deux siècles a un rapport étroit avec notre temps. L'idée que l'histoire des Juifs joue un rôle actif dans leur vie contemporaine m'a aidé à comprendre que dans toute grande œuvre musicale, il y a deux facettes : une qui demeure liée à son temps, l'autre, qui est tournée vers l'éternité. C'est de celle-ci que vient notre intérêt pour une musique qui a été créée il y a deux ou trois siècles.

Durant mon adolescence, j'ai commencé à m'intéresser à la philosophie. J'ai beaucoup lu Spinoza et Kierkegaard. Quelques années plus tard, j'ai subi l'influence de deux philosophes qui m'ont profondément marqué : Martin Buber et

Max Brod. Martin Buber m'a fait comprendre que les choses ne sont jamais ce qu'elles semblent être, mais ce que nous pensons qu'elles sont. A l'école, nous n'étudiions pas la Bible dans une perspective religieuse, mais en tant qu'élément de la tradition juive. Nous discutions sur les différents livres qui la composent, mais d'un point de vue surtout philosophique. Très tôt j'ai été empli d'un immense respect pour la pensée, et pénétré de son importance dans la vie de tous les jours. Une part essentielle de l'angoisse et du malheur des hommes provient de leur inaptitude à la réflexion. Il y a même des gens pour penser que, si la philosphie et la réflexion philosophique sont utiles pour la musique, la politique ou l'histoire, elles sont de peu d'importance dans les vicissitudes de la vie de tous les jours!

Mon père était toujours mon professeur de musique mais, pendant un certain temps, j'ai également étudié la composition avec un compositeur israélien, Paul Ben-Haim, qui venait de Munich, et dont le nom d'origine était Paul Frankenburger. C'était un excellent compositeur. Il m'a enseigné l'harmonie, mais il n'était pas assez exigeant. On pourrait appeler cela une éducation musicale simplifiée, à la Hindemith, dans le cadre de laquelle on passait très vite sur les aspects les plus compliqués des méthodes traditionnelles. Ce n'est qu'en 1955 à Paris que Nadia Boulanger m'a vraiment mis au travail, comme on dit. C'est auprès d'elle que j'ai reçu une formation musicale exigeante, presque ascétique.

J'ai donné à cette époque plusieurs récitals en Israël, jouant également de la musique de chambre en public. Pendant l'été 1953, j'ai donné mon premier concert avec l'Orchestre Philharmonique d'Israël. Le chef était Milton Katims, un excellent musicien qui avait été alto solo dans l'Orchestre de la NBC du temps de Toscanini. Plus tard, il a été nommé à Seattle. L'accueil fut plutôt mitigé en ce qui me concerne, tant de la part des musiciens que du public. On sentait que j'avais des possibilités, que j'étais plein de promesses. Mais en même temps, il y avait cette réaction typiquement juive, qui consiste à se dire : « Ah, des enfants prodiges, on en a vu tellement! »

L'Orchestre Philharmonique d'Israël n'avait que dix-sept ans d'âge lorsque j'ai joué avec lui pour la première fois. Il avait été fondé par Bronislaw Hubermann en 1936. La plupart de ses membres d'origine, allemands ou polonais en majorité, étaient encore là lorsque je fis mes débuts. A beaucoup d'égards, il s'agissait d'un orchestre d'Europe centrale. Pour moi d'ailleurs, la boucle a été bouclée en 1990, lorsque je suis venu en Israël avec l'Orchestre Philharmonique de Berlin, amenant avec lui cette sonorité à laquelle les anciens d'Israël étaient habitués, celle au milieu de laquelle j'avais grandi. Ce n'était pas seulement les cordes, mais aussi les bois. Les musiciens israéliens avaient une façon de phraser qui ressemble beaucoup à celle des meilleurs orchestres d'Europe centrale.

Au cours des années soixante, le Philharmonique d'Israël subit une transformation, non seulement parce que les musiciens de l'époque de la fondation avaient cédé la place à d'autres, plus jeunes, mais aussi à cause de l'arrivée de musiciens juifs en provenance d'Union soviétique. Dans sa première « vie », ou première « période », il s'agissait d'un orchestre germano-juif, et polono-juif. A présent, il y a même des Américains aux vents, et des Russes parmi les cordes. Il y a également un hautboïste argentin – l'orchestre est donc devenu un amalgame de styles. Dans sa première époque, il possédait une chaleur et une intensité d'émotion, alliées à une richesse expressive auxquelles nous nous étions habitués, et que nous associions en particulier à tant de grands violonistes juifs – Bronislaw Hubermann, David Oïstrakh ou Isaac Stern. Il y a toujours, cependant, une vie musicale extrêmement bien organisée en Israël. L'Orchestre Philharmonique compte plus de trente mille abonnés, et pourtant Tel-Aviv et Jérusalem ont à peine plus d'un million d'habitants chacune.

A cette époque, il n'était pas question de syndicats ni de commercialisation. Les membres de l'orchestre n'avaient pas l'impression de fournir un service, ou de s'acquitter d'une tâche : ils jouaient parce que la musique faisait partie de leur vie.

Il y avait alors un chef tout à fait remarquable, d'origine tchèque, qui s'appelait George Singer. C'était un homme d'une grande expérience, et la première personne que j'aie rencontrée qui connaissait vraiment l'opéra. C'est lui qui m'a fait découvrir la partition de *Siegfried*. Jamais je n'avais vu de partition de Wagner auparavant. Bien entendu, sur le moment, je n'y ai pas compris grand-chose. Il y avait en plus tous ces instruments « bizarres », parmi lesquels les fameux « tubas Wagner ». J'étais encore trop jeune et, à la vérité, cela ne m'intéressait pas beaucoup. Plus tard, pourtant, lorsque j'ai commencé à étudier Wagner, je me suis rappelé que c'était George Singer qui, le premier, m'avait montré la complexité de ces orchestrations. Lorsque Rubinstein venait en Israël, il voulait toujours que ce soit Singer qui l'accompagne, parce que c'était un musicien accompli, aux connaissances illimitées. J'ai joué avec lui, moi aussi, à Haïfa et à Jérusalem.

4

Second intermède européen

Pendant l'été 1954, mes parents décidèrent de m'envoyer à Salzbourg, pour étudier la direction avec Markevitch. Je passai des heures à apprendre et à étudier des partitions, afin d'être en mesure de suivre les cours. Entre mon père et Markevitch s'engagèrent d'interminables négociations. Le second voulait que j'abandonne le piano, pour me consacrer entièrement à une carrière de chef d'orchestre. Mon père, au contraire, pensait que je devais continuer à développer mes talents de pianiste et me constituer un répertoire, tout en étudiant la direction d'orchestre. Il ne voyait pas la nécessité de prendre une décision aussi radicale alors que je n'avais que onze ans. Il avait raison. Plus tard, j'ai dû me battre à mon tour, moi aussi, pour poursuivre ces deux activités.

J'étais le membre le plus jeune de la classe de direction d'orchestre ; tous les autres dépassaient largement vingt ans. Beaucoup d'entre eux, qui étaient déjà chefs d'orchestre en titre, n'étaient pas particulièrement aimables avec moi – après tout, je n'étais qu'un gamin. Il y avait néanmoins une exception : Herbert Blomstedt. Il se montra très gentil, prenant toujours le temps de me donner des explications lorsque j'avais un problème de compréhension linguistique. Je parlais très mal l'anglais. Quant à mon allemand, il se résumait aux quelques mots que j'avais appris à l'âge de neuf ans à Vienne et à Salzbourg.

L'assistant de Markevitch, pour ces cours, était Wolfgang Sawallisch. Sur la liste des œuvres que j'étais censé préparer avant de venir à Salzbourg, figuraient la *Symphonie Italienne* de Mendelssohn, la *Quatrième* de Beethoven, et les *Variations sur un thème de Haydn* de Brahms, que je dirigeai à la fin du cours. J'avais étudié ces œuvres, mais je n'avais évidemment pas la moindre expérience de la direction d'orchestre, non plus que de la manière de les jouer. Quant à la transposition, j'étais handicapé par le fait que, lors de mes études de théorie en Israël, Ben-Haim avait simplifié les choses à l'excès. Il s'était contenté de me faire faire les exercices à quatre voix en clé de fa et en clé de sol, un point c'est tout. Ce n'est qu'avec Nadia Boulanger, pendant l'hiver 1955, que j'appris à travailler sur quatre ou cinq clés à la fois.

Je crois que sur les chemins de la vie, on peut trouver des raccourcis qui permettent de gagner du temps, et pas seulement en musique. Mais il est dangereux de les emprunter sans avoir une idée de ce qu'on risque à ne pas prendre le chemin le plus long. On perd souvent des éléments essentiels en prenant la voie la plus courte. C'est un principe que j'applique toujours lorsque je joue au piano. Un passage difficile dans une sonate de Beethoven deviendra peut-être plus facile si, par exemple, on répartit les notes entre les deux mains, parce qu'ainsi on les contrôle mieux, mais toute une partie de l'expression, la nécessité d'affronter la difficulté, sont alors perdues. Par exemple, au début de la *Sonate Hammerklavier*, le saut du si bémol grave à l'accord à la main gauche est extrêmement périlleux. Le risque de faire des fausses notes dans l'accord, en particulier, est énorme. Mais si on joue avec les deux mains, c'est-à-dire le si bémol avec la main gauche, l'accord avec la main droite – ce que j'appellerais la solution de facilité – on perd ce sentiment de distance « géographique » immense entre la note grave et l'accord, et par conséquent une part considérable de l'expression.

Markevitch insistait beaucoup sur la précision et l'équilibre du rythme. En outre, il tenait énormément à la clarté, celle du son, du rythme et du geste. En ce qui concerne la direction, ce qu'il m'a enseigné de plus important, en effet, est qu'il faut absolument se débarrasser des gestes superflus, de ces gesticulations qui ne servent qu'à détourner l'attention de l'essentiel. J'avais souvent l'impression qu'il simplifiait les choses à l'excès, mais son influence a certainement été bénéfique. L'attitude du corps était très importante à ses yeux – la façon dont on se tient, la position du bras, la bonne manière de tenir la baguette... Il était fermement convaincu que la main droite n'est pas là uniquement pour battre la mesure, mais aussi pour indiquer ce que le chef attend de l'orchestre sur le plan de la dynamique. Il avait eu l'idée d'un mouvement horizontal en forme de huit, qui était selon lui la bonne façon de battre la mesure en indiquant un legato. Il ne faut pas, disait-il, battre la mesure de façon hachée, mais avec des mouvements circulaires du bras, qui suggèrent une ligne musicale ininterrompue. Il avait également un geste de la main gauche extrêmement dépouillé pour indiquer un volume qu'il souhaitait obtenir.

A Salzbourg, les cours de direction présentaient un avantage considérable : l'orchestre était disponible cinq ou six heures par jour, toute la semaine, de sorte que les étudiants pouvaient acquérir une expérience pratique irremplaçable.

Au cours de l'été 1954, j'ai rencontré Wilhelm Furtwängler à Salzbourg. On me présenta à lui, et il m'entendit au piano. Il fut impressionné par mon jeu et écrivit une lettre qui, je dois le reconnaître, devait m'ouvrir bien des portes. « Le jeune Barenboim, disait-il, n'a que onze ans, mais c'est un phénomène... » Cette lettre m'a servi d'introduction pendant vingt ans! Il me proposa également de jouer sous sa direction avec l'Orchestre Philharmonique de Berlin. Il ne pouvait me faire de plus grand honneur, mais mon père refusa. A mon avis, il pensait qu'après toutes les atrocités qui avaient eu lieu, le moment n'était pas encore venu pour une famille juive de venir en Allemagne (je me suis toujours étonné qu'en ce temps-là il n'y ait pas eu de relations diplomatiques entre Israël et l'Allemagne, alors qu'il y en avait avec l'Autriche. D'une certaine façon, les Autrichiens s'étaient arrangés pour convaincre le monde entier qu'ils avaient été eux aussi victimes des nazis et de Hitler. Ils sont certainement le peuple le plus malin de la terre : ils ont réussi à faire de Beethoven un musicien autrichien, et de Hitler un dictateur allemand!).

Furtwängler m'autorisa à assister à ses répétitions. Il préparait *Don Giovanni*, dont on devait tirer un film. Je m'en souviens encore : j'étais assis près du clavecin. J'ai également assisté à un de ses concerts, le programme était exclusivement consacré à Beethoven. C'était avec l'Orchestre Philharmonique de Vienne, qui joua la huitième *Symphonie*, la *Grande Fugue*, et la septième *Symphonie*.

Furtwängler est mort cette année-là, en novembre 1954. En tant que chef d'orchestre, ses méthodes étaient exactement le contraire de ce qu'on nous enseignait chaque jour au cours de direction. On nous disait d'éviter tout geste superflu. L'art de Furtwängler, au contraire, était fondamentalement intuitif, et du point de vue de la gestique, purement instinctif; les Allemands auraient appelé cela une « Encyclopédie du Geste »! Je me souviens d'avoir été profondément impressionné par l'intensité qui émanait de son orchestre. Lorsqu'il répétait la septième *Symphonie*, il ne travaillait que les transitions – du moins autant qu'il m'en souvienne. Je n'ai pas le souvenir de l'avoir entendu répéter une pièce dans son intégralité. Il se limitait aux transitions. Par exemple, le passage de l'introduction à l'allegro. Aussi brève qu'elle fût, il mettait un soin tout particulier à la répéter dans le moindre détail. Ceci valait non seulement pour le phrasé, et l'équilibre au sein de la phrase elle-même, mais également pour les mesures qui préparaient la transition. Ce travail méticuleux me faisait une impression très forte lorsque j'entendais Furtwängler en direct. Mais l'homme aussi me fascinait. Tout ce que j'ai appris d'autre sur lui, et grâce à lui, m'est venu par la suite, grâce aux enregistrements, en parlant avec des gens qui avaient joué avec lui, ainsi qu'en étudiant ses partitions dans sa maison en Suisse, après sa mort.

Lorsqu'on observe ses indications de dynamique et de tempo, on comprend mieux ce qui rendait sa direction si originale. Il avait une terminologie bien à lui, rendue nécessaire par sa façon de concevoir la musique. Il fallait tout d'abord, au moyen d'une loupe, déchiffrer le mot clé, « crescendo » par exemple, mais ce n'était pas tout : il fallait également retracer toute la préparation psychologique, et repérer l'endroit, dans l'architectonique, presque dans la topographie de la structure, où le crescendo en question devait commencer. Le problème, en ce qui concerne l'influence posthume de Furtwängler, c'est que s'il est assez facile d'imiter les manifestations extérieures de son art de chef d'orchestre, il est non moins facile d'aller trop loin dans l'imitation.

Ce qui m'étonne toujours chez les musiciens, c'est l'habitude qu'ils ont, chaque fois qu'ils éprouvent le besoin de modifier la dynamique, si peu que ce soit, de ralentir, pensant ainsi obtenir une plus grande force d'expression. Jamais ils n'hésitent à ralentir. En revanche, ils n'ont jamais l'idée d'accélérer. Il faut se rappeler que la terminologie utilisée en musique – qui est principalement d'origine italienne ou allemande – veut vraiment dire quelque chose, et que, par conséquent, elle a un sens qu'il faut analyser. Le mot « rubato », par exemple, signifie à l'origine « volé ». Quand on a volé quelque chose, il faut le rendre. En musique, cela veut dire que si l'on prend du temps dans un passage pour le rendre plus expressif, il faudra le rendre tôt ou tard. Toute modification, assouplissement ou fluctuation du tempo doivent se concevoir par rapport à la rigueur métrique de l'ensemble. Dans une situation idéale, si un rubato se prolonge sur trois ou quatre mesures, ou sur huit ou seize, il faudra par la suite compenser la perte du tempo en fonction du schéma métrique, de sorte que si on met le métronome au début du morceau, et quelles que soient les libertés que l'on prend avec le rythme, on se retrouve à la fin en mesure avec lui. Cela s'applique en particulier au rubato tel qu'on le pratique chez Mozart ou Chopin. La mélodie est relativement libre, mais l'accompagnement métrique demeure strict.

Chez Furtwängler, le rubato n'était jamais délibéré, ni gratuit, ni même destiné à souligner la beauté ou le caractère dramatique d'un passage. C'était un moyen supplémentaire qu'il utilisait pour souligner la structure. Il était capable de se concentrer en même temps sur les plans rationnel et émotionnel, et de communiquer à l'orchestre toute l'intensité nécessaire. J'ignore encore aujourd'hui quelle était la part de pensée rationnelle, et celle de l'émotion, dans son travail. Les deux sont parfois si intimement liées qu'il donne l'impression d'avoir atteint un état idéal – celui où l'on pense avec le cœur, et où l'on sent avec la tête.

Après sa mort, je me rendis chez lui, en Suisse. Sa femme me laissa très gentiment consulter ses partitions. Certaines étaient annotées d'une façon extrêmement intéressante et précise. La plupart de ses annotations concernaient l'équilibre et la dynamique. Ce n'est pas un hasard si ses indications de tempo en allemand étaient le plus souvent formulées en termes négatifs : « *nicht zu geschwind, nicht zu schnell, nicht zu langsam* *... », alors qu'en italien, on lit : « *allegro, piu vivace,* etc. » Furtwängler était constamment préoccupé par la dynamique – on s'en rend compte dans les brefs extraits filmés de son exécution de la *Symphonie Inachevée* de Schubert – ainsi que par le legato. On a souvent l'impression que chez lui, tout est intuitif, mais lorsqu'on parle avec des artistes qui ont travaillé avec lui, comme Celibidache ou Fischer-Dieskau, ils vous disent qu'il s'interrompait assez souvent pour dire : « Non, ce n'est pas assez beau », ou « Ça ne sonne pas comme il faut », et qu'il atteignait parfois son but par des gestes plutôt maladroits de ses mains. Lorsqu'on lit ses écrits sur la musique, on comprend à quel point tout était pensé, et combien les résultats auxquels il parvenait correspondent à ce qu'il désirait.

Avec lui, il n'était jamais question de manipuler la sonorité, ni de la cultiver pour elle-même. Elle est parfois d'une incroyable beauté, ou merveilleusement émouvante, mais de tels effets sont toujours liés à l'expression que Furtwängler souhaitait obtenir. Il avait l'art de faire jouer son orchestre avec une intensité presque terrifiante, comme dans le point culminant du premier mouvement de la neuvième *Symphonie* de Beethoven, ou la reprise de la passacaille dans la *Quatrième* de Brahms ; lorsque le *la* aigu, qui signale l'entrée des

* « Pas trop rapide, pas trop vite, pas trop lent... »

cordes, atteint une beauté presque physiquement douloureuse. Il est toujours dangereux de parler de musique en termes de poésie, parce que la musique peut vouloir dire des choses bien différentes; mais jamais je n'ai entendu ce sentiment de désespoir rendu avec tant de clarté par aucun chef. Ses symphonies de Haydn, et certaines de ses interprétations de Schubert me paraissent d'une beauté quasiment aérienne. Lorsqu'on entend l'Orchestre Philharmonique de Berlin aujourd'hui, après tout ce temps, on a le sentiment – en tout cas en ce qui me concerne – que bien des choses que l'on associe à Furtwängler sont toujours présentes.

Je crois que si la collaboration entre Furtwängler et cet orchestre fut si fructueuse et positive, c'est, en fin de compte, parce qu'il est impossible de dire ce que l'un devait à l'autre. Plus je passe de temps avec cet orchestre, et plus j'étudie les enregistrements ou les écrits de Furtwängler, plus je pense qu'il y avait une osmose entre eux. C'était seulement avec cet orchestre qu'il pouvait obtenir l'interprétation qu'il souhaitait, mais, en même temps, il leur a apporté quelque chose qui s'est transmis jusqu'à nos jours.

Il me semble que Furtwängler avait une conscience très claire des parallèles entre la musique et la nature, avec ses fleuves et ses tempêtes – et il avait beau répéter une œuvre, la préserver dans sa mémoire, il y avait, le soir du concert, une qualité volcanique qui est demeurée sans égale depuis lors. On le considérait généralement comme le dernier romantique. Que signifie un tel terme, en réalité ? Si on ne joue pas strictement en mesure, et si on prend certaines libertés avec la dynamique, les gens pensent qu'on est romantique. Si on joue de façon expressive, mais en respectant le tempo, alors on est un chef d'orchestre dans la tradition classique.

Jean Cocteau voyait dans l'imitation la forme suprême de la flatterie. Il est peut-être flatteur, certes, pour Furtwängler d'avoir été imité comme il l'a été. Mais une imitation ne peut que recréer la surface, le côté extérieur des choses. Un accelerando, ou un ritardando, ou encore une accentuation agogique de Furtwängler procédaient d'une nécessité intérieure. Si l'on ne ressent pas cet élan intérieur, la manifestatiion extérieure devient caricature. A la fin des années soixante, de nombreux chefs proclamaient que Furtwängler était leur idole, parce qu'il symbolisait ce besoin vital de liberté qui était alors très à la mode. Mais la liberté de Furtwängler avait un lien organique avec la structure de la musique, que beaucoup de ses imitateurs ignoraient.

Il existe un merveilleux enregistrement de Furtwängler au piano, jouant le cinquième *Concerto Brandebourgeois* de Bach, dont la cadence est tout simplement époustouflante. J'ignore jusqu'à quel point on a le droit de s'écarter du jeu soi-disant « idiomatique » dans Bach. Il n'empêche que l'ampleur du jeu de Furtwängler, et sa couleur, donnent l'impression qu'il joue de l'orgue. Je trouve cela fascinant. Dans la *Symphonie* en sol mineur K. 550 de Mozart, les premier et dernier mouvements sont vraiment joués « allegro molto alla breve » sans ce caractère excessivement élégiaque qu'on entend si souvent. Jamais je n'ai entendu d'interprétation aussi convaincante.

En Israël, ma vie se partageait entre les concerts et l'école. Mais j'ai fait aussi à cette époque plusieurs voyages à l'étranger. J'ai joué à Zurich, je ne me souviens pas exactement de la date, c'était en 1954 ou 1955, et aussi à Amsterdam. J'ai également joué à Bournemouth; c'était mon premier concert en Angleterre. Pour cette occasion, je dus apprendre un *Concertino* pour piano et orchestre du compositeur américain Walter Piston.

Pendant l'hiver 1955-1956, je me rendis à Paris, où je devais passer un an et demi, pour étudier avec Nadia Boulanger. Il me semble que c'est par l'intermédiaire de Markevitch que j'étais entré en contact avec elle, car ils étaient très liés. Mes parents m'accompagnèrent à Paris, afin que nous puissions continuer à avoir une vie de famille normale. Mon père avait tout de même des élèves de temps en temps. Mes parents pensaient qu'il était important de préserver l'unité de notre famille. J'avais une bourse de la Fondation culturelle américano-israélienne, qui contribua à payer les frais de notre séjour.

Une leçon chez Nadia Boulanger était pour moi presque un jeu. Elle avait toujours la partition du *Clavier bien tempéré* de Bach sur le piano. Elle tournait les pages, et me disait : « Joue-moi donc ce passage en mi bémol mineur » – en d'autres termes, il fallait que je le transpose. Au début, j'éprouvais les pires difficultés. Elle était extrêmement rigoureuse lorsqu'elle enseignait le contrepoint, mais se montrait plutôt tolérante envers mes compositions. Son attitude n'était jamais scholastique à l'égard de ce que j'écrivais, et ses méthodes n'avaient rien de rigide. Je prenais des leçons particulières avec elle une ou deux fois par semaine et j'assistais à un cours collectif de temps en temps, le mercredi.

C'est elle qui me fit prendre conscience du fait que la structure, en musique, n'est pas un sujet aride. Elle fait partie intégrante, au contraire, de la musique. Et on peut la percevoir de façon émotionnelle, pas seulement rationnelle. Pour elle aussi, le musicien idéal devait penser avec le cœur, et sentir avec la tête.

En janvier 1956, je donnai mon premier concert à Londres, sous la direction de Josef Krips. Au cours de l'été 1955, pendant le cours de direction de Salzbourg, j'étais allé à Saint-Moritz, où il se trouvait en vacances, pour jouer devant lui. Il avait entendu parler de moi, et ne voulait pas m'engager sans m'avoir entendu. Il insistait toujours pour que l'on joue les compositeurs classiques avec une belle sonorité chantante, en particulier Mozart et Schubert. Il refusait toute aspérité. En même temps, il exigeait un strict respect du tempo et du rythme, et ne cédait jamais à la tentation de ralentir pour ajouter de l'expression. Il disait toujours que la musique est aristocratique, pas démocratique. Il avait sans doute raison en ce qui concerne le tempo et le rythme.

C'est à cette époque que j'ai fait mon premier enregistrement pour Philips. Le fait de pouvoir jouer, et s'arrêter autant qu'on le souhaite, dans un studio d'enregistrement, devrait permettre, en un sens, de jouer avec plus de spontanéité, ou de façon plus détachée. En vérité, c'est très souvent le contraire qui se produit. Dans les enregistrements de studio, on a tendance à souligner tous les éléments auxquels on a réfléchi, et qu'on a préparés à l'avance. Il s'agit dès lors d'un effort tout à fait conscient. En concert, bien entendu, il faut également exprimer tout ce à quoi on a pensé, le résultat de son travail, et aussi ce qu'on a éprouvé à propos d'une œuvre. Mais le temps ne s'arrête pas, ne peut pas s'arrêter, et c'est cela qui ajoute l'élément d'urgence indispensable.

Je ne partage pas la philosophie de Glenn Gould qui pensait qu'aujourd'hui l'enregistrement est la seule façon de faire de la musique. A mes yeux, la musique vit comme la nature, et demeure liée au passé et à l'avenir. Le désir désespéré d'arrêter les aiguilles de l'horloge est tout simplement irréalisable dans la vie – le temps s'écoule, inexorablement. Cette conception naturaliste de la musique est l'antithèse même de l'enregistrement qui ne peut, au mieux, qu'être le souvenir historique d'un moment donné.

Glenn Gould avait absolument raison d'écrire naguère, dans un article polémique, que je n'autorisais pas, en règle générale, qu'un producteur fasse plus de deux prises d'un même mouvement, et que je m'estimais satisfait des résultats ainsi obtenus. Je ne crois pas qu'à passer des semaines dans un studio pour enregistrer une sonate pour piano on puisse obtenir un meilleur résultat : on risque, en effet, de sacrifier le naturel, au profit d'une sorte de stérilité. Aujourd'hui, j'ai une préférence absolue pour les enregistrements sur le vif. Ils portent le sceau d'un parti pris sur la musique, exprimé à un moment donné ; ils perpétuent une exécution ponctuelle, et possèdent la spontanéité et l'intensité d'un concert public, telles qu'on ne les retrouvera jamais en studio.

Bien que je travaille sur les *Variations Goldberg* depuis très longtemps, je ne les ai jamais jouées en public avant 1989, date à laquelle je les ai données en concert au Teatro Colón de Buenos Aires, pour le quarantième anniversaire de mes débuts. Ce concert a été enregistré, et édité. Je suis convaincu qu'en studio je n'aurais pas obtenu un meilleur résultat. Qui sait, en outre, comment je les interpréterai d'ici deux, cinq, dix ans ? Glenn Gould lui-même a remplacé son premier enregistrement des *Variations Goldberg* par une version fort différente, et nul ne pourra jamais dire si c'était là sa version définitive : s'il avait vécu, il en aurait peut-être fait une troisième.

En avril 1956, je pris part à un concours de piano à Naples. J'y avais été envoyé par Carlo Zecchi, j'avais obtenu un diplôme après avoir suivi ses cours de piano à l'Académie Sainte-Cécile de Rome. L'été suivant, je m'inscrivis à ses cours de direction à Sienne. Je l'avais rencontré à Salzbourg, où j'avais joué pour lui. Il s'était montré extrêmement aimable, et m'avait encouragé à poursuivre mes études de direction d'orchestre. Ses cours marquèrent le début de mon amitié avec deux de ses élèves : Claudio Abbado et Zubin Mehta, qui étaient dans la même classe que moi. Il y a une affiche dans le foyer des musiciens de la Philharmonie de Berlin. C'est moi qui en ai fait cadeau à l'Orchestre. Je l'ai trouvée dans l'ancienne maison de mes parents. Il s'agit de l'affiche du premier concert de cet été 1956, où nous dirigions tous les trois! Claudio et Zubin ont, respectivement dix et six ans de plus que moi; pourtant nous nous entendions à merveille pour nous adonner ensemble à toutes sortes de gamineries.

Bien que je sois resté très lié avec Claudio, il y a entre Zubin et moi un lien plus fort encore, qui a fait de nous des amis très proches. Nous sommes d'ailleurs aussi intimes aujourd'hui qu'en 1956. La différence d'âge de six ans, bien sûr, était beaucoup plus sensible lorsqu'il avait vingt ans et moi quatorze, et j'avais fini par le considérer comme un grand frère plus expérimenté. Lorsque je dis qu'il avait plus d'expérience que moi, je l'entends comme chef d'orchestre, mais aussi par rapport à la vie en général. Il était déjà sur le point de se marier, alors que je commençais à peine à regarder les filles.

Très vite, en 1962, Zubin devint directeur musical de l'Orchestre Symphonique de Montréal. Quelques mois plus tard, il fut nommé au même poste à l'Orchestre Philharmonique de Los Angeles. En réalité, il a toujours été à la tête de deux orchestres en même temps, depuis qu'il est en âge de diriger. Ce fut tout d'abord Montréal et Los Angeles, puis plus tard Los Angeles et l'Orchestre Philharmonique d'Israël. Enfin, lorsqu'il quitta Los Angeles, ce fut pour prendre la direction de l'Orchestre Philharmonique de New York, en plus de celui d'Israël. J'ai toujours été fasciné par la facilité avec laquelle il apprenait la musique, et la traduisait en gestes. Il a également un contact merveilleux avec les gens en général, et les musiciens d'orchestre en particulier.

Zubin Mehta est sans aucun doute mon ami le plus proche, et ce depuis le tout début. Bien des choses nous ont rapprochés, en particulier les événements touchant Israël. Tout le monde a trouvé extrêmement émouvant, et admirable de sa part, qu'il ait annulé tous ses engagements, lorsque la Guerre des Six Jours éclata en 1967, pour venir en Israël. Il voulait simplement être auprès de ses amis, au nombre desquels Jacqueline et moi-même, mais aussi les musiciens de l'orchestre. Son attachement pour l'État d'Israël reste un élément permanent de sa vie, et signifie énormément pour le Philharmonique d'Israël.

A mes yeux, Zubin Mehta est également le premier exemple de ce que j'appellerais l'« internationalisation » de la musique, dans le bon sens du terme. Jusqu'à la fin de la Seconde Guerre mondiale, on s'accordait généralement à penser que la musique allemande était l'affaire des musiciens allemands, que la musique française était celle des musiciens français, et que les Italiens se consacraient à Verdi et Puccini. C'est là, bien entendu, une façon caricaturale de décrire une croyance largement partagée, même si elle souffrait de nombreuses exceptions. Je me souviens d'un ouvrage fascinant de Walter Riezler, qui avait enseigné la composition à Wilhelm Furtwängler. Il s'agissait pratiquement d'un traité philosophique destiné à prouver qu'il faut être allemand pour comprendre Beethoven. Et voici qu'arrivait un Indien d'origine parsie, qui avait étudié à Vienne et était non seulement parvenu à s'identifier à la musique occidentale, mais en plus s'affirmait comme l'un des chefs les plus éclectiques de notre époque. Dans le domaine lyrique, il était aussi à l'aise dans Wagner et Strauss que dans Puccini et Verdi, sans parler de son vaste répertoire symphonique. C'est dans ce sens qu'il devint un exemple, il me semble, non seulement pour moi, mais pour de nombreux chefs plus jeunes des générations suivantes. Il était particulièrement émouvant de l'entendre, au début des années soixante, diriger l'Orchestre Philharmonique de Vienne dans les symphonies de Bruckner, avec un naturel qui aurait pu faire croire qu'il était natif des environs de Linz. Je me souviens d'un article dans un journal autrichien après son exécution de la neuvième *Symphonie* de Bruckner, qui était intitulé : « Il n'y a pas si loin de Bombay à Linz! »

C'est grâce à Mehta que je me suis familiarisé avec de nombreuses œuvres que je ne connaissais pas, en particulier dans le domaine de l'opéra, ainsi qu'avec Strauss et Bruckner.

En 1968, l'Orchestre Philharmonique d'Israël choisit Mehta comme directeur musical. Plus tard, ils le nommèrent directeur à vie. Jamais personne n'avait eu cet honneur avant lui : les musiciens avaient toujours mis leur fierté à se gouverner eux-mêmes, tant sur le plan artistique qu'administratif. Mais dans son cas, il y avait, en plus d'une profonde affection réciproque, un sentiment de reconnaissance de la part de l'orchestre, pour son engagement aux côtés d'Israël. Le contact avait été établi immédiatement lors de sa première visite, en 1961. Ils avaient joué la septième *Symphonie* de Dvořák, la *Symphonie en trois mouvements* de Stravinski, et les *Danses de Galánta* de Kodaly.

A certains égards, son attachement pour Israël est assez difficile à expliquer. Comme je l'ai dit plus haut, Mehta est d'une famille parsie. Les Parsis sont une petite minorité – on en compte cent mille dans le monde. Ils appartiennent à la religion zoroastrienne. On dit qu'ils descendent de Cyrus, le roi de Perse, qui rendit leur indépendance et leur liberté aux Juifs d'Israël après la conquête babylonienne. Je ne pense pas que ce soit la raison de son affection pour Israël. Il est de toute façon très cosmopolite, et s'adapte à tous les milieux, que ce soit à Vienne, Los Angeles ou Florence, où il a également pas mal d'activités. Mais je crois qu'au fond de lui-même il n'éprouve aucun sentiment d'appartenance à aucune de ces sociétés. Israël, en revanche, peut-être à cause de l'orchestre, mais aussi du style de vie, doit lui rappeler Bombay par certains aspects. Il me semble qu'il y a plus de ressemblances entre Tel-Aviv et Bombay qu'entre Vienne et Bombay, et c'est cela qui fait qu'en Israël il se sent davantage chez lui. La générosité dont il fait preuve depuis des années envers le Philharmonique d'Israël est le symbole de la place qu'il occupe désormais dans la vie culturelle de mon pays.

En 1991, au cours de la Guerre du Golfe, nous nous sommes retrouvés là-bas pour la troisième fois en temps de guerre : la première occasion avait été la Guerre des Six Jours, en 1967; la deuxième, la Guerre du Kippour, en 1973. En 1991, nous donnions des concerts dès que l'orchestre avait l'autorisation de jouer – pour des raisons de sécurité, en effet, il ne put jouer pendant plusieurs semaines. A la mi-février, Isaac Stern arriva en Israël. Le monde comprit alors ce que représentait la musique pour l'orchestre et pour le public lorsqu'en plein milieu d'un concert où il jouait avec le Philharmonique, sous la direction de Mehta, les sirènes retentirent. L'orchestre dut s'arrêter de jouer, les spectateurs mirent leurs masques à gaz. Mais Isaac revint sur la scène et joua du Bach tout seul, sans accompagnement. Mon jeune collègue Yefim Bronfman revint jouer, lui aussi. Quant à moi, je donnai un concert dans les tout derniers jours de la guerre, sous la direction de Zubin.

Cette expérience, ainsi qu'une circonstance fort différente à bien des égards, la chute du Mur de Berlin en novembre 1989, m'a amené à réfléchir sur l'argument fallacieux selon lequel la culture est une chose à laquelle on ne peut se consacrer, ou que l'on ne peut se permettre, qu'une fois que les « problèmes sérieux » ont été résolus. C'est un argument auquel les hommes politiques ont très souvent recours : quand on a besoin d'argent, il n'y a qu'à réduire le budget de la culture. Ces deux expériences, pourtant bien différentes, m'ont fait prendre clairement conscience du fait que la musique peut et doit représenter bien plus que ce qu'un tel argument laisse supposer quant à l'attitude du public. En Israël, en février 1991, lorsque les sirènes retentirent à cause des attaques de missiles venant d'Irak, les gens devaient se lever deux fois par nuit, mettre leurs masques à gaz, se réfugier dans des pièces calfeutrées, et attendre cinq minutes avant de savoir s'ils allaient survivre. Tout cela constituait une pression psychologique énorme pour la population d'Israël. Et pourtant, sitôt que ce fut possible, le Philharmonique se remit à donner deux concerts par jour, l'un à midi, l'autre à trois heures de l'après-midi, parce que le soir, c'était trop dangereux. Cinq cents personnes seulement étaient admises dans la salle, et elles devaient apporter leurs masques à gaz. On éprouvait un besoin urgent de musique : les musiciens de la jouer, le public de l'entendre. Pour certains, c'était une façon d'oublier la tension de la nuit précédente, pour d'autres, c'était un intermède d'espoir, pendant lequel on pouvait ne pas penser à la nuit suivante, et à ses inévitables sirènes. Dans tous les cas, c'était tout sauf une forme superficielle de divertissement.

En novembre 1989, lorsque le Mur tomba, ce furent les musiciens de l'Orchestre Philharmonique de Berlin qui décidèrent spontanément de jouer pour les gens d'Allemagne de l'Est, qui n'avaient pu, pendant les années où le Mur avait coupé la ville en deux, venir les entendre. Ce concert, que j'eus l'honneur de diriger le 12 novembre 1989, était l'expression non seulement de la joie des musiciens eux-mêmes de pouvoir enfin jouer pour leurs frères est-allemands, mais aussi de celle du public d'entendre le Philharmonique de Berlin. Par-dessus tout, il y avait le besoin de musique, en un moment d'intense émotion.

Je retournai en Israël lorsque j'eus terminé les cours de direction d'orchestre de Carlo Zecchi à Sienne. En octobre 1956 commença la Campagne du Sinaï, qu'en dehors de nos frontières on a appelée l'Affaire de Suez. Les Israéliens, avec l'aide des Français et des Anglais, pénétrèrent en Égypte.

Bien que je n'y aie pas participé activement, il s'agit de mon premier souvenir de guerre. Le black-out avait été décrété à Tel-Aviv, surtout à titre de précaution. Mais le plus étonnant, c'était que malgré cela, nous continuions à donner des concerts tous les soirs avec le Philharmonique d'Israël. Le public semblait avoir un besoin de musique encore plus fort en ces temps difficiles. Le chef d'orchestre était Francesco Molinari-Pradelli, qui gagna l'affection de tous par le courage dont il fit preuve en restant en Israël. Zino Francescatti, un autre musicien qui n'était pas juif, refusa lui aussi de partir.

Israël était donc en guerre, encerclé par des ennemis dont le but était de « jeter les Juifs à la mer ». En regardant la situation géographique de notre pays sur une carte, on comprend que la chose aurait pu se faire facilement. Et pourtant, comme chacun sait, nous avons réussi à survivre, grâce à notre volonté de nous défendre, et à la force de notre armée.

Beaucoup d'Israéliens éprouvaient à cette époque un sentiment de claustrophobie : si on voulait partir, en vacances, ou pour toute autre raison, on était obligé de changer de continent. Toutes proportions gardées, on peut comparer notre situation et celle de Berlin-Ouest – à ceci près que le peuple d'Allemagne de l'Est n'avait pas l'intention déclarée de jeter les autres Berlinois à la mer. Pour nous cependant, il ne s'agissait pas simplement d'un voyage en train de quelques heures pour se rendre de Suisse en Italie – il fallait prendre le bateau ou l'avion.

En décembre 1956, je me rendis pour la première fois en Amérique du Nord, pour y donner mon premier concert, grâce à une précieuse introduction d'Arthur Rubinstein. Ce premier concert, qui eut lieu en janvier 1957, fut ce qu'on pourrait appeler un gentil succès : mes débuts n'eurent rien de fracassant. Je crois que mon agent, Sol Hurok, dut batailler pour me trouver d'autres engagements. Si je n'étais plus un enfant, je n'étais pas encore adulte – c'est un âge difficile, non seulement sur le plan personnel, mais aussi en ce qui concerne l'attitude du public envers vous. Cependant, grâce aux encouragements incessants de Rubinstein, Sol Hurok ne perdit jamais confiance en moi.

Lorsque j'étais enfant, Arthur Rubinstein venait souvent jouer à Buenos Aires. Sa venue était toujours un événement considérable : Rubinstein était un musicien d'une immense popularité, et les gens faisaient la queue toute la nuit, parfois plus longtemps, pour avoir des billets. Tout le monde raffolait de lui. Je n'oublierai jamais le sentiment de fierté qui m'envahit lorsqu'on me considéra assez grand pour prendre mon tour dans la queue pendant deux heures. Chaque membre de la famille y allait à tour de rôle. Je fus autorisé à y aller à dix heures du matin, afin d'acheter des billets pour le récital du Teatro Colón.

Parmi les œuvres que Rubinstein joua, deux me sont plus particulièrement restées en mémoire – le *Carnaval* de Schumann, et la *Sonate « Appassionata »* de Beethoven. Je me rappelle très bien que sa façon de jouer me fascina complètement, ainsi que sa sonorité, et jusqu'à sa façon de se tenir assis devant le piano, droit, et sobre, sans aucune de ces contorsions que j'ai vues plus tard chez d'autres pianistes. Il était digne de sa légende. Mes parents avaient une photographie de lui, dédicacée à mon père. Lorsque je le revis, plus tard, il me dit en effet qu'il connaissait déjà mes parents alors que j'étais encore dans le ventre de ma mère.

Parmi les personnalités que je rencontrai à Paris en 1955, il y avait le compositeur polonais Alexandre Tansman, un ami de Stravinsky. Il sembla me prendre en amitié tout de suite, et suggéra que je joue devant Rubinstein. Mon père ne voulait pas faire la démarche lui-même, craignant que Rubinstein ne se dise que, sous prétexte qu'ils s'étaient vaguement vus en Argentine, il cherchait à « lui coller son petit prodige sur les bras » ! En revanche, si Tansman voulait bien s'en charger, ce serait évidemment merveilleux ! Et c'est ainsi qu'il fut convenu que je jouerais devant Rubinstein. Escorté par Tansman, je vins à Paris, où Rubinstein habitait, avenue Foch. Rubinstein nous reçut très tard, et se confondit en excuses. Nous nous installâmes donc, et je jouai. J'avais douze ou treize ans à l'époque. Ce qui impressionna le plus Rubinstein fut la deuxième *Sonate* de Prokofiev. Je m'en souviens, parce qu'il m'en a souvent reparlé par la suite. Je jouai tout ce qui me passait par la tête. Une heure plus tard environ, mes parents vinrent me chercher. On imagine sans peine la surprise de Rubinstein : il n'avait manifestement pas fait le rapprochement entre mon père et moi.

Toujours est-il qu'il se montra extrêmement aimable et généreux pour moi. D'après lui, il fallait que j'aille en Amérique. Il dit qu'il parlerait de moi à son manager. A cette époque, New York était le centre véritable du monde musical : l'Europe était encore en pleine reconstruction. En plus, l'Allemagne était un peu hors circuit : beaucoup d'artistes refusaient de s'y produire, et parmi eux, Rubinstein, Vladimir Horowitz, Jascha Heifetz et Isaac Stern.

Un jour, Mme Rubinstein téléphona pour me demander de passer chez eux le soir même. En arrivant, je trouvai une foule d'invités, au nombre desquels il y avait Sol Hurok et Ernesto de Quesada. Celui-ci s'occupait des intérêts de Rubinstein en Espagne et en Amérique latine depuis la Première Guerre mondiale. Je jouai devant eux, puis Rubinstein dit à Hurok qu'à son avis, il fallait que je joue en Amérique, mais sans que je sois « exploité ». Il revenait donc à Hurok de faire en sorte que mes parents puissent m'accompagner, car j'étais encore trop jeune. Et il ajouta que Hurok ne gagnerait certainement pas d'argent grâce à moi avant un certain nombre d'années. En revanche, il était certain que j'étais promis à une brillante carrière. C'est donc Rubinstein qui négocia pratiquement mon premier contrat !

Je n'ai jamais oublié sa générosité. Et de son côté, il ne m'a jamais perdu de vue. Deux ou trois ans plus tard il vint en Israël. J'assistai à tous ses concerts, bien entendu. Il me demandait toujours de venir jouer pour lui, car il voulait voir comment j'évoluais, et surveillait mes progrès.

Je me souviens d'un incident assez amusant qui se produisit en Israël. Rubinstein était descendu dans un hôtel de la banlieue de Tel-Aviv. Un matin, alors que j'assistais à sa répétition avec le Philharmonique d'Israël, il m'invita à aller le voir le lendemain après-midi. Je devais avoir quinze ou seize ans. Lorsque j'arrivai à l'hôtel, le portier me dit que M. Rubinstein était parti en excursion en Galilée avec toute sa famille. Je dis que c'était pour le moins étrange, car il m'attendait à cinq heures. J'étais souffrant, et j'avais une forte fièvre. Mais pour rien au monde je n'aurais reporté notre rendez-vous. Si bien que j'attendis le retour de Rubinstein, assis dans le salon de l'hôtel, pendant deux heures. Enfin il arriva. Instantanément, je vis la consternation se peindre sur son visage. Il avait complètement oublié notre rendez-vous et il vit bien que j'étais souffrant. Mais j'étais si heureux de le voir, et d'être là, qu'il en fut vraiment touché. Nous montâmes dans sa chambre. Je jouai un *Impromptu* en fa mineur de Schubert, les *Variations sur un thème de Haendel,* de Brahms, et la *Sonate* de Liszt. Il me fit remarquer qu'il y avait dans cette dernière œuvre une sorte de dimension faustienne. Il m'exposa ses idées au sujet des relations entre les différents tempos, et sur la sonorité. Voyant que j'étais sur le point de partir, il dit : « Non, non, vous allez rester dîner avec nous. » Quelle occasion extraordinaire, pour un jeune homme de mon âge ! Ce fut la première fois que je bus de la vodka, et il me donna un cigare. On peut imaginer la tête de ma mère en me voyant rentrer vers deux heures du matin. Mes parents se demandaient où j'étais passé et, quant à moi, j'avais pas mal de choses à leur raconter !

Rubinstein était célèbre pour la sonorité absolument unique qu'il tirait de son piano. C'était un son d'une grande noblesse, très plein – il avait horreur de ce qu'on appelle le son désincarné (qui pourtant est si utile quand on joue de la musique française). A ses yeux, le son doit avoir un centre, ainsi qu'une qualité à la fois naturelle et expressive. Il me mit souvent en garde – en particulier en ce qui concerne la *Sonate* de Liszt – contre le risque de ces pianissimos si ténus que la sonorité y perd toute substance. Même lorsqu'il jouait très fort, pourtant, la sonorité n'était jamais dure. Il avait une façon bien à lui de se pencher littéralement au-dessus du clavier – parfois même, il lui arrivait de se lever de son siège, les doigts encore sur les touches – afin de trouver avec la musique un contact plus direct. Dans les passages dramatiques, insistait-il, il ne faut jamais se presser mais, au contraire, laisser la phrase chanter, même à son sommet mélodique et dramatique. Et il avait aussi un sens unique du rythme, du rythme juste; il y avait dans sa stabilité rythmique, quelque chose de presque matériel. Il prétendait que lorsqu'il était jeune, il jouait souvent beaucoup trop vite. Il reste que son merveilleux sens du rythme donnait une couleur particulièrement altière à certaines de ses interprétations, spécialement dans les pièces typiquement polonaises, comme les mazurkas et les polonaises de Chopin. C'est lui qui m'a donné conscience du lien qui existe entre le rythme et la noblesse d'une exécution. Il m'a aussi enseigné qu'un motif très bref en staccato a une certaine valeur comique, surtout dans un orchestre lorsqu'il est joué par les bassons. De même, dans certaines symphonies de Haydn, une pause soudaine, suivie d'une mesure vide, peut créer un effet comique. Si, en revanche, on pense à une musique qui a de l'élévation, elle a toujours un rythme tangible. Pas nécessairement militaire, mais il faut que le rythme ait une certaine force. Et Rubinstein a su faire cela jusqu'à la fin de sa vie. C'était l'une de ses plus grandes qualités, à côté de cette sonorité absolument unique et personnelle. Son sens du rythme conférait à son jeu une vitalité inimitable. La *Polonaise* en fa dièse mineur de Chopin sonnait sous ses doigts comme un orchestre au grand complet.

Lorsque je me mis à la direction d'orchestre, Rubinstein fut l'un des seuls à ne pas me dire : « Attention! Votre piano va en souffrir! » Il s'intéressait à toutes sortes de musiques, en dehors de la littérature pour piano, il connaissait *Salomé* par cœur, adorait *Les Maîtres chanteurs*, et allait à l'opéra, sans pour autant ignorer la littérature symphonique. C'était un musicien complet, doué d'une conscience musicale universelle, et il m'encouragea vivement lorsque je commençai à diriger.

En 1966, je me trouvai à Prague en même temps que lui

et sa femme. Il jouait avec l'Orchestre Philharmonique Tchèque. De mon côté, je dirigeais l'Orchestre de Chambre Anglais. C'était l'un de mes premiers voyages avec cette formation. Rubinstein s'intéressa vivement à cette nouvelle étape de ma carrière. Mais il n'était toujours pas certain que c'était une bonne idée de jouer en dirigeant du piano. Ce n'est que plus tard, après un concert où je dirigeais du piano, qu'il s'avoua convaincu. Chaque fois qu'il le pouvait, il venait m'entendre – comme à Paris, et New York au début des années soixante. Après quoi, il m'invitait toujours chez lui.

En 1966, il acheta une maison à Marbella, et m'y invita. Je dus refuser, car à la fin du mois d'août et au début de septembre j'étais au festival d'Édimbourg, à la suite de quoi, j'eus une mononucléose. C'est d'ailleurs dans ces circonstances que je fis la connaissance de Jacqueline du Pré : elle avait, elle aussi, une mononucléose sévère, et nous passions de longs moments au téléphone à comparer nos symptômes. Quelques mois plus tard, au Portugal, Rubinstein entendit les premiers enregistrements de Jacqueline, et fut séduit par son jeu. Il nous invita tous les deux – nous nous étions mariés entre-temps – chez lui à Marbella. Il nous demandait sans cesse de jouer pour lui – il adorait entendre Jacqueline – et je ne compte plus le nombre de fois où nous avons joué comme cela, jusqu'aux premières heures du matin.

En janvier 1967, je dirigeai ce qui dut être, je suppose, mon premier concert important en Europe, en dehors de ceux de l'Orchestre de Chambre Anglais. C'était avec l'Orchestre Philharmonia, qui s'appelait à l'époque le New Philharmonia. L'œuvre au programme était le *Requiem* de Mozart. L'affaire avait fait pas mal de bruit, parce que je remplaçais, un peu au pied levé, un chef qui était tombé malade. Les gens n'attendaient pas grand-chose de moi. Après tout, on me connaissait surtout comme pianiste. Je suis certain que les organisateurs avaient fait appel à moi parce qu'ils n'avaient personne d'autre sous la main. Toujours est-il que le concert fut un succès, et m'ouvrit de nombreuses portes. Quelques mois plus tard, ce devait être au printemps 1967, alors que j'étais à Paris, j'allai déjeuner chez les Rubinstein. Il me dit : « Le manager du Philharmonique d'Israël sort d'ici. Je vais jouer là-bas en septembre. Ça vous dirait de venir me diriger ? » Il s'agissait d'un concert pour célébrer le dixième anniversaire de l'ouverture de la nouvelle salle de concerts de Tel-Aviv. C'est ainsi que Rubinstein devint le premier soliste que j'aie jamais dirigé. C'était de sa part une marque de confiance merveilleuse. Après cela, je jouai souvent avec lui, jusqu'à ce qu'il prenne sa retraite pour de bon. J'ai enregistré les concertos de Beethoven avec lui. Jacqueline et moi avions l'impression de faire partie de sa famille. Lorsque je fus nommé directeur de l'Orchestre de Paris, je lui rendis souvent visite – sa maison m'était toujours ouverte – et nous avons souvent joué ensemble à Paris, en fait chaque année, jusqu'à ce qu'il arrête complètement de jouer.

Rubinstein voulait enregistrer de nouveau les concertos de Beethoven, à l'exception des deux premiers, qu'il n'avait pas souvent joués. Lors d'un concert à Londres, il devait jouer le *Quatrième* et le *Cinquième* au cours d'une même soirée. C'était un dimanche. Rubinstein arriva à Londres le samedi. Nous répétâmes brièvement, puis dînâmes ensemble, jusqu'à une heure avancée. A cette époque, j'étais un très bon imitateur – j'imitai toutes sortes de gens, d'autres pianistes, sauf lui. Mon imitation de Rubinstein était réservée aux autres membres de sa famille. Jamais je n'ai osé le faire en sa présence – par respect, et parce que je ne savais pas comment il le prendrait ! Le lendemain matin, nous nous rendîmes à la répétition. Il avait beau avoir quatre-vingt-huit ans, il était ravi à l'idée de jouer les deux concertos de nouveau. De tous les artistes avec qui j'ai travaillé au cours de ma carrière, Rubinstein était sans aucun doute le plus direct, et le moins prétentieux. Il disait toujours : « C'est vous le chef, n'est-ce pas ? Alors c'est vous qui êtes responsable du concert. A quelle heure voulez-vous que je vienne ? » Il aurait pu poser ses conditions. mais son professionnalisme était exemplaire.

Le concert eut lieu ce soir-là, et le lendemain nous fîmes l'enregistrement en deux séances. Le jour suivant, nous enregistrâmes le *Troisième*. Il était aux anges, parce que tout s'était admirablement passé. Si bien qu'il décida d'enregistrer les deux premiers. Mais il demanda une semaine pour se les remettre dans les doigts. Deux ou trois semaines plus tard, nous fîmes l'enregistrement.

On a beaucoup écrit sur Rubinstein – on a dit que c'était un bon vivant, qui adorait les bons cigares. Bien sûr, tout cela était vrai, mais je ne pense pas qu'on puisse rendre justice par écrit à un tel homme, à une personnalité d'une telle richesse. Il y avait en lui quelque chose d'extraordinairement vivant. C'était un homme charmant, énergique, intelligent, cultivé. En outre, c'était un merveilleux conteur. On a pu s'en rendre compte grâce à la télévision. Mais tout cela ne doit pas faire oublier que c'était un musicien excessivement sérieux. Jusqu'à la fin de ses jours, il se montra curieux de tout, un rien l'intéressait. Même lorsqu'il ne put plus jouer, il passait le plus clair de son temps à écouter des œuvres de musique de chambre qu'il n'avait pas eu le temps d'entendre ou d'étudier auparavant. Je me souviens encore de sa fascination en découvrant le *Quintette* pour piano et vents de Mozart.

Il jouait en Amérique de novembre à février ou mars. Puis il passait le printemps en Europe. Nous avons joué ensemble à Paris en 1974, au Théâtre des Champs-Élysées. Nous devions rejouer l'année suivante. Il aurait eu alors quatre-vingt-sept ou quatre-vingt-huit ans. Mais il ne voulait pas prendre de décision avant d'être de retour d'Amérique, parce qu'il commençait à sentir les effets de l'âge, et avait des problèmes de vue. Il tirait une certaine fierté du fait qu'il n'avait jamais, ou pratiquement jamais, annulé un concert de sa vie. C'est pourquoi il ne voulait pas s'engager alors qu'il n'était plus sûr de pouvoir tenir sa promesse. Lorsqu'il arriva d'Amérique, au mois de mars, cependant, il me dit qu'il se sentait en pleine forme, et qu'il voulait jouer. A cette époque, l'immense salle du Palais des Congrès était construite à Paris. Malheureusement, il n'y avait plus qu'une soirée de libre. Toutes les autres étaient prises.

Le public fut extrêmement déçu qu'il n'y ait qu'un seul concert. Il y avait énormément de gens qui voulaient entendre Rubinstein. Mais il n'y avait pas moyen de trouver une autre date où salle et orchestre seraient libres simultanément. Lorsque je lui exposai la situation, il dit : « Eh bien, tout ce qu'il nous reste à faire, c'est de jouer deux fois le même jour, comme au cinéma : une fois en matinée, et l'autre en soirée. » Il joua le *Concerto l'Empereur* de Beethoven. Le premier concert eut lieu à six heures trente ou sept heures, le second à neuf heures et demie. Pas un seul instant il ne donna le moindre signe de fatigue.

Tous les orchestres du monde ont leurs règles – l'une d'elles étant qu'il ne doit jamais y avoir plus de deux séances de travail par jour, ce qui se comprend, car sans cela, on aurait facilement tendance à trop exiger des musiciens. Mais en l'occurrence, cela nous mettait dans une situation difficile : si nous voulions que les concerts aient lieu, il fallait répéter avec Rubinstein dans la matinée. Malgré ses quatre-vingt-sept ou quatre-vingt-huit ans, il se déclara prêt à faire trois séances dans la même journée. On avait demandé aux musiciens de bien vouloir faire une exception, et ils acceptèrent, parce que c'était Rubinstein – je crois que c'est la seule fois qu'une telle chose est arrivée. Ce fut aussi la dernière fois que je jouai avec lui. Je le vis encore trois semaines avant sa mort. Il était déjà très malade, mais fut heureux de me voir, parce qu'il avait appris que j'allais être père. Je lui dis que si c'était un garçon, il porterait son nom... Mon fils aîné s'appelle David Arthur.

Lorsque j'y repense, je crois qu'un des aspects les plus intéressants de mon travail, en tant que chef, avec Rubinstein a été de le diriger dans des œuvres que j'avais moi-même interprétées auparavant en tant que pianiste, à l'exception du *Concerto* en fa mineur de Chopin. Il avait l'art de vous convaincre que sa façon de jouer une œuvre était la seule possible. On ne pouvait l'imaginer autrement. Il était également très ouvert, et prêtait une oreille attentive à tout ce qui se passait dans l'orchestre – en fait, il réussissait à jouer avec un orchestre symphonique comme s'il s'était agi de musique de chambre. Jamais il ne jouait une phrase d'une certaine façon simplement parce qu'il la jouait ainsi depuis toujours. Par ailleurs, il était tout à fait conscient que l'introduction orchestrale dans un concerto préparait l'entrée du piano. Et il savait se montrer le plus chevaleresque des accompagnateurs lorsqu'un instrument de l'orchestre prenait un grand solo, par exemple la clarinette, dans le premier mouvement du *Concerto* de Schumann. Il prenait alors un immense plaisir à le suivre. Il n'y avait rien, chez lui, de l'attitude qui consiste à dire : « C'est moi le grand Rubinstein, alors je vais jouer sur ce tempo, et cela ne se discute pas ! » Il avait le plus grand respect pour les musiciens, en particulier ceux de l'orchestre.

5

De l'enfance à l'âge adulte

Tandis que je travaillais avec Nadia Boulanger à Paris, je fis une autre rencontre qui eut des conséquences importantes sur mon évolution. C'est encore une fois chez Alexandre Tansman que je jouai devant Léopold Stokowski. J'avais beaucoup entendu parler de lui. Il était surtout célèbre grâce à Hollywood, en particulier à cause de sa participation au *Fantasia* de Walt Disney. Plus tard, je fus impressionné par le travail qu'il avait accompli avec l'Orchestre de Philadelphie, et par son intérêt pour la musique contemporaine. Il fut l'un des premiers – en fait le premier en Amérique – à jouer les *Gurrelieder* d'Arnold Schoenberg.

Lui aussi se montra extrêmement gentil avec moi. Je jouai pour lui un certain nombre d'œuvres, et il me dit : « C'est très bien ! Est-ce que vous aimeriez jouer à New York ? » Quelle question ! Je lui dis que oui, bien sûr, et il me demanda : « Qu'aimeriez-vous jouer ? » Je lui dis : Le troisième *Concerto* de Beethoven. « Parfait, répondit-il, vous jouerez le premier *Concerto* de Prokofiev. » Même de nos jours, cette œuvre est fort peu jouée. C'est dire qu'à l'époque elle était pratiquement inconnue. Naturellement, je n'avais pas le choix – je voulais absolument jouer à New York – et quelle chance, pour moi, de jouer avec Stokowski ! Si bien que je me mis au travail et commençai à étudier le premier *Concerto* de Prokofiev, que je jouai pour mes débuts en Amérique. Si l'on se souvient que j'avais surtout joué jusqu'alors les classiques et les romantiques allemands – Beethoven, Mozart et Brahms –, c'était assez étrange que, pour mon premier concert à New York, je doive jouer cette œuvre-là !

Curieusement, c'est une chose qu'il m'est arrivée à plusieurs reprises. Le programme de mon premier concert avec l'Orchestre Philharmonique de Berlin fut lui aussi plutôt inattendu : le premier *Concerto* de Bartók, que je dus également apprendre pour la circonstance. Je pense qu'il est excellent d'avoir à apprendre certaines choses à un très jeune âge. Plus tard, on peut faire sa propre sélection. Le *Concerto* de Bartók est resté à mon répertoire. Je l'ai joué un nombre incalculable de fois en Amérique, en Europe, en Israël. C'est une œuvre que j'aime énormément. Lorsque je la joue, j'ai toujours l'impression de partir un peu à l'aventure. En revanche, le *Concerto* de Prokofiev, je ne l'ai pas rejoué depuis le concert de janvier 1957.

Je serai toujours reconnaissant à mon père de m'avoir forcé très tôt à étudier un répertoire extrêmement varié. J'ai joué toutes les œuvres possibles et imaginables, parmi lesquelles, la neuvième *Sonate* de Prokofiev, qui est aussi sa dernière. C'était à Paris en 1955, seulement deux ans après la mort du compositeur. C'était la première fois, je crois, qu'elle était jouée à l'Ouest. Le seul domaine dans lequel mon éducation musicale a peut-être été négligée est la Seconde École de Vienne. Je ne suis venu à Schoenberg et Alban Berg que beaucoup plus tard, sous l'influence de Pierre Boulez. Au début des années soixante, mon intérêt pour la musique du XXe siècle venait de Nadia Boulanger, qui, pourtant, ne s'intéressait absolument pas aux œuvres de Schoenberg et Berg.

Il est incontestable que Stokowski avait un sens aigu du spectacle, mais cela ne l'empêchait pas d'avoir une connaissance technique extrêmement précise de l'orchestre. Son souci de la sonorité et de la couleur n'était pas uniquement une affaire de spectacle. Il était certainement ce qu'on pourrait appeler un manipulateur de sons. Vers la fin des années soixante, la télévision anglaise diffusa un concert au cours duquel il dirigeait la cinquième *Symphonie* de Beethoven. Je ne l'ai pas vu personnellement, mais je fus très surpris d'entendre Otto Klemperer qui, lui, l'avait vu, se déclarer tout à fait impressionné. A ses yeux, Stokowski était un très grand chef d'orchestre.

Stokowski avait eu une carrière pour le moins originale, à la différence d'Arturo Toscanini, par exemple, qui resta à New York avec le Philharmonique, avant de prendre la direction de l'Orchestre Symphonique de la NBC, spécialement créé pour lui. Stokowski, pour sa part, s'intéressait beaucoup aux jeunes musiciens, et aux jeunes orchestres. L'Orchestre des Jeunes d'Amérique était l'une de ces formations. Il était venu en tournée en Argentine au cours des années quarante. Actuellement, nous avons le merveilleux Orchestre des Jeunes de la Communauté européenne. Mais à cette époque, on s'intéressait peu aux orchestres de jeunes. Stokowski dirigea l'Orchestre Symphony of the Air, qui avait succédé à celui de la NBC, après la mort de Toscanini. Il dirigea également l'Orchestre Symphonique Américain. Il convient d'ajouter qu'après avoir atteint le sommet de sa carrière avec l'Orchestre de Philadelphie, il demeura actif pendant de nombreuses années, mais de façon moins conventionnelle. Il passa la plupart des dernières années de sa vie en Europe, où il dirigea un certain nombre de concerts en Angleterre et ailleurs.

Malgré cette belle carrière, la légende de Stokowski est surtout liée à sa période hollywoodienne. Cela vient sans doute à notre tendance à étiqueter les gens. Ainsi, parmi les compositeurs, Mozart est le type le chevalier rococo, Beethoven est considéré comme un titan, Chopin comme un poitrinaire mélancolique, Liszt comme un Don Juan touché par la grâce au soir de sa vie. C'est vrai aussi pour les interprètes, et ce n'est pas leur rendre justice. J'ai souvent entendu des interprétations merveilleuses, et complètement différentes de ce que la rumeur publique m'avait amené à attendre. J'ai ainsi en mémoire une exécution merveilleuse de la *Symphonie* en ré mineur de Franck par Furtwängler, une autre, non moins mémorable, de la *Symphonie fantastique* de Berlioz par Klemperer. Et c'est à un récital de Claudio Arrau que j'ai entendu l'interprétation de Debussy qui m'a le plus comblé.

A partir de 1957, je commençai à donner des récitals chaque année au Wigmore Hall de Londres. Le Queen Elizabeth Hall ne devait être construit qu'en 1967, et le Wigmore Hall était en fait la seule salle disponible pour ce genre de récitals, sauf pour des artistes de l'importance de Rubinstein, qui jouaient dans l'immense Royal Festival Hall. Le Wigmore Hall donnait un cycle de concerts intitulé « *The London Pianoforte Series* ». Les concerts avaient lieu le dimanche après-midi. J'ai joué régulièrement pendant huit ou dix ans.

Le succès vint progressivement. A mon premier concert, il devait y avoir à peu près une soixantaine de personnes dans la salle. Petit à petit, cependant, et au prix de beaucoup de persévérance, je me fis un nom grâce à ces apparitions régulières. Mais ce ne fut que bien des années plus tard, à la fin des années soixante, que je pus donner mon premier récital au Festival Hall.

Entre 1957 et 1959, je donnai régulièrement cinq ou six concerts par an aux États-Unis. J'eus même la chance, la première année, de jouer avec Dimitri Mitropoulos et des membres du Philharmonique de New York. Mitropoulos avait une mémoire absolument phénoménale. Je me souviens d'une répétition de *Wozzeck*, d'Alban Berg, à laquelle j'avais assisté à Salzbourg en 1955, avec le Philharmonique de Vienne. Il répétait toujours sans la partition, et connaissait chaque note par cœur, de même que le livret. C'était tout à fait époustouflant. On raconte qu'alors qu'il était directeur musical à Minneapolis, il avait dû un jour diriger la création mondiale d'une œuvre américaine. Les partitions d'orchestre n'arrivèrent que la veille de la première répétition. Quant à celle du chef, elle n'arriva jamais. Alors il emporta les partitions d'orchestre chez lui, les étala sur le plancher dans la disposition de l'orchestre. Et en une nuit, il apprit l'œuvre par cœur. Le lendemain, il dirigea la première répétition de mémoire.

Mitropoulos était un musicien pur, dont la sensibilité n'avait d'égale que l'intégrité. Lorsque je jouai avec lui à New York, le programme comprenait le *Concerto* en sol mineur de Mendelssohn. Il s'agissait d'un concert au bénéfice de la Fondation culturelle américano-israélienne, celle-là même qui m'avait octroyé une bourse pour aller étudier à Paris. Ancien élève de Busoni, Mitropoulos était également un excellent pianiste. Nous répétâmes ensemble au piano, sans l'orchestre, dont il joua la partie au piano, de mémoire, et avec une extraordinaire dextérité. Jamais il ne se mettait en avant. C'est un des êtres les plus altruistes que j'aie jamais rencontrés.

En 1958, en plus des concerts donnés en Amérique du Nord et en Europe, je me rendis pour la première fois en Australie. A l'époque, un tel voyage constituait une tout autre entreprise que de nos jours. Il n'y avait pas de vols directs, et on devait s'arrêter de nombreuses fois en cours de route. En conséquence, il fallait rester longtemps, pour que le déplacement vaille la peine. Ma première tournée dans ce pays dura donc quatre mois. En Australie, comme en Amérique du Sud, les saisons sont inversées par rapport à l'hémisphère Nord : juillet et août étaient les mois les plus actifs du point de vue de la vie musicale. Je donnai plus de quarante concerts, et jouai pour la première fois avec Rafaël Kubelík. Je me rappelle toujours avec un grand plaisir les circonstances de notre première rencontre. Il me fit une profonde impression. C'était un mélange de sérieux et de vivacité extrême. J'avais déjà rencontré des gens qui avaient la même vivacité, mais ils se révélaient souvent superficiels. De même, j'avais rencontré des gens sérieux avant lui, mais aucun n'avait sa vivacité. Je jouai les troisième et quatrième *Concertos* de Beethoven avec lui à Melbourne. Dans l'*ut* mineur, je commis un impardonnable crescendo au beau milieu d'un passage marqué « piano ». Kubelík me dit : « Bien sûr, c'est merveilleusement efficace, ce que vous faites là, et même beau, mais il faut parfois sacrifier la beauté du moment à la beauté de la ligne et de la structure. » L'idée n'était pas nouvelle pour moi, parce que je l'entendais depuis mon plus jeune âge. Cependant, la réflexion de Kubelík était si bien formulée, et tellement à propos, que je m'en souviens encore.

J'ai pour lui la plus profonde admiration, en tant que musicien et en tant qu'être humain. C'est un exemple rare de musicien indépendant : il a adopté une ligne de conduite qui exclut tout compromis artistique, celle de la résistance maximum, au mépris de toute concession.

Mes concerts en Australie reçurent un accueil chaleureux, mais certes pas triomphal – les critiques étaient toujours mitigées. Je jouai dans chaque petite ville au cours de mon voyage, avec des programmes extrêmement variés – un concerto de Brahms, le *Deuxième* de Tchaïkovski, et bien entendu ceux de Beethoven.

Le directeur de la radio australienne était à cette époque Charles Moss – un homme fort autoritaire et impressionnant, qui ne manquait cependant pas d'humour. Il se prit d'affection pour moi, et m'invita à revenir en Australie en 1962. En ce temps-là, l'Australie était le seul pays où l'on prévoyait les concerts trois ou quatre ans à l'avance. J'avais déjà dirigé quelques concerts à la tête de l'Orchestre de Haïfa en Israël – à l'époque c'était un tout petit orchestre – et j'avais envie de diriger davantage. Alors je lui dis que la prochaine fois, j'aimerais aussi diriger. Il fut d'accord, et m'engagea, pour 1962, à donner un concert avec l'Orchestre Symphonique de Melbourne, et un autre avec l'Orchestre Symphonique de Sydney. C'est vraiment à partir de ce second voyage en Australie que la direction devint pour moi une activité régulière.

Après ma première tournée australienne, je retournai à l'école en Israël. C'était en 1959-1960. J'avais dix-sept ans, et les choses n'étaient guère brillantes du point de vue de ma carrière. Je n'étais plus un enfant, mais pas encore un adulte. C'en était terminé du phénomène de l'« enfant prodige », mais je n'avais pas encore atteint le plein épanouissement de l'âge d'homme. En outre, n'ayant pas d'engagements aux États-Unis, j'avais fort peu à faire. Je traversai donc la crise rituelle de l'adolescence. J'étais troublé, mécontent de ma vie, ne sachant que faire. Il y avait à Tel-Aviv un petit auditorium, dans ce qu'on appelait la « Maison des Journalistes » *(Beit Sokolow)* et l'homme qui y organisait des concerts me demanda si je voulais donner quelques récitals. Avec la témérité de l'adolescence, je dis qu'en effet, j'aimerais jouer l'intégrale des sonates de Beethoven – et je le fis ! C'était pendant l'été 1960, j'étais en dernière année de lycée, et chaque samedi, je donnais un récital de piano. C'était là une excellente thérapie contre mon mal de vivre. Je m'étais lancé dans un projet qui m'obligeait à travailler dur, et sans répit. J'appris toutes les sonates de Beethoven, et les jouai en huit récitals successifs.

Il est toujours dangereux, quand on joue en concert, d'être trop conscient de la présence du public. En d'autres termes, il faut éviter d'entrer sur la scène en pensant exclusivement à l'impression qu'on va faire, ou avec la ferme volonté de faire passer telle ou telle idée sur la musique. Je crois que l'échange entre l'artiste et son public sera excellent si le premier oublie qu'on l'écoute, dès lors qu'il commence à jouer. C'est quand l'artiste ne pense qu'à la musique que le public reçoit de celle-ci la projection la plus forte. Bien sûr, ce n'est pas toujours facile. Rubinstein disait qu'il ne pouvait jamais travailler ou s'exercer en présence de quelqu'un. Il me raconta à ce sujet une anecdote assez plaisante : lorsqu'il était à l'hôtel, en train de travailler au piano, dès qu'un serveur entrait avec le petit déjeuner, il se mettait instantanément, et sans plus attendre, à jouer pour lui ! Le serveur était un public, ce qui changeait tout !

C'est justement parce que le piano est un instrument neutre et inintéressant par lui-même qu'on peut en obtenir tant de couleurs. La raison fondamentale en est toute simple : il est impossible de produire au piano un son isolé qui soit beau par lui-même. Si on met, en revanche, un superbe Stradivarius entre les mains d'un grand violoniste, on peut obtenir une note isolée et belle, rien qu'en variant la couleur, l'intensité et le volume. Au piano, la beauté ne devient possible que lorsqu'on a au moins deux notes. Dès qu'on a la possibilité de jouer une note plus doucement, ou plus fort que l'autre, ou bien si l'on sait marquer l'articulation entre elles, alors on peut envisager d'obtenir au piano un son expressif. On peut pousser ce raisonnement presque jusqu'à l'extrême, et dire que l'une des qualités principales requises d'un pianiste est la faculté de créer ce que les peintres appellent la perspective. Lorsque l'on contemple un tableau, certains éléments nous semblent plus proches et d'autres, plus éloignés. C'est une illusion. On peut de même créer l'illusion du legato. Afin de faire un portamento, comme un chanteur, il faut passer d'une note à l'autre sans solution de continuité. Tous les grands pianistes du passé, comme Busoni ou Eugen d'Albert, – mais je ne puis en juger que d'après leurs enregistrements – avaient cette faculté, chacun à sa façon.

L'équilibre des notes que l'on joue au piano fait que certaines semblent effectivement plus proches de l'oreille. Ce qui signifie, comme j'ai déjà eu l'occasion de le dire, que les mains ne constituent pas deux unités, mais une seule, ou bien alors dix. L'indépendance des doigts, en effet, est d'une extrême importance. C'est pourquoi je ne saurais assez recommander aux pianistes de travailler constamment les fugues du *Clavier bien tempéré* de Bach.

Quel que soit l'instrument, que l'on dirige ou que l'on chante, on ne peut obtenir la sonorité que l'on désire que si on l'entend dans sa tête une fraction de seconde auparavant. Cela fait partie des aspects de la musique qui ne s'enseignent pas. Je pourrais montrer comment on place ses mains, comment on équilibre les deux ré, les trois sol, et les trois si du premier accord du *Concerto* en sol majeur de Beethoven, indiquer que dans un certain registre les notes ont tendance à être plus fortes, que le pouce a plus de poids que le petit doigt. Mais si un étudiant est incapable de concevoir le son avant de jouer – même si ce son diffère de celui que j'ai défini – jamais il n'obtiendra ce qu'il cherche en matière de sonorité. Cette faculté d'entendre le son et le phrasé dans l'oreille intérieure est une des qualités essentielles pour un musicien.

Il en est une autre qui ne s'enseigne pas : c'est l'intensité de ce que l'on éprouve envers la musique, la relation entre celle-ci et le musicien. Il y a de nombreux aspects de la musique qu'on peut expliquer. Mais ce qu'on ne peut expliquer, c'est le degré d'intensité. On mesure la grandeur d'un musicien au degré de fanatisme qu'il met dans son jeu. Si on veut jouer un « sforzando », par exemple, qui ne sonne pas dur, il faut s'appesantir quelque peu sur la note. Si on ne peut réaliser cela au bon moment, le son obtenu sera désagréable à l'oreille. Et tant qu'on pourra se dire : « Non, l'accent est encore trop dur », c'est que ce n'est pas encore ça. C'est cette intensité de la relation entre le musicien et la musique qu'il faut communiquer et faire comprendre au public.

Les caractéristiques physiques de nos mains présentent des avantages et aussi des inconvénients. Il y a des passages, chez Chopin ou Liszt, où il vaut mieux avoir une grande ouverture. Pour moi c'est plus difficile que pour d'autres. Et il y a même des œuvres que je ne puis jouer, comme le deuxième *Concerto* de Bartók, par exemple, qui est pourtant une de mes œuvres favorites dans la musique du XXe siècle, simplement parce que je n'ai pas l'ouverture nécessaire. A l'inverse, j'ai vu beaucoup de pianistes qui ont une ouverture supérieure à la mienne, et peuvent donc jouer ce *Concerto,* mais qui ont du mal à réduire leur main en jouant certains passages exigeant un contrôle très précis des doigts. Certaines œuvres, comme le premier *Concerto* de Brahms, imposent une tension littéralement physique à l'interprète, qui fait effectivement partie de la musique elle-même. On raconte que Schumann a essayé de s'agrandir la main. Le résultat c'est qu'il l'a déformée en utilisant un procédé mécanique destiné à en accroître l'ouverture.

Pour bien jouer, il faut trouver le juste équilibre entre l'aspect technique et l'aspect purement musical. On ne peut les séparer l'un de l'autre – chaque solution d'ordre technique a une répercussion sur l'expression musicale. Par exemple, dans le dernier mouvement de la *Sonate Appassionata* de Beethoven, il est déjà très difficile pour un pianiste de jouer les notes à la vitesse requise. Mais ce n'est pas tout : il faut encore jouer avec toute l'expression voulue, en ce qui concerne la ligne musicale, le phrasé et l'intensité. Le mot grec *techne* signifie « art ». Et pourtant, le mot « technique » désigne de nos jours exclusivement l'aspect mécanique d'une exécution artistique. Lorsque les problèmes techniques liés à la dextérité des doigts sont résolus, il est trop tard pour s'occuper de la musicalité, du phrasé et de l'expression musicale. C'est pourquoi je ne m'entraîne jamais de façon mécanique. Il faut tout travailler dès le début. Si l'on s'exerce de façon purement mécanique pour commencer, on court le risque de changer la nature même de ce qu'on joue. Si l'on réduit l'art à la dextérité d'un artiste au détriment de l'imagination créatrice, on se méprend sur les implications du mot « technique ». Il n'y a rien de mécanique dans l'habileté artistique.

Le mot « musicalité » lui aussi prête souvent à confusion. On l'utilise moins en anglais qu'en allemand et en français. La « musicalité » désigne de façon plus ou moins vague la sensibilité à l'expression musicale. C'est un terme galvaudé, souvent associé à celui d'« inspiration », qui est également l'objet de bien des méprises. L'inspiration n'est pas un don des dieux, qu'il nous faut attendre passivement. On ne peut s'exercer comme un automate, dans l'espoir que, pendant le concert, on sera touché par la grâce. La beauté de la musique ne doit pas nous confondre. Au contraire, il nous revient d'essayer d'en comprendre les causes, les lois et les éléments. Ce n'est qu'à ce prix que la raison peut percevoir l'étincelle divine. D'ailleurs, pour Shakespeare, l'habileté artistique était une application de la raison. L'inspiration ne peut venir que lorsque la raison a joué son rôle. Et elle ne vient pas comme un miracle, ou comme l'Enfant Jésus.

Il y a en musique un certain nombre de règles fort simples : ne pas s'exercer mécaniquement, ne pas attendre passivement que l'inspiration daigne venir ; au contraire, chercher consciemment le lien entre l'expression et les moyens d'obtenir l'effet désiré. Certains éléments prétendument opposés forment en réalité un tout : ainsi de la raison et de l'émotion, de la technique et des éléments purement musicaux. Ils constituent un tout absolument indissociable. La musique est un processus conscient. L'inspiration et l'intuition viendront plus facilement si tout ce travail préparatoire a eu lieu.

Je ne puis voir la musique comme un métier; c'est plutôt une façon de vivre. L'immersion, la totale concentration, est une condition *sine qua non* pour l'interprète, parce que la projection consciente de la musique pour le plaisir de l'auditeur modifie immédiatement le caractère d'une exécution. Nous ne pouvons laisser nos pensées vagabonder : la meilleure façon de communiquer avec l'auditeur est de communiquer tout d'abord avec nous-mêmes, et avec la musique que nous sommes en train de jouer.

Entrer sur une scène afin de jouer une œuvre musicale est en fait presque un acte égocentrique, ne serait-ce que parce que nous partons du principe que ce que nous allons faire mérite l'attention complète, et immédiate de deux ou trois mille personnes. Sitôt que l'exécution est terminée, en revanche, ce caractère égocentrique ne doit plus exister, autrement notre vie – et celle des autres – deviendrait insupportable. Une fois purifié de toute vanité, l'ego peut devenir le centre de la création et de l'imagination. Il est aussi peu profitable de tout faire reposer sur l'ego que de l'ignorer purement et simplement.

En ce qui concerne l'aspect conscient, rationnel de la recréation musicale, il vient un moment où il faut faire une sorte de synthèse, car on ne peut donner toutes les interprétations possibles en même temps. Les deux démarches sont parallèles : l'analyse va de l'effet à la cause, la synthèse de la cause à l'effet. La connaissance de l'effet suppose celle de la cause. Des compositeurs différents peuvent attacher plus ou moins d'importance à des éléments expressifs différents – l'évolution de certains instruments peut également leur fournir des possibilités nouvelles – mais tout cela fait partie de l'aspect contingent des choses, pas de l'essence même de l'expression. De sorte que, même au sens philosophique, on peut dire que, dans le domaine musical, les solutions d'ordre mécanique, qui n'impliquent pas une pensée délibérée, aboutissent inévitablement à des interprétations fausses.

Si l'on cherche à définir la musique en termes philosophiques, on constatera qu'elle chevauche trois disciplines :

la physique, la métaphysique et la psychologie. La physique parce qu'une composition musicale n'existe que sous forme de son, et est par là soumise aux lois de l'acoustique et de l'harmonie ; la métaphysique, par tout ce qu'elle est capable d'exprimer au-delà du monde physique ; en termes poétiques on pourrait formuler cette idée en disant que la musique a le pouvoir de faire entendre le silence ; et la psychologie parce que les divers éléments qui constituent une composition musicale sont liés entre eux, certains dominent, ce qui implique des tensions entre harmonies, rythme et motifs, qui ne sont pas sans rappeler les phénomènes psychologiques.

Chaque exécution doit préserver un certain degré de naturel, et éviter de rendre par trop perceptible le travail rationnel qui l'a précédée. Au cours d'une interprétation, le conscient et le subconscient, le rationnel et l'intuitif se fondent – il faut avoir l'impression que l'on pense avec le cœur, et que l'on sent avec la tête.

Les progrès auxquels nous assistons dans le domaine de la technologie et des sciences n'ont certes pas résolu les problèmes de l'existence. L'homme depuis toujours ne peut compter que sur lui-même. Il lui faut donc se situer par rapport aux autres, sa famille pour commencer, puis la société. C'est peut-être ce que Spinoza entendait par le besoin de découvrir ce qui unit l'esprit et la nature. C'est précisément de cela qu'il s'agit en musique, et c'est cela qui la rend si immuable : on peut modifier une orchestration de Beethoven, utiliser un piano moderne qui offrira plus de possibilités que celui que Beethoven connaissait, mais sa musique, en ce qu'elle exprime sa place dans l'univers, demeure toujours la même.

Une œuvre d'art a deux « visages », l'un est tourné vers l'éternité, l'autre vers son époque. Certaines conventions, certaines modes sont typiques d'une époque donnée. Certaines œuvres sont le reflet d'une époque. C'est cet aspect qui peut vieillir, et se révéler de peu d'intérêt pour les générations futures. La part qui demeure, en revanche, est l'esprit de l'œuvre, son essence. La musique est dans ce sens complètement autonome, elle n'attend ni une confirmation de ses valeurs, ni l'aide de la science ou des autres arts pour exister et être comprise. Une œuvre musicale doit être conçue comme existant par elle-même et pour elle-même. Elle n'a pas été créée dans un but précis, aussi positif et bénéfique qu'il soit. On peut certes utiliser la musique à des fins extra-musicales, d'ordre matériel ou spirituel. Mais elle n'a pas été conçue pour cela. Elle n'est ni bienfaisante, ni malfaisante. Bien sûr, d'un point de vue superficiel, nous savons que la musique est capable d'imiter certains sons – un oiseau, les vagues de la mer – mais c'est là un aspect secondaire. L'atmosphère d'une œuvre peut également évoquer une scène d'amour, ou une procession solennelle, mais ces évocations sont révélatrices de ceux qui écoutent la musique, pas de la musique elle-même. Il m'arrive souvent d'éprouver des sentiments très différents à l'écoute d'une même œuvre. Cela dépend du moment. En simplifiant à l'excès, on peut dire que si l'on se sent triste, telle pièce accroîtra notre tristesse, alors que si nous éprouvons un grand bonheur, la même page nous frappera par son caractère joyeux. Bien entendu, on conçoit mal comment la marche funèbre de la *Symphonie Héroïque* pourrait être considérée comme un morceau plein de gaieté, mais c'est là l'exception plutôt que la règle.

On ne peut appréhender l'infini en musique qu'en le cherchant en nous-mêmes. L'homme n'a pas de dimension infinie, mais il a par la musique le pouvoir de conférer à sa finitude l'illusion de l'infini. Ce n'est qu'en nous connaissant bien que nous pouvons comprendre ce qui nous entoure. Lorsqu'on fait de la musique, il faut savoir si tel morceau présente des difficultés d'ordre physique, ou s'il suscite en nous un état d'excitation qui menace notre raison et notre entendement. Je crois qu'il est dangereux d'imiter les grands musiciens qui étaient, en tant qu'individus, fort peu sympathiques. Wagner en est un exemple assez évident. Ce ne sont pas ses aspects négatifs qui ont fait de lui un grand compositeur : il fut un grand compositeur *en dépit* de ces défauts.

Au risque de sembler prétentieux, je dirais que si les artistes sont honnêtes vis-à-vis d'eux-mêmes, ils reconnaîtront qu'ils ont tendance à considérer qu'ils vivent dans un univers à part, qui obéirait à ses propres lois. Le passage de l'univers musical à la vie ordinaire est très difficile. Les qualités exigées par l'un ne sont pas nécessairement positives pour l'autre. C'est peut-être la raison pour laquelle de nombreux artistes ont une vie privée parfois difficile. Je suis toujours tenté de conseiller aux jeunes musiciens de bien faire la différence : il faut mettre toute son ardeur, toute son autorité au service de son art, parce que celui-ci est unique, mais il ne faut pas pour autant oublier qu'il n'y a rien d'unique dans notre vie de tous les jours. Dans ce domaine, nous sommes tous égaux!

En 1960, l'année où j'ai joué pour la première fois l'intégrale des sonates de Beethoven, j'ai fait la connaissance d'un musicien dont je suis devenu très proche par la suite, et pour qui j'avais un immense respect : sir Clifford Curzon. Il jouait avec l'Orchestre Philharmonique d'Israël. Il eut la curiosité de venir m'entendre lors d'un de mes récitals. Il fit preuve d'une grande générosité, et d'une chaleur qui me touchèrent beaucoup. Par la suite, j'ai appris à bien le connaître, et je l'ai souvent dirigé au concert. Ses origines étaient fort différentes des miennes – c'était le type même du gentleman anglais, et il était plus âgé que moi. C'était un homme d'une grande nervosité, pour qui les choses n'étaient jamais simples, ni faciles. Je me sentais fort différent de lui – j'étais jeune, pour commencer, et mon éducation portait la marque de la philosophie de l'éducation très positive qui était en vigueur en Israël. A première vue, tout ce qui tracassait tant Curzon me paraissait exagérément et artificiellement compliqué. Mais j'éprouvais une profonde admiration pour le musicien et le pianiste. C'est à lui que je dois certaines des interprétations les plus satisfaisantes auxquelles j'ai pu participer, en particulier dans les concertos de Mozart. Je l'ai entendu une fois jouer une œuvre dans laquelle on l'attendait peu, le *Concerto* de Grieg. Et pourtant, il y déploya des couleurs tout à fait extraordinaires. Et j'ai rarement entendu d'exécution plus convaincante que celle qu'il donna un jour du *Concerto* en la majeur de Liszt, avec l'Orchestre de Cleveland que je dirigeais.

Curzon avait un sens de la sonorité extrêmement personnel – en particulier dans Mozart et Schubert. Son piano sonnait comme un carillon. En ce qui concerne le rythme, par ailleurs, il était d'une exigence presque excessive, fruit de son travail avec Wanda Landowska, qui ne laissait la moindre liberté à l'interprète qu'à l'intérieur d'un cadre classique rigoureux. Curzon vivait assez mal la tension nerveuse de la scène, et on ne retrouvait pas au concert l'*élan* * qui était la marque de son jeu lorsqu'il était chez lui.

Curzon, c'était l'école de Schnabel. Il avait étudié avec le maître lui-même et avec Wanda Landowska. Il me parlait souvent de l'enseignement qu'il avait reçu, et je trouvais cela fascinant.

Dans le monde du piano, on trouve essentiellement trois tendances : d'un côté, il y a les admirateurs de la virtuosité, qui n'ont que faire ni de Fischer ni de Schnabel; d'un autre côté, il y a ceux qu'on appelle les « intellectuels », fascinés par les facultés d'analyse d'un Schnabel, par exemple, telles qu'elles apparaissent dans son édition des sonates de Beethoven. Pour eux, Edwin Fischer était un pianiste sensible et vivant, mais qui s'en remettait exclusivement à l'intuition, et à l'improvisation. La troisième tendance, celle que Fischer symbolise, précisément, considérait bien sûr l'école de Schnabel comme excessivement intellectuelle, et rationaliste. C'est grâce à mon amitié avec sir Clifford Curzon que je pris conscience qu'un musicien peut fort bien allier un haut degré de flair et d'intuition à une pensée et un sens de l'analyse profonds. C'était d'ailleurs là l'essence même du génie de Schnabel. Les puristes lui reprochaient de mettre trop d'émotion dans son jeu; les tenants de l'approche « intuitive » lui reprochaient d'être trop cérébral. Et réalité, il n'y avait aucune contradiction entre ces deux qualités.

* En français dans le texte.

On pouvait croire, à entendre tous ces gens, que le manque relatif d'intellectualisme d'un Fischer trahissait un défaut d'intelligence. Je ne suis pas du tout d'accord. Il y avait chez lui, certes, une certaine naïveté, un souci du naturel. Tout devait sonner de façon aussi naturelle que possible. Et il était toujours en quête de naïveté dans le discours musical, au sens où il recherchait la fraîcheur et la pureté, par opposition à l'artifice. Le premier contact avec une œuvre d'art doit comporter cette part de naïveté. Ensuite, les choses deviennent plus compliquées dans la mesure où il s'agit de travailler, et de recourir à l'analyse et à l'observation. C'est par là qu'on atteint, quand on a ce bonheur, le troisième niveau, qui est un mélange de connaissance et de naïveté consciente. On éprouve cela dans certaines œuvres de Mozart, dans *l'Opus 27 n° 1* de Beethoven *, dans l'introduction du mouvement lent du *Concerto* pour violoncelle de Dvořák – il s'agit d'un sentiment presque enfantin. Il faut être très clair toutefois à propos de certaines notions. « Enfantin » ne signifie pas puéril, de même que « sentiment » ne veut pas dire « sentimentalité ». L'élément enfantin dans l'art et l'expression musicale est d'une extrême importance. C'est une faculté que peu de grands artistes possèdent. Fischer l'avait, à un degré exceptionnel.

De même qu'il y a des tendances dans le monde du piano, il y a des « écoles ». Celle qu'on appelle l'école allemande, par exemple, qui procède en grande partie de Theodor Leschetizky, à Vienne. Il a eu une descendance très nombreuse, puisque Arthur Schnabel, Edwin Fischer, Wilhelm Backhaus, Walter Gieseking et Wilhelm Kempff peuvent être considérés comme ses héritiers à des titres divers. Il y avait aussi la fameuse école russe, qui est connue dans le monde entier grâce aux grands virtuoses tels que Emil Guillels et Svjatoslav Richter qui ont pris la relève de Rachmaninov et Vladimir Horowitz. Et avant ces deux écoles, il y a eu une école française qui, bien que moins nombreuse, nous a donné Alfred Cortot et Yves Nat – deux immenses pianistes

* Il s'agit de la *Sonate* n° 13.

à mon avis, mais sous-estimés bien à tort hors de France ; et il ne faut pas non plus oublier l'école italienne, qui commence avec Busoni, et a donné depuis Arturo Benedetti-Michelangeli et Maurizio Pollini. Toutes ces écoles sont liées, d'une façon ou d'une autre, à Liszt. Rien n'eût été possible sans cette figure tutélaire. Il me semble que le côté hongrois et slave de Liszt a été exploité par les Russes ; l'élégance de son jeu par l'école française, le côté un peu plus intellectuel par les écoles allemande et italienne. Lorsqu'on observe ces diverses écoles de plus près, on retrouve presque les étapes successives de la vie de Liszt : Budapest et ses liens avec l'Est, Rome, plus tard, puis Weimar, et, bien sûr, Paris.

La branche allemande, qui nous est parvenue par l'intermédiaire de Busoni et, plus récemment d'Arrau, a certainement subi une influence particulière : celle du Franz Liszt ami de Wagner, qui transcrivit les symphonies de Beethoven, et s'intéressait également aux *Lieder,* surtout ceux de Schubert. La branche russe se souciait davantage de virtuosité ; le côté purement pianistique de Liszt a été développé en Russie, avec une liberté dans le rubato infiniment plus grande, l'art de manipuler les voix, de faire ressortir, par exemple, une voix cachée au cœur d'un accord, dont le premier exemple a été le pianiste polonais Josef Hofmann, sans oublier une extraordinaire faculté de mettre la musique en perspective. Dans cette école, les contrastes dynamiques entre mélodie et accompagnement sont beaucoup plus accusés. On entend souvent la mélodie jouée carrément mezzo forte, tandis que l'accompagnement est pianissimo. L'école allemande, à l'inverse, équilibre accompagnement et mélodie à l'intérieur d'une marge extrêmement étroite. Ce n'est là qu'une, parmi tant d'autres, des caractéristiques de l'école russe. Mais on la retrouve encore dans l'école soviétique contemporaine.

L'Union soviétique en effet a produit un grand nombre de pianistes de très grand talent. L'une des conséquences de la fermeture des frontières aux échanges avec l'Ouest fut qu'une certaine pureté héritée de ce qu'on appelle le « piano romantique » est demeurée intacte plus longtemps en Union soviétique qu'ailleurs. La première fois que je m'y suis rendu, en 1965, j'ai été extrêmement frappé par le contraste entre une façon très libre, très imaginative de jouer du piano, et la grisaille et la tristesse de la vie quotidienne. On aurait dit que les musiciens se libéraient par leur instrument du sentiment de frustration qu'ils éprouvaient, jour après jour, devant l'austérité et le manque d'attrait de leur existence. Deux mondes existaient côte à côte : celui de la vie quotidienne, très terre à terre, et celui de l'imaginaire. Il ne faut pas s'étonner qu'au cours des dix ou quinze dernières années, pendant lesquelles les échanges se sont multipliés, où de nombreux musiciens se sont trouvés en contact avec l'Ouest et la vie musicale moderne, les interprètes de l'Est aient perdu une partie de cette façon de jouer, qui était si séduisante et demeurait un témoignage vivant de la tradition. J'ai suivi de près les bouleversements qui ont abouti à la réunification de l'Allemagne en 1989, date à laquelle ce processus a commencé. Il est certainement important que l'Ouest encourage l'Est à adopter sa façon de vivre beaucoup plus libérale. Mais il peut également retrouver à l'Est le sens de certaines valeurs qui ne sont pas spécifiquement « orientales », mais sont la résultante du caractère des peuples et du système qui, pendant tant d'années, les a privés de divertissement et de plaisirs : c'est d'ailleurs la raison pour laquelle l'accent est mis là-bas à ce point sur les valeurs humaines et culturelles. Le fait que j'aie vu dans le métro de Moscou tant de gens en train de lire Dostoïevski et Tchekhov est peut-être le résultat des restrictions qui leur ont été imposées pendant si longtemps. Mais ce n'est certainement pas une raison pour rejeter une telle habitude avec le reste sous prétexte qu'elle est associée dans notre esprit à un système politique que nous réprouvons. J'espère que les peuples de l'Est sauront partager leurs valeurs culturelles avec l'Occident. Je suis sûr qu'ils sont désireux de le faire, pourvu que l'Occident soit prêt à recevoir cette influence. Autrement, la prétendue libération de l'Allemagne de l'Est ne sera rien d'autre qu'un avatar moderne du colonialisme.

Au printemps 1960, je passai mon diplôme de fin d'études secondaires. Sur ce, je partis pour ma première tournée en Amérique du Sud. Mon père m'accompagna à Buenos Aires. C'était la première fois que nous y retournions depuis notre départ, huit années auparavant. Je me rendis tout seul au Pérou, puis au Brésil, au Venezuela et au Mexique. Je jouai toutes les sonates de Beethoven – mes précédents concerts à Tel-Aviv se révélèrent très utiles – à Medellín, en Colombie, qui n'était pas encore une capitale de la drogue, et connaissait une activité culturelle très importante. L'année suivante je donnai ma première intégrale des sonates de Mozart à Tel-Aviv et à Jérusalem, et toutes sortes de récitals ailleurs dans le pays. Je jouai à Elath pour la première fois également – en fait, durant cette période, je passai le plus clair de mon temps en Israël.

Ce n'est qu'après ma seconde tournée en Australie, au cours de laquelle j'eus l'occasion de diriger en jouant, que les choses prirent un tour plus favorable. En Australie, j'avais dirigé l'Orchestre Symphonique de Melbourne dans la quarantième *Symphonie* de Mozart, le *Concerto* pour clarinette, et la quatrième *Symphonie* de Beethoven. Nous donnâmes pratiquement le même programme avec l'Orchestre Symphonique de Sydney, mais avec le *Concerto* pour flûte en sol majeur à la place du *Concerto* pour clarinette.

Je retournai aux États-Unis à l'automne 1962, et jouai de nouveau à New York. Je commençai à jouer assez régulièrement avec William Steinberg, un chef vraiment merveilleux. A la fin des années cinquante et au début des années soixante, il était à la fois directeur musical de l'Orchestre Symphonique de Pittsburgh et du Philharmonique de Londres. Je jouai avec lui dans ces deux villes : à Londres, nous donnâmes une exécution particulièrement satisfaisante du quatrième *Concerto* de Beethoven. A partir de ce moment-là, je jouai à Pittsburgh presque tous les ans. Steinberg devint également conseiller musical du Philharmonique de New York, où je jouai très souvent sous sa direction, en particulier les concertos de Mozart, de Beethoven, et le *Premier* de Brahms.

Steinberg était un musicien extrêmement cultivé, ainsi qu'un excellent pianiste : c'est lui qui avait joué la partie de piano dans le *Pierrot lunaire* de Schoenberg lorsque Otto Klemperer avait dirigé l'œuvre à Cologne. C'est lui en outre qui avait véritablement formé l'Orchestre Philharmonique d'Israël, fondé par Hubermann dès 1936.

Le premier chef à diriger le Philharmonique d'Israël ne fut rien moins qu'Arturo Toscanini. Bien entendu, il fallait qu'un orchestre composé de gens venant d'horizons divers soit soigneusement préparé avant d'affronter Toscanini. Et ce fut Steinberg qui fut choisi pour effectuer ce travail préliminaire. C'était un chef remarquable, qui savait vraiment tenir un orchestre, et qui avait un répertoire très éclectique : il était très à l'aise dans le répertoire germanique – Bruckner et Mahler, sans parler de Beethoven et Brahms – mais il s'était aussi fait le champion de deux compositeurs que l'on n'associait pas d'habitude avec des chefs formés dans la tradition germanique : Berlioz et Elgar.

Il avait toujours des suggestions intéressantes et pertinentes à faire à propos de toutes les œuvres que je jouais avec lui. Une, plus particulièrement, m'est restée présente à l'esprit. Il s'agissait de la transition du second au troisième mouvement du *Concerto l'Empereur* de Beethoven : le second mouvement s'achève en si majeur ; la musique s'arrête très progressivement, et il y a un moment où le *si* demeure absolument seul, sans la moindre harmonie, puis descend d'un demi-ton, au *si* bémol, la dominante de *mi* bémol, qui est la tonalité du troisième mouvement. Suit alors une sorte d'annonce au ralenti du thème de ce troisième mouvement, joué au piano, accompagné seulement par la note tenue du cor, et les pizzicatos des cordes, comme si le thème du dernier mouvement s'esquissait de façon hésitante, embryonnaire. Après cela il y a une pause, qui correspond au levé qui ouvre le mouvement – un pianissimo absolu – et alors tout se déchaîne, le piano expose le thème du dernier mouvement fortissimo. Il s'agit bien sûr d'un moment extrêmement délicat dans la mesure où le son a tendance à mourir tout à fait, et il n'est pas facile d'éviter la césure entre le dernier *si* bémol du piano et la première note du dernier mouvement. Steinberg me dit qu'il se rappelait avoir entendu Eugen d'Albert, qui avait été un grand interprète beethovénien, jouer l'œuvre. Il créait l'illusion d'un énorme crescendo sur cette note ultime de la transition, conférant ainsi un caractère inéluctable à l'explosion qui ouvre le dernier mouvement. J'y ai souvent repensé en jouant ce *Concerto,* et j'ai eu l'occasion de constater à quel point c'était vrai : je suis toujours surpris moi-même de voir comment cette illusion se communique à l'orchestre et, je suppose et je l'espère, au public. Ce n'est là qu'un des nombreux exemples que je pourrais citer de l'étendue des connaissances et de l'imagination de Steinberg.

Par une de ces coïncidences de l'existence, Chicago est une des villes qui me sont toujours restées fidèles et n'ont jamais manqué de m'engager chaque fois que je me trouvais aux États-Unis. Ma relation avec Chicago date de 1958, et je la dois à Sol Hurok. Hurok était un imprésario comme on n'en fait plus. Il donnait l'impression qu'il lui suffisait de voir un artiste entrer en scène pour savoir s'il était promis à un brillant avenir ou non. Il n'avait aucune prétention en matière de culture musicale, mais il possédait un véritable instinct d'imprésario. Il s'était fait lui-même, comme beaucoup d'immigrants juifs qui venaient d'Europe. Il était arrivé en Amérique sans un sou, et avait gravi un à un tous les échelons de la réussite.

Il y avait également à Chicago un homme qui s'appelait Harry Zelzer, qui exerçait un pouvoir quasi absolu sur les récitals de piano. Son agence, « Allied Arts », organisait une série annuelle de récitals de piano. Il me faisait toujours signe, et je vois une certaine ironie dans le fait d'être à présent de retour à Chicago, cette fois en qualité de directeur musical de l'Orchestre Symphonique.

A partir de 1962, j'ai commencé à passer plus de temps en Angleterre. C'est à cette époque que j'ai joué pour la première fois sous la direction de sir John Barbirolli. Sir John était plus encore qu'un grand chef d'orchestre et un excellent musicien. Il avait une manière toute personnelle de diriger ainsi que d'étudier et de préparer les partitions. Il se fiait davantage à son intuition qu'au raisonnement, et avait beaucoup de vivacité et une grande imagination. Malgré une mère française et un père italien, c'était un vrai londonien – il s'exprimait dans un *cockney* irréprochable.

Barbirolli avait, de façon plutôt inattendue, des affinités avec Mahler. Il fit découvrir et jouer à l'Orchestre Philharmonique de Berlin plusieurs de ses symphonies. C'était aussi un excellent violoncelliste – il avait participé à la création mondiale du *Concerto* pour violoncelle d'Edward Elgar, et joué la partie de violoncelle lors de ce qui fut, je crois, la création en Angleterre de la *Symphonie de Chambre* n° 1 d'Arnold Schoenberg, en 1925. Sans aucun doute, Barbirolli était un musicien de son temps, très éclectique, également à l'aise dans Mahler, Haydn, Puccini ou Brahms. Et il y avait toujours Elgar, pour qui il avait un faible. Il faut reconnaître qu'il fut souvent critiqué en Angleterre, à cause de sa personnalité musicale, et de sa conception de la musique d'Elgar. On le trouvait trop émotionnel, et on lui reprochait de prendre trop de libertés avec la musique. Pour ma part, je pensais au contraire qu'il donnait à la musique d'Elgar une dimension qui lui fait trop souvent défaut, une sorte de nervosité qu'il a en commun avec Mahler. Ce n'est certainement pas une coïncidence si Mahler a dirigé les *Variations Enigma* d'Elgar lors d'un de ses derniers concerts à New York. Il y a, dans certaines œuvres majeures d'Elgar, une sensibilité exacerbée que l'on sacrifie parfois au nom d'une certaine convention qui voit en Elgar le modèle du parfait gentleman britannique et du compositeur victorien. C'est à peu près équivalent au vieux cliché de « Papa Haydn ».

Elgar connut un destin comparable à celui de Berlioz, qui fut compris en Allemagne avant d'être reconnu dans son propre pays. Il connut un de ses premiers succès à Düsseldorf, en 1904, avec *Le Songe de Géronte.* Richard Strauss fut l'un de ses plus fervents admirateurs. C'est lui qui fit connaître Elgar alors que celui-ci était pratiquement inconnu en Angleterre. Les choses ont bien changé depuis ce temps-là, et Elgar est devenu une sorte de héros national.

Barbirolli avait également une affinité particulière avec d'autres compositeurs anglais, en particulier Vaughan Williams. Et il avait beaucoup d'affection pour Haydn. Il a dirigé quelques exécutions mémorables de ses symphonies avec le Philharmonique de Berlin. Il y avait beaucoup de naturel dans sa façon de diriger la musique – en allemand on appelle cela *Musikant.* Ce que l'on sait moins, mais qui n'en est pas moins intéressant, et m'a énormément apporté, c'est avec quel soin il préparait ses répétitions. Ce n'était pas seulement lié à la façon dont il épluchait les partitions : il indiquait également lui-même les coups d'archet sur toutes les parties des cordes, et ce pratiquement pour toutes les œuvres. Grâce à ses immenses connaissances, il pouvait faire dans ce domaine des suggestions qui permettaient aux cordes de sortir le son et d'obtenir l'articulation qu'il prônait. C'est ce qu'on appelait le « son Barbirolli », qu'il obtenait de presque tous les orchestres qu'il dirigeait.

Barbirolli était un homme extrêmement chaleureux, que la plupart des musiciens avec qui il travaillait adoraient. Il y avait en lui un sentiment d'insécurité qui venait sans doute des temps douloureux pour lui où il avait succédé à Toscanini à la tête de l'Orchestre Philharmonique de New York. J'ai joué très régulièrement à Manchester, avec lui et l'Orchestre Hallé, à l'époque où il commençait à enregistrer les symphonies de Mahler. Il me demandait souvent de jouer un concerto de Mozart avant une symphonie de Mahler.

Entre 1962 et 1966, je jouais surtout en Angleterre. En décembre 1962, cependant, je jouai également à Montréal, où j'interprétai la *Burlesque* de Richard Strauss pour la première fois, sous la direction de Zubin Mehta. Peu de temps après, je donnai un concert à Los Angeles, cette fois avec Janos Ferencsik.

En 1963, je commençai à me produire en Allemagne. Mes débuts eurent lieu à Munich, avec Fritz Rieger et le Philharmonique. Puis je jouai à Berlin avec l'Orchestre RIAS, dans le cadre d'une série de concerts intitulés « RIAS *stellt vor* » (RIAS présente). C'est au cours de cette année-là que Wolfgang Stresemann, intendant de la Philharmonie de Berlin, m'entendit et m'invita à jouer avec l'orchestre l'année suivante. Il m'engagea pour deux concerts, l'un en juin, l'autre en septembre 1964.

Pour le concert de juin, il avait déjà engagé Pierre Boulez pour diriger l'orchestre. Le concert faisait partie d'une série consacrée à la musique du XXe siècle. Boulez avait en fait déjà arrêté le programme, qui devait comprendre le premier *Concerto* pour piano de Bartók. J'avais donc le choix entre apprendre cette œuvre que je n'avais jamais jouée auparavant, et renoncer à l'occasion de jouer avec le Philharmonique de Berlin cette saison-là. Bien entendu, j'optai pour la première solution.

Ce fut le début d'une longue et très fructueuse amitié entre Boulez et moi. Stresemann m'avait dit que, pour le concert de septembre, je pouvais faire des suggestions. Comme c'était le dixième anniversaire de la mort de Furtwängler, je répondis que son *Concerto* pour piano s'imposait. Je me souviens encore de l'air effaré de Stresemann quand il m'entendit. Je suis certain qu'il s'attendait à ce que je propose un concerto de Beethoven ou de Brahms, peut-être de Mozart – mais jamais le *Concerto* de Furtwängler ne lui serait venu à l'idée ! Il me dit cependant que si j'y tenais, quoi de plus naturel pour le Philharmonique de Berlin que de jouer une œuvre de son ancien chef. Le concerto fut donc joué en septembre 1964, sous la direction de Zubin Mehta.

Depuis près de trente ans, Wolfgang Stresemann est pour moi non seulement un ami, mais aussi mon guide spirituel à Berlin. Il a été lui-même chef d'orchestre et ami de Bruno Walter. C'est un homme d'une immense culture. Chaque fois qu'il assiste à un de mes concerts, il a quelque chose de pertinent à me dire à propos de l'exécution. Très souvent, il fait des remarques lumineuses sur le tempo, ou l'équilibre de l'orchestre, je lui ai toujours su gré de l'amitié et de l'estime qu'il me porte, mais aussi de la franchise et du courage avec lesquels il me dit ce qu'il pense – et je n'ai pourtant pas toujours eu droit à des compliments.

Le *Concerto* pour piano de Furtwängler est une œuvre d'amour. Il est très long – plus de soixante-quinze minutes – et très difficile, mais d'un grand intérêt. La littérature post-romantique pour le piano est pauvre. Il y a un concerto de Reger, mais rien de comparable aux œuvres symphoniques de Mahler, Bruckner ou Richard Strauss (sauf la délicieuse *Burlesque* de ce dernier), si bien que le *Concerto* de Furtwängler vient combler un vide. On y sent l'influence de Brahms, Tchaïkovski, Wagner, et même César Franck. Il s'agit d'une œuvre extrêmement bien écrite et orchestrée. Je pense qu'il méritait sa place dans le répertoire. Avant de le donner à Berlin, je l'avais joué pour la radio à Zurich. Je l'ai également joué une fois à Los Angeles, et j'aimerais le jouer encore. De la deuxième *Symphonie* de Furtwängler, je n'ai jamais dirigé que le scherzo, avec l'Orchestre Philharmonique de Berlin, à l'occasion du centième anniversaire de la fondation de l'orchestre. C'est une œuvre que je connais très bien.

Avec Zubin Mehta, je n'ai pas joué seulement en Amérique du Nord. Il m'a aussi invité à Paris en 1963 et 1964, pour participer à des concerts avec la Société des Concerts du Conservatoire. Mon meilleur ami est aussi devenu mon ange tutélaire ! A tous les moments de ma carrière, il y a eu des gens qui croyaient en moi. Sol Hurok s'occupait activement de mes intérêts aux États-Unis, et Ian Hunter en faisait autant en Angleterre. Ils ont insisté pour me donner ma chance, à une époque où il n'était pas question pour eux d'en tirer le moindre avantage financier. Claudio Arrau, qui avait lui aussi commencé à un âge précoce, disait : « Plus les culottes s'allongent, plus le succès diminue. »

Depuis mon plus jeune âge, Claudio Arrau est pour moi le musicien idéal. Tout d'abord, il possédait une maîtrise exceptionnelle de son instrument, et certainement le répertoire le plus étendu de tous les pianistes passés ou actuels. En outre, il s'intéressait à une foule de choses en dehors du piano. Chaque fois qu'il avait un moment de liberté au cours d'une tournée, on le rencontrait à l'opéra, dans les librairies, et à toutes les expositions. Arrau fut l'un des exemples les plus parfaits de la fusion des mentalités germanique et latine. Il était arrivé tout jeune à Berlin, où il avait étudié exclusivement avec Martin Krause, qui était lui-même un disciple de Liszt.

C'est Arrau qui m'a ouvert les yeux sur de nombreux détails de la musique. Tout le monde savait, et reconnaissait qu'il était l'un des meilleurs interprètes des sonates et des concertos de Beethoven ainsi, bien sûr, que des concertos de Brahms. Mais il fut le premier à me faire comprendre, alors que j'étais encore un enfant, que Liszt était bien davantage que le virtuose de la légende : c'était aussi un musicien très important et très expressif, qui avait réalisé de façon unique la fusion du tempérament hongrois, des éléments hérités de son éducation et de la littérature françaises (et pas seulement grâce à Marie d'Agoult), tout en restant en contact très étroit avec tout ce qu'il y avait de capital et d'intéressant dans la vie musicale allemande. L'importance de Liszt dans l'histoire de la musique ne saurait être surestimée. Wagner lui-même n'aurait pas écrit comme il l'a fait s'il n'avait pas connu Liszt. C'est une chose avérée, et reconnue de nos jours, mais en 1950, ce n'était pas le cas. Le fait qu'un homme tel qu'Arrau, un musicien sérieux et d'une grande réputation qui jouait Beethoven, ait eu non seulement la maîtrise technique suffisante, mais aussi la curiosité de consacrer tant de temps et d'énergie aux œuvres de Liszt eut sur moi comme sur beaucoup d'autres une véritable influence.

Arrau possédait une façon toute personnelle de jouer. Il n'y avait pas la moindre raideur dans la manière dont il posait ses mains, ou faisait peser ses bras sur les touches – il s'élevait même, en fait, contre la raideur cultivée par certaines écoles de piano. Il ne faut pas oublier que même dans notre siècle, beaucoup de professeurs demandaient à leurs élèves de poser une pièce de monnaie sur le dos de leur main. Qu'importait la vitesse à laquelle les doigts se déplaçaient, ou sautaient d'une extrémité à l'autre du clavier, il n'était pas question que la pièce tombe. Certains milieux faisaient grand cas de cette raideur pourtant si contraire à la musique, et contre laquelle Arrau luttait. Il avait réussi à obtenir la sonorité la plus chaleureuse, la plus douce et la plus riche qui se pût entendre. Je l'ai beaucoup écouté au cours des années cinquante et des années soixante, et je l'ai dirigé régulièrement. Tout le monde admirait son refus de tout compromis.

Il avait le courage de ne jouer que selon ses convictions et ses idées, sans céder de la moindre façon au succès ou aux effets faciles, pour se concilier les faveurs du public. Cela s'appliquait au choix des tempos, et à l'expression qu'il tirait de la musique. Et cela valait pour Liszt et Debussy autant que pour Schubert et Mozart. Dans la musique de ces compositeurs il s'offrait le luxe de percevoir un degré d'intensité et de profondeur dont ils n'étaient pas toujours crédités. Son refus de tout compromis provenait aussi, bien sûr, de sa probité et de sa sincérité proverbiales. Il assistait souvent à mes concerts, même lorsque j'étais très jeune, et ne m'abreuvait jamais de compliments de circonstance. Il avait toujours une critique à formuler, mais le faisait chaque fois de la façon la plus positive. Jamais je ne me suis senti découragé par ce qu'il avait à me dire, et pourtant il ne se contentait pas de politesses de pure forme, et me donnait toujours matière à réfléchir.

Il y a une loi en Argentine qui stipule que lorsqu'on est né là-bas, on reste citoyen argentin jusqu'à la fin de ses jours. Cette loi a sauvé la vie de nombreux Juifs allemands ou polonais qui avaient émigré en Argentine au cours des années vingt. Beaucoup retournèrent dans leur pays d'origine plus tard, avec leurs enfants nés en Argentine. Quand Hitler arriva au pouvoir, il ne put les inquiéter, du moins eut-il plus de mal à les faire arrêter lorsqu'ils avaient des passeports argentins. En ce temps-là, les jeunes étaient appelés sous les drapeaux par tirage au sort, ce qui signifie que tout le monde ne faisait pas son service militaire. Ceux qui tiraient les nombres les plus bas étaient exemptés, ceux qui tiraient les nombres intermédiaires faisaient une année de service. Quant à ceux qui tiraient les nombres les plus élevés, ils étaient affectés dans la marine, où ils servaient pendant deux ans. Je tirai un nombre élevé, mais obtins un sursis de deux ans pour mes études en Europe, et aussi parce que je donnais des concerts en Europe et en Amérique. Mais il vint un moment où les autorités décidèrent que deux sursis suffisaient. Cependant, je ne retournai pas en Argentine : j'étais citoyen israélien, et j'avais un passeport israélien parfaitement en règle. Ce qui signifiait que je pouvais me rendre en Argentine avec mon passeport israélien. Je pouvais, par ailleurs, aller n'importe où dans le monde avec mon passeport argentin, sauf en Israël, et partout dans le monde avec mon passeport israélien, sauf en Argentine ! En 1963, j'étais censé retourner à Buenos Aires pour y donner un concert, mais sur ces entrefaites, mon passeport fut confisqué, et je dus annuler ma tournée.

Je résidais à Berlin depuis plusieurs mois lorsque cela arriva. La situation était des plus délicates, parce qu'en ce temps-là, il n'y avait pas de relations diplomatiques entre Israël et l'Allemagne. En outre, le Mur de Berlin était déjà construit : Berlin était pratiquement coupé du reste du monde. Je me trouvais donc à Berlin-Ouest sans passeport argentin, et sans visa allemand sur mon passeport israélien !

C'est dans ces circonstances que je me liai d'amitié avec des gens qui travaillaient à l'Opéra Comique de Berlin-Est, et que j'assistai régulièrement aux répétitions de Walter Felsenstein. Pour tout dire, c'était la première fois que j'assistais à des répétitions lyriques. Je vis *Tosca* de Puccini, ainsi que *Le Songe d'une nuit d'été,* de Benjamin Britten. Parmi les gens dont je fis la connaissance se trouvait une merveilleuse soprano noire américaine qui s'appelait Ella Lee. Nous faisions de la musique de chambre ensemble, surtout des *Lieder.* J'aimais jouer des *Lieder,* parce qu'il y avait beaucoup de chanteurs à Berlin, et que je déchiffrais assez bien : j'étais donc souvent au piano pour les accompagner. C'est également en 1963 que je me rendis pour la première fois à Bayreuth. Là je donnai deux concerts à la Villa Wahnfried, l'un en solo, l'autre avec Ella Lee. Pour le récital, je jouai une sonate de Beethoven, celle de Liszt, bien entendu. Et j'insistai aussi pour jouer du Brahms – à Bayreuth ! Le comte Gravina, qui s'était montré jusqu'alors fort courtois à mon égard, quitta la salle en guise de protestation.

6

En Angleterre

Une année, ce devait être en 1964, Ian Hunter me dit : « La prochaine fois que vous viendrez à Manchester, l'Orchestre Hallé sera malheureusement en tournée. Les concerts d'abonnements seront assurés par un autre orchestre. » C'est ainsi que j'eus pour la première fois l'occasion de jouer avec l'English Chamber Orchestra à Manchester, sous la direction de John Pritchard. Le premier contact avec l'orchestre fut tout de suite excellent, tant avec les musiciens qu'avec Ursula Strebi, l'administratrice de l'orchestre. C'est l'épouse de l'excellent trompettiste Philip Jones, qui était à l'époque membre de l'Orchestre Philharmonia. Elle savait que je souhaitais diriger tout en jouant. Nous parlâmes d'Edwin Fischer, qui était suisse, comme elle. Je lui dis combien j'avais été impressionné en l'entendant diriger les concertos de Mozart du piano.

Je me trouvais à Moscou, lors de mon premier séjour en Union soviétique en 1965, quand je reçus un télégramme me demandant si je voulais donner deux concerts, en dirigeant du piano, avec l'Orchestre de Chambre Anglais, l'un à Reading, et l'autre à Cambridge. C'est ainsi que commença ma collaboration avec l'orchestre. Après ces deux concerts, nous devions faire ensemble un certain nombre d'enregistrements en studio pour la BBC, plusieurs concerts à Londres, et puis nous partîmes pour notre première tournée en 1966, au Festival de printemps de Prague, où je rencontrai Rubinstein. Il donna là une exécution inoubliable du *Concerto* en si bémol de Brahms. Ensuite, je partis avec l'orchestre pour la Grèce, et au festival de Lucerne. A partir de ce moment-là, les choses prirent un tour particulier, le travail de l'orchestre se trouvant divisé en trois parties. D'un côté il y avait Benjamin Britten, qui travaillait principalement, mais pas exclusivement, avec l'Orchestre de Chambre Anglais, en ce qui concernait ses propres œuvres, et qui composait pour l'orchestre, très souvent, les œuvres qu'il donnait au festival d'Aldenburgh ; d'autre part il y avait Raymond Leppard, qui était un spécialiste de la musique baroque à cette époque – de Haendel et Bach, entre autres ; et enfin, il y avait moi. L'Orchestre de Chambre Anglais travaillait donc avec trois musiciens, chacun ayant son répertoire et son style bien particulier. Je passais à peu près trois mois de l'année avec cette formation. Nous jouions beaucoup à Londres, et fîmes ensemble un grand nombre de tournées. Et nous avons fait pas mal d'enregistrements : l'intégrale des concertos de Mozart, le *Requiem,* plusieurs symphonies, les divertimentos, les sérénades, et aussi un peu de musique du XXe siècle, en particulier un disque consacré à la *Musique pour cordes, percussion et célesta* de Bartók. Nous partions en tournée au moins une fois, parfois deux ou trois, par an, souvent en Allemagne, en Espagne et en Italie, à Paris et dans les pays scandinaves. Et en 1968, nous partîmes aux États-Unis, pour la première d'une série de tournées. En 1969, nous entreprîmes une tournée mondiale, qui nous emmena aux États-Unis, en Australie, en Nouvelle-Zélande, en Italie et en Israël.

En 1973, nous fîmes aussi une longue tournée en Inde et au Japon. L'interlude indien fut particulièrement émouvant, grâce à notre passage à Bombay, où je trouvai un public exceptionnellement enthousiaste et connaisseur, des gens qui savaient tout, dans le moindre détail, de la vie musicale européenne, principalement grâce à leurs liens avec l'Angleterre. Ils avaient des disques, et écoutaient les émissions de la BBC. J'avais quelques craintes au sujet des programmes de nos concerts à Bombay, parce que nous n'avions fait aucune concession, au fond, au goût du public. Nous jouâmes, entre autres, *La Nuit transfigurée,* de Schoenberg. Avant mon départ, j'avais demandé conseil à mon ami Zubin

Mehta : pouvions-nous jouer un répertoire plutôt difficile d'accès, ou valait-il mieux nous cantonner dans les chefs-d'œuvre très connus ? Il me répondit que nous pouvions jouer tout ce que nous voulions. Je lui fis confiance, non sans me demander s'il n'y avait pas, dans son avis, une légère part de chauvinisme. Et je fus étonné de l'enthousiasme du public de Bombay, ainsi que par son degré de culture. Il faut préciser qu'il était composé en majeure partie de Parsis, qui s'intéressent davantage à la musique que les autres peuples de l'Inde.

L'Orchestre de Chambre Anglais « appartenait » à Quintin Ballardie, qui en était aussi le directeur. Il avait fait partie de l'Orchestre Philharmonia du temps de Furtwängler, puis sous Klemperer, et était à cette époque le premier alto de l'Orchestre Philharmonique de Londres. A certains égards, c'était un véritable autocrate. Je ne dis pas cela dans un sens péjoratif. Il savait tout simplement que pour rester au plus haut niveau, il est parfois nécessaire d'être très dur. Je crois qu'à ses yeux le modèle du directeur artistique était Walter Legge, qui était le propriétaire du Philharmonia et le gérait d'une main de fer. Il ne faut pas oublier que les orchestres londoniens, à l'exception des deux orchestres d'opéra et des formations de la BBC, n'ont pas, à ce jour, de contrats à plein temps comme les orchestres de Paris, d'Amsterdam et de Berlin. Ils travaillent littéralement au jour le jour, d'un engagement à l'autre. Et ils sont payés à la session – tant pour une répétition, tant pour un concert. On ne peut qu'admirer les musiciens britanniques, car ils ont une existence beaucoup plus difficile que leurs collègues européens. Ils sont parfois contraints à des sessions trop nombreuses rien que pour gagner leur vie. J'ignore ce qu'il en est à présent mais, à cette époque, chacun des quatre orchestres londoniens donnait trente concerts par an au Festival Hall. Il fallait, en moyenne, trois répétitions par concert et par programme, si bien qu'ils étaient mobilisés deux jours chaque fois. Le premier jour avaient lieu les deux premières répétitions, et le second, la répétition principale et le concert. Ce qui représentait soixante-quatre journées de travail, pour un salaire des plus maigres. De sorte que les musiciens devaient chercher d'autres engagements pour le reste de l'année, par l'intermédiaire de leur manager ou du conseil d'administration de l'orchestre. Au bout du compte, tout cela avait un effet négatif sur les programmes des concerts londoniens : étant donné la modestie de leurs subventions, les orchestres en étaient réduits à compter sur les recettes. D'où un nombre croissant de programmes standardisés, destinés à attirer le grand public. Il y avait aussi la possibilité de jouer des programmes liés à des enregistrements financièrement intéressants.

Au cours des années soixante, Londres était la capitale mondiale de l'enregistrement. L'Orchestre de Paris ne devait voir le jour qu'en 1967, et les autres orchestres français étaient d'une qualité quelconque. Certes les Orchestres Philharmoniques de Berlin et de Vienne effectuaient un certain nombre d'enregistrements; le premier, presque exclusivement avec son chef principal. Les orchestres américains étaient trop chers. Londres présentait l'avantage d'avoir des studios d'enregistrement extrêmement perfectionnés, où l'on pouvait enregistrer rapidement – les musiciens anglais sont réputés pour la vitesse et la facilité avec laquelle ils déchiffrent n'importe quelle œuvre. Un enregistrement en Angleterre coûtait d'autant moins cher. Je crois pouvoir dire que leur niveau ne descendait jamais en dessous de celui d'excellents musiciens professionnels, mais qu'il s'élevait rarement au-dessus! C'était un niveau excellent, sans plus. Ce n'est pas une critique à l'égard des musiciens. Ils travaillaient dans des conditions où la sécurité de l'emploi n'était pas garantie, et les orchestres n'avaient pas de salle attitrée. Ils répétaient chaque jour dans des endroits différents. S'il y avait plus de trois répétitions, on répétait dans deux ou trois salles différentes, puis le concert avait lieu au Festival Hall. Seule la répétition générale, d'habitude, avait lieu dans la salle où le concert était prévu. Il existait de nombreuses salles à Londres et en banlieue, que l'on utilisait pour les répétitions. Depuis, on a construit la salle Henry-Wood, mais ce n'est pas l'idéal : l'acoustique y est très différente de celle du Festival Hall.

Il y avait très peu de différences entre les quatre orchestres symphoniques londoniens. Les cordes, en particulier, passaient d'un orchestre à l'autre lorsqu'ils avaient deux journées de libres, qui leur donnaient la possibilité de participer à une session de plus. Il n'était pas rare qu'un musicien répète deux fois le lundi, une fois le mardi, et participe au concert le soir même avec le Philharmonique de Londres, tout en répétant le lundi soir et le mardi après-midi avec le Symphonique de Londres ou le Philharmonia. Du strict point de vue de la musique, c'était un arrangement assez chaotique. Pour ma part, j'avais la plus grande admiration pour le professionnalisme des musiciens britanniques.

Il y avait également un grand nombre d'orchestres de chambre. Toutefois, à cette époque, l'Orchestre de Chambre Anglais était la seule véritable formation permanente. Il était composé de musiciens qui jouaient en quatuor, ou dans d'autres formations mais, fondamentalement, ils appartenaient à l'Orchestre de Chambre Anglais. Le leader de l'orchestre était à l'époque Emanuel Hurwitz, un musicien de chambre réputé. Le premier altiste était Cecil Aronowitz, que ses enregistrements avaient rendu célèbre – il avait souvent joué en quintette avec le Quatuor Amadeus. L'orchestre était largement influencé par des gens qui avaient émigré en Angleterre, en provenance de pays d'Europe et d'ailleurs. Ils avaient le même profil que les musiciens du Quatuor Amadeus. Bien entendu, il y avait de nombreux musiciens anglais aussi, mais le style de l'orchestre était marqué par une culture de musique de chambre originaire d' Europe centrale, avec tout ce que cela implique de qualités et, le cas échéant, de défauts. On sentait un profond dévouement pour la musique – et aussi un immense plaisir dans le simple fait de la jouer – c'était une sorte de *Hausmusik* sur une plus grande échelle. En d'autres termes, la motivation n'était pas uniquement d'ordre professionnel, et certainement pas financière. En réalité, ils constituaient un groupe tout à fait original. La sonorité de l'orchestre n'était pas sans évoquer celle que j'avais connue dix ou quinze années plus tôt avec le Philharmonique d'Israël. Les cordes, en particulier, avaient une chaleur sans égale dans les autres orchestres anglais, et on comptait de nombreux solistes de renom parmi les vents.

La vie musicale en Angleterre était en train de changer profondément, en partie grâce à la construction du Queen Elizabeth Hall dont les dimensions conviennent à un orchestre de chambre (il peut accueillir en effet onze ou douze cents personnes) et à celle du Barbican Centre. Mais quels que soient les bienfaits de telles installations, le travail en tournée est inestimable : lorsqu'il n'est pas en tournée, le musicien a tendance à considérer que les répétitions et les concerts font partie de la routine quotidienne. Il a, en plus, sa vie de famille, et ses autres activités professionnelles. En tournée, les répétitions et les concerts deviennent le centre de son activité, et on ne saurait surestimer les effets d'une telle expérience sur la cohésion et l'homogénéité d'un orchestre. J'ai éprouvé la même chose lorsque j'étais en tournée avec l'Orchestre de Paris au cours des quinze années que j'ai passées à sa tête. C'est par le travail d'enregistrement et les tournées que l'orchestre, d'une part, et le couple orchestre-chef, d'autre part, réalisent leur unité, au sens musical du terme.

L'Orchestre de Chambre Anglais a beaucoup évolué. Une nouvelle génération a pris la relève, surtout un excellent premier violon, José Luis Garcia, dont j'avais fait la connaissance lors de notre voyage à Madrid. Il a débuté au dernier rang des seconds violons, pour devenir, très rapidement, l'un des premiers pupitres des premiers violons. Et, finalement, il est devenu, non seulement le leader de l'orchestre, mais également un soliste remarquable. Lorsque nous eûmes terminé l'enregistrement des concertos de Mozart, j'essayai de rester en contact avec l'orchestre, qui m'avait tant donné. Mon développement personnel demeurait lié à lui. Si j'ai fait si peu de choses depuis avec l'Orchestre de Chambre Anglais, c'est uniquement faute de temps.

Je pense que, pour ceux qui font de la musique, il est essentiel de savoir écouter les autres. Lorsqu'un seul musicien joue, un pianiste, par exemple – il faut que les mains s'écoutent, que chaque doigt écoute ce que font les autres, au lieu de jouer comme s'il était tout seul. Dès que deux musiciens jouent ensemble – un duo violon et piano, ou un chanteur de *Lieder* et son accompagnateur, ou simplement deux instruments à vent, la base de l'expression musicale réside dans la faculté de s'écouter réciproquement. Écouter est une démarche beaucoup plus active qu'entendre. Et s'il est déjà assez difficile de jouer, non pas seulement en suivant strictement sa portée, mais en écoutant son partenaire en même temps, on imagine combien il est difficile de jouer un sextuor ou un octuor, à plus forte raison en formation d'orchestre de chambre. Avec l'Orchestre de Chambre Anglais, nous jouions avec six ou huit premiers violons. Au Festival Hall, nous en avions généralement dix. Ce qui signifie que la part de chaque musicien est beaucoup plus individuelle que dans un orchestre symphonique comptant seize premiers violons. Chez les violons, qui jouent en règle générale un rôle primordial en musique de chambre, si l'un des six ou huit premiers violons a une sonorité plus dure ou plus mordante que ses collègues, on n'entendra que lui. Jouer dans un orchestre de chambre est une chose particulière, et plus difficile, parce que la contribution individuelle est beaucoup plus importante. En outre, le rôle du chef a beaucoup évolué depuis le XVIIIe siècle. L'orchestre de chambre était souvent dirigé par le premier violon, ce qui explique qu'en Grande-Bretagne on parle encore de « leader de l'orchestre », et non de « *concert master* ». Jadis, un orchestre de la taille de l'Orchestre de Chambre Anglais aurait joué Mozart sans chef d'orchestre.

Mon travail avec l'Orchestre de Chambre Anglais m'apprit, parmi bien d'autres choses, que l'élan, l'impulsion, doit venir des musiciens. En termes de musique, il revient certes au chef d'organiser l'orchestre, et d'imposer sa pensée et sa personnalité musicales. Mais un orchestre de chambre ne peut jouer avec une mentalité de fonctionnaire. Il faut une participation active de la part des musiciens. C'est une chose que j'ai essayé de développer depuis lors dans les orchestres symphoniques. A l'Orchestre de Chambre

Anglais, les musiciens avaient un sens bien à eux de l'articulation et du phrasé. Je me suis efforcé de lui donner davantage d'ampleur d'expression et une qualité plus soutenue. Lorsque je fis les enregistrements des opéras de Mozart avec la Philharmonie de Berlin, il me fallut presque aller dans le sens contraire. Il y avait déjà le soutien de cette merveilleuse sonorité, pour laquelle cet orchestre jouit d'une réputation méritée. Alors je me concentrai en premier lieu sur l'articulation et le phrasé. Un bon musicien d'orchestre de chambre a généralement un sens plus précis de l'articulation et du phrasé, simplement parce que sa contribution individuelle est plus importante.

Même si je consacrais la plupart de mon temps à l'Orchestre de Chambre Anglais, je commençai à diriger d'autres orchestres de plus en plus régulièrement. C'est à ce moment que débuta la seconde phase de ma carrière en 1965.

Jacqueline du Pré et moi fûmes engagés pour jouer ensemble en avril 1967 avec l'Orchestre de Chambre Anglais. Mais nous nous étions déjà rencontrés en décembre 1966, chez Fou Ts'ong, le pianiste chinois qui était à cette époque le gendre de Menuhin. Nous devions passer la soirée à jouer de la musique de chambre. Jacqueline et moi nous sentîmes immédiatement attirés l'un vers l'autre, tant sur le plan personnel que musical. Environ deux ou trois mois plus tard, nous décidâmes de nous marier. Elle étudiait déjà le judaïsme dans l'intention de se convertir. Je ne l'influençai en aucune façon; c'est elle qui le voulait, en partie pour moi, mais aussi parce qu'à cette époque nous espérions avoir des enfants. Peut-être était-ce aussi parce que tant de musiciens que nous connaissions étaient juifs, et qu'elle voulait se sentir encore plus proche.

David Ben Gourion assista à notre mariage en juin 1967 et fut photographié à nos côtés. Il ne s'intéressait guère à la musique, mais il admirait beaucoup Jacqueline. Et puis il y avait aussi le fait qu'elle était anglaise, et chrétienne en plus, et qu'elle était venue en Israël en 1967, alors que mon pays était en guerre. Elle devint une sorte de symbole là-bas, et Ben Gourion en était tout à fait conscient.

Quelques semaines après notre première rencontre, je m'en souviens, je fis écouter à Jacqueline un enregistrement du « Prélude » et de « la Mort d'Isolde », de *Tristan et Isolde*. Elle n'avait jamais entendu une note de Wagner auparavant, mais lorsqu'elle entendit cela, j'eus l'impression que c'était déjà en elle. Tout ce que je lui montrais, tout ce qu'elle entendait, semblait faire ressortir une part cachée d'elle-même. Elle avait horreur de tout ce qui n'était pas authentique, de ce qui était artificiel ou emprunté. Elle avait un don que peu d'artistes possèdent, celui de donner l'impression qu'elle était en train de composer la musique qu'elle jouait. Elle ne savait pas ce que c'était qu'une difficulté technique, pas plus que de jouer la facilité. Son jeu donnait un sentiment de complet abandon, et c'est cette qualité qui lui gagnait le cœur des musiciens et de son public. Il y avait quelque chose dans sa façon de jouer qui était complètement, inévitablement *juste* – pour ce qui était du tempo et de la dynamique. Elle mettait beaucoup de rubato dans son jeu, beaucoup de liberté, mais l'effet était si convaincant qu'on se sentait comme un simple mortel en face d'un être d'une dimension surnaturelle.

Du point de vue musical, Jacqueline était une sorte de rebelle – elle avait une qualité d'obstination rare. Au fond d'elle-même, quelque chose se révoltait contre ce qui était trop évident, contre l'habitude et les conventions. Pourtant, ce n'était pas seulement sa personnalité, ou son charisme, mais l'intensité d'émotion en elle qui vous poussait à vous demander si, après tout, il n'y avait pas une excellente raison pour modifier la partition! Chez d'autres musiciens, on aurait pu penser que c'était du caprice, ou de l'entêtement, mais il n'y avait rien d'entêté ni de capricieux dans le jeu de Jacqueline.

Malgré son immense gentillesse, elle pouvait se montrer extrêmement sévère à l'égard d'autres musiciens qu'elle soupçonnait de manquer d'enthousiasme, d'intensité, parfois même, selon elle, d'honnêteté. Si un musicien n'était pas prêt à se donner corps et âme à la musique, alors elle le considérait comme malhonnête. A quinze ou seize ans, quand elle assistait aux *masters classes* de Pablo Casals à Zermatt, elle était déjà habitée par un farouche instinct de liberté. Par la suite, elle est allée à Moscou, pour travailler avec Mstislav Rostropovitch : là encore, elle a donné mainte preuve de cet esprit d'indépendance, tout comme lors des quelques mois qu'elle a passés ultérieurement auprès de Paul Tortelier. Elle ne pliait pas facilement devant l'autorité – à moins que celle-ci lui parût absolument justifiée. Mais elle avait également la naïveté de ceux qui appréhendent la musique de façon spontanée, instinctive, presque physique. Ce sont là des traits du caractère de Jacqueline qui demeurent particulièrement vivants en ma mémoire.

En ce temps-là, c'était beaucoup plus simple de faire des enregistrements. Et il n'y avait qu'un violoncelliste du calibre de Jacqueline : Tortelier. Il y avait, bien sûr, Rostropovitch que le public aimait beaucoup mais il était en Union soviétique et ne venait à l'Ouest que de façon sporadique. Elle était, de toute évidence, la seule violoncelliste de sa génération. Pour elle, par conséquent, il n'y avait virtuellement pas de concurrence.

Le premier enregistrement que nous fîmes ensemble fut réalisé en 1967. Il s'agissait du *Concerto* en ut majeur de Haydn et de celui de Boccherini. En 1970, elle voulut enregistrer le *Concerto* de Dvořák avec moi. Nous décidâmes de le faire à Chicago, parce que l'orchestre est vraiment merveilleux, et parce qu'elle avait déjà joué avec lui auparavant. Elle fit aussi un enregistrement des *Sonates* de Chopin et de César Franck, puis un du *Trio* de Tchaïkovski, en public, à Tel-Aviv. Mais il y avait déjà des périodes pendant lesquelles elle était incapable de jouer. Le destin lui a laissé si peu de temps!

Sa façon de jouer n'avait pas vraiment changé depuis son adolescence – on s'en rend compte en écoutant certains de ses tout premiers enregistrements, qui ont été publiés après sa mort. Même jeune, elle jouait avec une intensité et une vivacité incroyables. Bien sûr, elle n'a cessé d'évoluer, mais les fondements de sa personnalité et de son tempérament de violoncelliste étaient déjà là à un très jeune âge. Parmi tous les grands musiciens que j'ai rencontrés dans ma vie, il n'y en a aucun pour qui la musique m'ait semblé une forme d'expression aussi naturelle que pour elle. Avec les autres, on a l'impression de se trouver en présence d'êtres humains qui jouent de la musique. Avec elle, on se trouvait, semblait-il, en face d'un musicien qui était aussi un être humain. Bien sûr, il fallait manger, boire, dormir, sortir avec des amis. Mais avec elle les proportions étaient inversées – c'était la musique qui était le centre de son existence.

Jusqu'à ce que la maladie fasse d'elle une infirme, elle était capable de faire ce qu'elle voulait avec son violoncelle, et n'avait pas besoin de beaucoup travailler. Elle avait une capacité de concevoir la sonorité que je n'ai rencontrée chez aucun autre musicien. C'était une enfant de la nature – une musicienne de la nature – son instinct était infaillible.

En mars 1967, on m'engagea pour jouer le *Concerto* n° 25 de Mozart avec Otto Klemperer et l'Orchestre Philharmonia. Après le concert, nous fîmes l'enregistrement. Tout de suite, une relation s'établit entre nous. J'avais déjà entendu Klemperer à Londres à plusieurs reprises. C'était un homme très direct. Des milliers de gens que j'ai rencontrés au cours de ma vie, je n'ai vu personne d'aussi peu soucieux que lui des apparences extérieures. (Sa fille prétendait qu'elle ne l'avait jamais vu ni se regarder dans une glace, ni même se coiffer.) Il n'avait pas le moindre intérêt pour ce qui était décoratif – à l'exception des femmes... Mais peut-être ne les considérait-il pas comme des êtres purement décoratifs! La force qu'il communiquait à l'orchestre était due au fait qu'il appréhendait directement et sans la moindre hésitation l'essence de ce qu'il souhaitait obtenir. C'était un trop grand musicien pour ne pas s'intéresser à la sonorité, mais son principal souci était l'exactitude de l'exécution en ce qui concernait le tempo, la dynamique et l'équilibre. Il se donnait beaucoup de mal pour réaliser avec soin l'équilibre des différents instruments de l'orchestre, puis il se concentrait sur l'intensité. Je ne pense pas qu'il ait jamais utilisé la sonorité comme un élément essentiel de l'interprétation musicale.

Bien que je fusse beaucoup plus jeune que lui, nous devînmes rapidement très proches, si l'on peut dire cela à propos d'un personnage aussi impressionnant. Il se lia également d'amitié avec Jacqueline, pour qui il avait beaucoup d'admiration. Après nous avoir entendus jouer la *Sonate* en fa majeur de Brahms, il lui fit un compliment mémorable : jamais, dit-il, il n'aurait cru que Brahms pût composer une musique aussi passionnée. Il était très attiré par la personnalité musicale de Jacqueline, par son dévouement et son engagement total dans la musique.

Klemperer fut certainement le personnage le plus inflexible que j'aie connu. Cela vaut pour l'homme tout autant que pour l'artiste. C'est pourquoi il demeure un exemple moral pour tous les musiciens. D'une certaine manière, d'ailleurs, ces qualités se communiquaient à son orchestre. Chacun éprouvait avec force l'énergie qui émanait de lui. Il avait horreur de tout ce qui n'est pas authentique, en musique comme chez ses semblables. Il pouvait, le cas échéant, se montrer excessivement dur, voire cynique, et ce sont ces aspects de sa personnalité qui ont donné naissance à la légende qui fait de lui un personnage presque cruel.

Au cours des années où je l'ai connu, c'est-à-dire de 1967 à sa mort, pas une fois il ne m'est apparu sous un jour antipathique. Quand nous eûmes fini d'enregistrer le *Concerto* de Mozart, il me proposa de passer à ceux de Beethoven. Il avait déjà enregistré tout le reste : les symphonies, la *Missa Solemnis*, *Fidelio*, et le *Concerto* pour violon – mais pas l'intégrale des concertos pour piano. On le poussait vivement à le faire, et il voulait les enregistrer avec moi, ce qui, bien sûr, était très flatteur. Il prenait aussi un malin plaisir à mettre mes possibilités et mon endurance à l'épreuve. Par exemple, jamais il ne voulut me dire dans quel ordre nous allions enregistrer les concertos de Beethoven. Il se contentait de déclarer : « Vous êtes bon musicien, bon pianiste, vous pouvez donc faire n'importe quoi. » Ce qui l'amusait énormément.

Il faisait preuve de beaucoup de chaleur et de compréhension dès lors qu'il savait avoir affaire à quelqu'un d'honnête. L'honnêteté était la qualité qu'il respectait le plus chez les autres, et à laquelle il attachait le plus de prix pour lui-même. Il éprouvait en particulier un profond intérêt, et le plus grand respect, pour Pierre Boulez qui, à ses yeux, représentait l'avenir, et travaillait avec la même honnêteté intraitable que lui.

Klemperer était un homme d'une curiosité incroyable, et le demeura jusqu'à la fin. Il faut s'en souvenir afin de bien comprendre ce que son expérience au Kroll Oper a su signifier pour lui. Il n'attachait guère d'importance aux conventions, et se refusait à faire les choses d'une certaine manière sous prétexte qu'on les avait toujours faites ainsi. Lorsque je jouai le *Concerto de chambre* d'Alban Berg avec Boulez à Londres, en mars 1967, à une époque où l'œuvre était relativement inconnue des musiciens et du public, Klemperer s'y intéressa au point de venir à chaque répétition, qu'il suivait avec la plus grande attention.

Klemperer commença à enregistrer *Don Quichotte* avec Jacqueline en 1968 ou 1969. Je devais jouer avec lui lors du même concert. Le programme comprenait la *Fantaisie pour piano, chœur et orchestre* et le quatrième *Concerto* de Beethoven, en plus de *Don Quichotte*. Klemperer avait pour habitude d'enregistrer d'abord, avant de jouer en concert. Mais comme il était souffrant, on dut interrompre l'enregistrement, et c'est Adrian Boult qui dirigea le concert.

Je voyais Klemperer chaque fois que nous nous trouvions tous les deux à Londres. Il avait accepté l'idée que je sois devenu chef d'orchestre. Il assista même à plusieurs de mes concerts. Lorsqu'on me proposa de diriger *Cosí fan tutte* pour la radio de Rome, je demandai à le voir pour parler de l'œuvre avec lui et prendre conseil. En fait il passa en revue toute la partition avec moi – ce qui prit énormément de temps, et était très généreux de sa part. Quant à ma façon de diriger, il se montra très positif, et très encourageant, bien qu'à son avis – et il avait absolument raison – au début de ma carrière de chef d'orchestre, j'eusse tendance à jouer trop vite.

Un jour il m'invita à son hôtel. A mon arrivée, il me demanda de jouer des extraits de son opéra au piano. Après quoi il me demanda : « Que pensez-vous de ma musique ? » Voyant que j'hésitais, il se tourna vers sa fille en disant : « Barenboim est un charmant garçon, quel dommage qu'il ait si mauvais goût en musique ! »

C'est à Jérusalem que je le vis pour la dernière fois. Ce devait être à la fin de 1972 ou au début de 1973. Il était juif mais s'était converti au christianisme dans sa jeunesse – il m'expliqua qu'à cette époque il pensait naïvement qu'il fallait être chrétien pour diriger des chefs-d'œuvre tels que la *Passion selon saint Matthieu* ou la *Passion selon saint Jean*. Plus tard il se convertit de nouveau au judaïsme, et obtint même un passeport israélien, devenant par là même le plus célèbre chef d'orchestre israélien sans avoir jamais dirigé le Philharmonique d'Israël !

7

Sur la direction d'orchestre et la musique de chambre

Si vous demandez son avis à un instrumentiste de premier plan, il vous dira que peu de chefs ont réellement de l'influence sur un orchestre. On joue les tempos indiqués par le chef, en ajoutant les nuances ou l'équilibre qu'il souhaite, et c'est tout. Mais avec un bon chef, le contact musical peut être tellement fort que les musiciens réagissent au moindre geste de la main ou du doigt, à un simple coup d'œil, ou au moindre mouvement du corps. Si l'orchestre s'entend vraiment bien avec son chef, il jouera de façon différente selon que celui-ci se tient très droit, ou se penche en avant, sur le côté ou en arrière. Chaque mouvement signifie quelque chose. Le premier levé du chef, en outre, est déterminant pour l'attaque. Si le levé n'a pas la netteté requise, celle-ci manquera de sonorité, sauf si les musiciens ignorent le chef purement et simplement. S'ils ne peuvent, ou ne veulent pas jouer pour lui, parce qu'ils pensent qu'il n'a rien à leur apporter, ils se contenteront de jouer leur symphonie de Beethoven comme ils l'ont jouée mille fois auparavant. Mais s'ils ont du respect pour lui, ils seront avec lui sitôt qu'il lèvera sa baguette : selon ses indications, l'attaque sera dure ou douce, elle sera plus ou moins tenue, et vibrera plus ou moins.

Un bon chef d'orchestre se dispensera de battre systématiquement la mesure sur chaque temps. L'orchestre et le public doivent oublier qu'il y a des temps ou des mesures. Je veux dire par là qu'une phrase musicale a beau être faite d'un certain nombre de mesures, si le chef bat chacune d'elles, et chaque temps à l'intérieur des mesures, il ramène la musique à son niveau le plus élémentaire.

De plus, un bon chef doit battre la musique de telle sorte qu'on sente clairement ce qu'il veut. Battre la mesure veut dire diriger de telle façon que l'orchestre sache sans la moindre ambiguïté comment il faut jouer. La vraie battue, le mouvement de la main, doit pouvoir indiquer aux musiciens non seulement à quel moment jouer, mais aussi comment emplir l'espace entre les notes. Lorsque je dirige les deux orchestres que je connais le mieux, ceux de Chicago et de Berlin, il m'arrive parfois d'omettre deux ou trois temps de suite, parce que je sais que les musiciens sont capables de les remplir tout seuls. Je peux leur laisser les rênes libres jusqu'au moment où je veux obtenir un accent particulier, et alors j'interviens de nouveau d'un geste de la main.

On ne dirige pas avec des gestes calculés à l'avance : la contrainte serait intolérable, pour le chef comme pour l'orchestre. Ce qui n'empêche pas que chaque geste doit être immédiatement interprété, par exemple comme un signal à tout l'orchestre, ou à une partie de l'orchestre. On peut jouer d'un instrument, ou chanter d'instinct. Mais on ne peut pas diriger d'instinct. L'influence d'un chef sur un orchestre, sa communication avec les musiciens, doivent reposer sur une base rationnelle. Chacun doit savoir qu'une phrase compte quatre mesures ici, huit plus loin, et où se situe le point culminant. Un musicien soliste ou un chanteur peuvent avoir recours à l'intuition bien davantage, même s'il n'est pas recommandé d'en faire un usage exclusif. Ce qui explique qu'un prodige tel que Yehudi Menuhin ait pu, à l'âge de onze ans, jouer Bach, Beethoven et Brahms en concert avec le Philharmonique de Berlin. Mais un enfant de onze ans, aussi doué qu'il soit, ne peut arriver devant un orchestre pour diriger une symphonie de Beethoven ou de Brahms. Une telle chose serait impossible, parce que la communication avec l'orchestre repose sur un fondement rationnel.

Je travaille généralement en trois étapes. Je consacre la première à étudier la partition chez moi; la deuxième est la répétition, la troisième, le concert. L'étude de la partition est une démarche inverse à celle du compositeur. Ce dernier a une idée, aussi embryonnaire soit-elle, à partir de laquelle il élabore son œuvre. Qu'il s'agisse d'une inspiration, d'une intuition, ou d'une expérience, il peut la développer et, au bout d'un certain temps, il produira une œuvre achevée. Ce ne sera pas nécessairement une symphonie de Bruckner. Le principe est le même pour la moindre pièce de Mozart, de Chopin, ou de Webern. Lorsqu'un chef d'orchestre découvre un morceau de musique, en revanche, ce n'est pas le détail qu'il remarque tout d'abord. Il lui faut effectuer un travail de re-composition, en gardant l'œuvre dans son ensemble présente à l'esprit, puis rechercher les détails. On peut comparer le travail du chef à celui du mécanicien automobile qui est capable de démonter complètement une voiture, et de la remonter. Un chef doit, par exemple, faire ressortir chaque détail du premier mouvement de l'*Héroïque* de Beethoven : les liens harmoniques, rythmiques, dynamiques, et même la distance « géographique » entre les notes. Beethoven jouait beaucoup sur les intervalles, passant du plus grand au plus petit, réduisant ainsi l'espace géographique entre les notes, mais augmentant la tension. Si l'*Héroïque* avait été composée, jusqu'au premier grand fortissimo, sans intervalles chromatiques, il n'y aurait aucune tension.

Lorsque Sergiu Celibidache a dit qu'il n'y a pas un seul de ses collègues qui soit capable de lire une partition, à de très rares exceptions près, il s'est mis beaucoup de gens à dos. Mais c'est que ceux-ci le prenaient au pied de la lettre. Ce qu'il voulait dire, c'est que trop de chefs sont incapables d'entendre les sons, la dynamique, l'équilibre de l'orchestre lorsqu'ils déchiffrent. Lorsqu'une partition indique un crescendo, par exemple, tout l'orchestre joue crescendo, du pianissimo jusqu'au fortissimo. Si la seconde flûte, qui a son importance, et la timbale, les trompettes et les trombones démarrent tous le crescendo en même temps, comme il est indiqué dans la partition, on obtient bien un crescendo, en effet. Mais pour parvenir à cela, il faut connaître la musique et savoir déchiffrer. Quand on veut réaliser un crescendo avec un orchestre, il faut éviter que les instruments commencent tous en même temps. Il faut que le crescendo soit organisé de telle sorte que tout s'entende, la valeur de chaque instrument doit s'exprimer totalement. Un chef doit être capable de penser de façon acoustique, et c'est là que les choses deviennent difficiles. Par exemple, prenez le début de la *Walkyrie* de Wagner. Les violoncelles et les contrebasses jouent cinq doubles-croches et une noire, toutes marquées : forte ; après quoi le deuxième temps est subito piano. On ne peut se contenter de jouer forte uniformément, puis subito piano. Le forte doit aller crescendo, afin de créer un effet de précipice sur le subito piano. Tout cela ressort lors de l'examen de la partition : les deux premières noires sont forte, et la troisième piano. La seule chose qu'on ne puisse déduire de l'analyse du détail est l'intensité. L'intensité d'un forte ou d'un piano, la force avec laquelle on joue un forte avant de passer à un subito piano est une chose qui ne s'apprend pas.

Prenons tout d'abord l'exemple de la dynamique, c'est-à-dire le rapport entre le piano et le forte. Un piano ne se mesure pas scientifiquement. On ne peut se dire qu'avec tant de décibels on obtiendra un piano, et si on en ajoute tant, le piano devient un mezzo forte. Le tempo n'est pas davantage une science exacte. Il est juste si, et seulement si, tous les autres éléments le sont eux aussi : équilibre, dynamique, vibrato. Lorsqu'un violoniste joue sur un tempo très rapide, il joue avec un certain type de vibrato. Lorsque le chef demande une modification du tempo, il doit avoir conscience que d'autres changements découleront de sa décision, en ce qui concerne l'articulation et la qualité sonore, en particulier. Il faudra d'abord songer aux coups d'archet. La rapidité de l'archet est plus importante que sa direction. Un bon violoniste est capable de jouer crescendo en tirant l'archet, même si c'est « contre nature », dans la mesure où il y a davantage de poids au talon de l'archet, et il fera tout aussi bien un diminuendo en poussant. De telles modifications surviennent lorsqu'on change le tempo et, si le musicien ne peut le faire de lui-même, alors c'est au chef

Dans la maison natale de Mozart, jouant de l'épinette. Salzbourg, 1952.

Avec Bruno Bandini et l'orchestre de la radio. Argentine, 1951.

Avec mes parents à Salzbourg en 1954.

Avec mes parents et Wilhelm Furtwängler à Salzbourg en 1954.

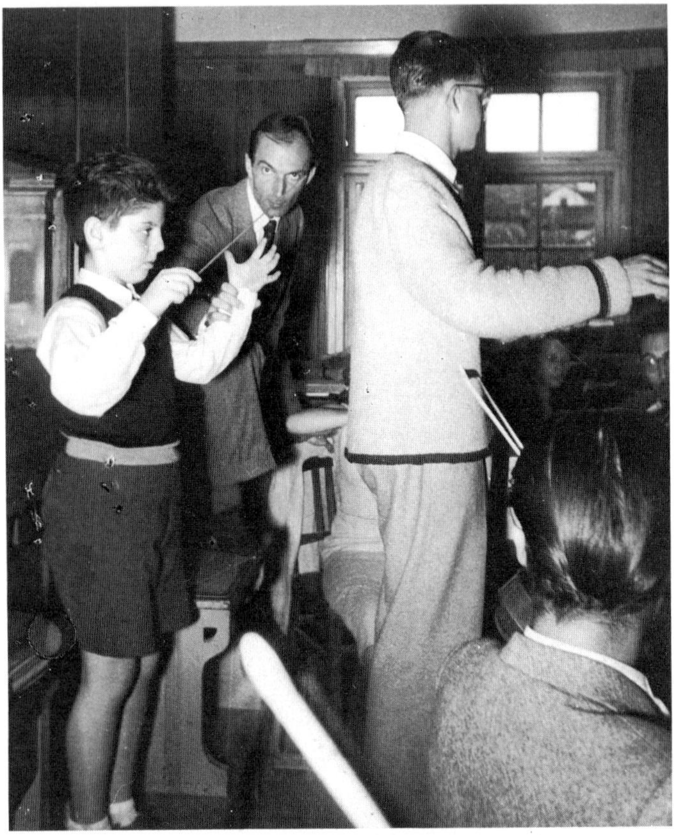

Au cours de direction d'orchestre de Markevitch. Salzbourg, 1954.

Répétition avec Josef Krips pour mes débuts au Royal Festival Hall de Londres en 1956.

Avec Zubin Mehta. Tel-Aviv, 1965.

Dans Bartók à la Philharmonie de Berlin. 1964.

Avec Jacqueline lors de notre mariage à Jérusalem en 1967.

Lors de notre réception de mariage à Tel-Aviv : *à gauche,* en compagnie de Zubin Mehta, de John Barbirolli et de son épouse ; *à droite,* en compagnie de David Ben Gourion et de son épouse Paula.

Jacqueline au Royal Albert Hall, vers 1969.

Séance d'enregistrement avec Jacqueline et Pinchas Zukerman aux studios d'Abbey Road. Londres, 1969.

Jacqueline et moi avec Pablo Casals à Marlboro, États-Unis, en 1969.

L'enregistrement du *Requiem* de Brahms avec Dietrich Fischer-Dieskau à Edimbourg en 1972. (Ph. Clive Barda.)

Répétition avec l'Orchestre de Chambre Anglais à la fin des années soixante.

Mon premier concert comme chef avec l'Orchestre Symphonique de Chicago en 1970.

La réception organisée par CBS pour le 55e anniversaire de Leonard Bernstein, en août 1973. *Au premier rang de gauche à droite :* Janet Osborn, Felicia et Leonard Bernstein, Pierre Boulez, moi-même et Jacqueline.

Pendant l'enregistrement des concertos de Beethoven avec Arthur Rubinstein à Londres en 1974. (Ph. Clive Barda.)

Arthur Rubinstein en concert avec l'Orchestre Philharmonique d'Israël au Royal Albert Hall de Londres. (Ph. Clive Barda.)

De gauche à droite : Yvonne Loriod, Zubin Mehta, moi-même et Olivier Messiaen dans les années soixante-dix à Paris.

Avec Pierre Boulez à Paris pendant l'enregistrement de ses *Notations* en 1988.

Avec Wolfgang Wagner avant ma première répétition à Bayreuth, en 1981.

En face : En récital en 1989. (Ph. EMI Music.)

En bas à droite : avec Georg Solti, Pierre Boulez et Zubin Mehta après un concert de l'Orchestre de Paris à Londres en 1988. (Ph. Ian Hunter.)

Bayreuth 1981 avec, *de gauche à droite,* René Kollo, Wolfgang Wagner, Johanna Meier après la première de *Tristan.*

Jouant et dirigeant l'Orchestre Symphonique de Chicago. Chicago, 1991. (Ph. Jim Steere.)

d'y veiller. Ce que Furtwängler disait reste vrai : le bon tempo est celui qui, au moment où l'on joue, ne peut s'imaginer autrement. Ce qui devient extrêmement difficile, puisque le public a la possibilité de comparer des enregistrements en direct avec des disques.

Chronologiquement, on étudie la partition avant de commencer à répéter. Le premier problème, par conséquent, est que l'on a élaboré une expérience seulement théorique, dans l'abstrait. Lorsqu'on joue d'un instrument, on peut essayer immédiatement certaines choses se rapportant au phrasé et à l'articulation pour voir comment cela sonne. Mais lorsqu'on est devant un orchestre, les choses se compliquent. Le temps est compté, et on n'est plus seul. Les musiciens commencent à jouer, et il devient très difficile de leur faire part de ses expériences, même pour leur dire combien de crescendos ou de sforzandos on désire. Une répétition commence à dix heures du matin, et se termine à midi et demi. Le chef ne peut indéfiniment faire des essais; il y a un concert à préparer. Le chef sait que les instrumentistes pèsent chacune de ses suggestions, tout ce qu'il leur demande, tout en se concentrant sur leurs propres problèmes avec leurs instruments. Il lui incombe de les aider dans la mesure du possible. Par exemple, lorsque surgit une difficulté de la partition, un jeune chef sans expérience peut se contenter de dire : « Nous arrivons au grand sforzando », ou bien : « Ici il nous faut un diminuendo plus accusé. » Si cela ne marche pas exactement comme il le souhaite, il s'imaginera peut-être que les musiciens y mettent de la mauvaise volonté. Bien sûr, il y a des gens difficiles dans tous les orchestres, parce qu'un orchestre, après tout, est composé de gens plus ou moins agréables ou intelligents. Le musicien d'orchestre peut avoir vingt ou vingt-cinq ans d'expérience, alors que le chef ne dirige que depuis quelques années. L'équilibre idéal entre l'expérience du musicien et l'autorité du jeune chef est parfois très difficile à trouver.

Le problème n'est plus le même à mesure que le chef devient plus âgé et expérimenté. Arrive un moment où l'on n'est plus si jeune soi-même, et où l'orchestre est le plus jeune des deux. L'équilibre de l'expérience et de l'inexpérience est dès lors inversé. Un jeune hautboïste ou flûtiste peut avoir une belle idée, et dans ce cas, il ne faut pas que le chef demeure accroché à ses habitudes au point de ne pouvoir l'écouter, ou travailler avec lui.

Il est très important qu'un chef d'orchestre soit spontané, connaisse sa partition, et ait une maîtrise absolue des aspects techniques de la musique. Il faut comprendre que les membres de l'orchestre ont leurs propres problèmes, et leurs difficultés musicales. Et il est vital de savoir reconnaître ses erreurs. Personne n'est infaillible. Si l'on travaille avec un merveilleux orchestre, et que quelque chose ne va pas, cela peut fort bien être de la faute du chef. Si l'on bat à contretemps, ou si l'on indique trois au lieu de quatre, ou le contraire, rien ne sert de grommeler. Il faut pouvoir dire : « C'est ma faute. » Si l'on est capable de dire cela, l'incident est vite clos, et l'on a gagné le respect de l'orchestre. (Au demeurant, si l'on admet son erreur, on est en bien meilleure position pour corriger celle d'un musicien par la suite !) Un jeune chef doit résister à la tentation d'être populaire. Le mieux qu'il puisse espérer, c'est qu'on le respecte. La popularité viendra d'elle-même, ou pas du tout.

J'ai toujours été prêt à répéter chaque fois que l'orchestre, ou moi-même, le jugions nécessaire. Et j'ai toujours mis beaucoup d'intérêt, de curiosité et de motivation dans mon travail. La curiosité signifie que l'on est toujours prêt à découvrir quelque chose de nouveau. Si elle fait défaut, si le musicien dit : « Cela fait quarante ans que je joue cette symphonie de Beethoven, elle n'a plus de secrets pour moi », c'est très dommage, surtout pour lui-même. Un orchestre véritablement grand allie l'expérience et la curiosité. Musicalement parlant, lorsque le travail ingrat est fait, on doit avoir confiance en soi, se sentir à l'aise, et éprouver autour de soi bonne volonté, respect et affection.

Un des éléments primordiaux, en répétition, est de savoir ce qui est important, ce qui a besoin d'être mis en valeur, et ce qui est secondaire. Pour quelqu'un qui écrit, l'équivalent serait de savoir ce qui mérite d'être souligné. Si, à chaque phrase, on souligne un mot sur deux, cela n'a plus de sens. C'est la même chose quand on fait de la musique. Ce qu'il faut tout d'abord, c'est savoir précisément ce qu'on veut, et alors répéter jusqu'à ce que les musiciens sachent exactement sur quoi l'on souhaite mettre l'accent. Si l'on s'entend bien avec l'orchestre, si l'on sait que les musiciens, au lieu de vous suivre aveuglément, jouent vraiment avec vous, alors chaque exécution peut faire ressortir des aspects différents d'une même œuvre. Le principe et la place de l'intonation ont beau être fixés, la manière de jouer ne l'est pas, et c'est cela qui donne un caractère plus spontané au concert.

L'oreille absolue est d'un grand secours lorsqu'il s'agit de corriger une erreur de justesse. Mais la justesse, elle, n'existe pas dans l'absolu, elle est souvent influencée par un équilibre correct ou incorrect. Une note peut être trop aiguë ou trop grave, un accord ne pas rendre un son pur, simplement parce que quelque chose ne va pas du point de vue de l'équilibre. Ou bien alors les harmoniques peuvent être soudain trop faibles, ou trop fortes dans l'accord, ou le son manquer d'homogénéité. Dans un accord aux bois, un instrument comme le hautbois sonne parfois de façon beaucoup plus stridente et dure que les autres, et l'effet est tout de suite faux et déplaisant. Le hautbois semble jouer trop aigu, mais en fait il sonne simplement trop dur. Avec un orchestre qu'on connaît vraiment bien, ces choses-là peuvent être corrigées en cours de répétition. Ce n'est pas un problème, pour moi, à Chicago ou à Berlin.

On dit souvent que les orchestres n'aiment pas les répétitions, mais il faut dire à leur décharge que beaucoup de chefs perdent énormément de temps. Un chef doit être capable de jouer un morceau intégralement dans une séance, de se souvenir de chaque chose, et de corriger les fautes immédiatement, de peur de les oublier. Plus on a analysé consciemment et à fond la partition, soit au cours du travail préparatoire, soit en répétition, plus on est en mesure d'improviser librement au concert. On a presque l'impression de se promener pour la première fois dans un bois.

Même si on ne sait pas exactement où le chemin nous mène, si l'on a étudié la carte, on n'a rien à craindre. Certains musiciens pensent que si l'on analyse à l'excès les problèmes de la partition, ou si l'on passe tout au crible de la raison, on perd toute spontanéité. Au contraire : la spontanéité sera d'autant plus grande que tout ce travail préparatoire aura effectivement eu lieu.

Je crois par ailleurs impossible de faire exprimer par un orchestre tout ce qu'on perçoit, en tant que musicien, dans une symphonie de Beethoven, si on ne connaît pas également les sonates pour piano, les quatuors à cordes, et quelques autres œuvres essentielles. Il y a des cycles qui représentent l'essence même de la création d'un compositeur. Dans le cas de Beethoven, je pense que ce sont les sonates pour piano et les quatuors. Chez Mozart, les concertos pour piano et les opéras. Comment peut-on diriger la *Symphonie Jupiter* sans connaître *L'Enlèvement au sérail*, le premier acte de *Don Giovanni*, ou le *Concerto* pour piano n° 21 en ut majeur K. 467 ? Je ne crois pas davantage qu'on puisse diriger la *Symphonie Fantastique* de Berlioz sans connaître *Roméo et Juliette* ou *La Damnation de Faust*, ni diriger la *Symphonie Inachevée* si c'est tout ce que l'on connaît de Schubert. Pour diriger *La Mer* il faut connaître les *Préludes* et les *Études* de Debussy. Il faut avoir une connaissance aussi vaste que possible de la production du compositeur. La différence entre l'*Héroïque* et la *Pastorale* peut se révéler plus grande qu'entre deux symphonies de deux compositeurs. Beethoven était capable, ou éprouvait le besoin, d'adopter ou de créer un idiome musical nouveau presque pour chaque œuvre qu'il composait. Il faut connaître toutes ces œuvres et en tenir compte dans l'interprétation de celle que l'on est en train de jouer.

Tous les jeunes chefs d'orchestre ont la tentation, consciemment ou non, d'imiter les gestes d'autres chefs. C'est bien compréhensible lorsqu'un chef constate par exemple que le résultat qu'il recherche a été obtenu au moyen de gestes bien précis. Mais au bout du compte, il lui faudra élaborer son propre code de gestes et de mouvements.

Tout cela est lié à ce que l'on désigne par le terme, trop galvaudé, de « charisme », que l'on applique souvent aux chefs d'orchestre. Tout ce que l'on gagne à essayer d'imiter quelqu'un qui possède un tel don, c'est un effet caricatural, une vulgaire parodie. On ne peut imiter que l'apparence extérieure – il n'y a rien de plus facile.

Dans le cas de Furtwängler, par exemple, l'imitation consisterait à copier ses gesticulations ou le tremblement de ses mains, que l'on connaît grâce à ses films, ou ses fluctuations de tempo, sans chercher à en comprendre les raisons. De nos jours, cela reviendrait à emprunter à Celibidache uniquement la lenteur de ses tempos, sans tenir compte du fait que, s'il a choisi un tempo lent, c'est peut-être parce qu'il a besoin de temps pour faire clairement ressortir jusqu'au moindre détail de la musique, et d'indiquer les rapports entre tous les éléments qui la composent.

Un musicien ne peut ni tout jouer, ni tout diriger. Cependant, il faut rester curieux. Klemperer avait cette curiosité – il assistait aux répétitions d'œuvres qu'il ne connaissait pas. Claudio Arrau, dont le répertoire était immense, connaissait par ailleurs énormément de musique qu'il ne jouait pas. A mon avis, c'est grâce à cette insatiable curiosité qu'on peut être certain de toujours évoluer.

Le point culminant de ma collaboration avec l'Orchestre de Chambre anglais fut l'intégrale des concertos pour piano de Mozart, qui exigea dix années de travail, et que nous jouâmes plusieurs fois en concert, à Paris, Londres et New York.

Lorsqu'on joue en dirigeant du piano, tout dépend de la nature des œuvres que l'on joue. Ce n'est pas seulement le problème de savoir ce que l'on peut jouer sans avoir besoin d'un chef à part entière. En réalité, on pourrait même jouer un concerto de Chopin, avec un bon orchestre, en dirigeant en même temps. Mais cela n'aurait pas grand sens.

Chez Mozart, en revanche, il y a vraiment un dialogue, une dualité. Parfois, le piano dialogue avec l'orchestre, d'autres fois, il lutte avec lui. Jouer et diriger en même temps permet de parvenir à une unité d'articulation et de phrasé impossible avec un chef « séparé ». Ceci est également vrai des premiers concertos de Beethoven, qui sont eux aussi des œuvres plus légères que l'on peut jouer littéralement en s'amusant, avec virtuosité. Je rangerai le *Concerto* de Ravel dans cette catégorie. Mitropoulos jouait et dirigeait du piano le troisième *Concerto* de Prokofiev. J'aurais beaucoup aimé entendre cela. C'était pendant les années vingt, avec le Philharmonique de Berlin. En fait, Prokofiev lui-même a joué et dirigé cette œuvre lors de sa création mondiale avec l'Orchestre Symphonique de Chicago en 1921. Néanmoins, c'est dans les concertos de Mozart qu'il est particulièrement intéressant d'être à la fois chef et soliste.

L'avantage de jouer en dirigeant est que l'on parvient ainsi à une sorte d'unité. Même s'il s'agit d'un dialogue, parfois même d'une simple juxtaposition, du piano et de l'orchestre, on ne peut que gagner à n'avoir qu'une source de direction musicale d'un bout à l'autre. L'orchestre écoute l'instrument soliste plus attentivement lorsqu'il n'y a pas de chef; et il ne s'agit pas uniquement de savoir exactement quand, mais aussi comment il faut jouer.

Les difficultés, toutefois, sont évidentes : il faut être capable de diviser son attention entre ce que l'on est en train de jouer, et ce que l'on dirige. Il n'est certainement pas facile, ne serait-ce que d'un simple point de vue physiologique, de jouer des passages techniquement ardus, tout en se servant de la main gauche, ou d'expressions du visage, pour dire à l'orchestre ce que l'on attend de lui. Il arrive que le piano termine une phrase en douceur, alors que l'orchestre joue forte. Il faut être capable de contrôler ces choses-là, tant mentalement que physiquement. Le pianiste, ou le violoniste, doit maîtriser son propre jeu et, en même temps, exercer son autorité sur l'orchestre.

Mon expérience personnelle dans ce domaine – j'ai dirigé du piano pour la première fois à la fin des années cinquante, de sorte que cela remonte à plus d'une trentaine d'années – m'a enseigné qu'il est essentiel d'être un chef professionnel.

Il suffit pour s'en convaincre de penser à la complexité d'un tutti ouvrant un concerto de Mozart. Certes, il n'est peut-être pas obligatoire d'être en mesure de diriger *Le Sacre du Printemps* de Stravinski, ou des œuvres d'une difficulté comparable. Mais il faut pouvoir diriger une symphonie de Mozart. Les bons orchestres sont plus ou moins capables de jouer tout seuls, mais il s'agit de tout autre chose.

Je pense qu'il est contraire à la nature de la musique et à l'essence du professionnalisme de jouer sans chef d'orchestre. L'idée même de « suivre » un soliste est une aberration en soi. Pour suivre quelqu'un, il faut être derrière lui. Jouer un concerto pour piano de Mozart en le dirigeant, et le jouer sans chef du tout, sont deux choses tout à fait différentes. J'ai l'impression que, si cela se fait si fréquemment, c'est pour des raisons extérieures à la musique, et qui sont d'ordre surtout pratique, ou bien parce qu'un musicien cherche à se mettre en avant, ou encore, pour être cynique, parce qu'ainsi on s'épargne la dépense d'un chef d'orchestre. Mais c'est faire injure à l'orchestre. Le Philharmonique de Berlin est parfaitement capable de jouer une symphonie de Mozart sans chef d'orchestre, et pourrait également accompagner un concerto de Mozart sans l'aide de personne. Mais la dimension musicale véritable ne peut être due qu'à la présence d'un soliste qui dirige en jouant.

J'ai joué pour la première fois avec Pierre Boulez à Berlin en 1964. Peu de temps après, en 1965 ou 1966, j'ai joué avec lui à Paris, dans le cadre d'une série de concerts consacrés essentiellement à la musique contemporaine : le fameux « Domaine Musical ». Nous jouâmes le *Concerto de chambre* d'Alban Berg, et j'interprétai également les *Trois Pièces* op. 11 et *les Six Petites Pièces* op. 19 pour piano de Schoenberg. Depuis lors, nous sommes restés continuellement en contact, tant sur le plan professionnel que sur le plan personnel, et nous avons souvent travaillé ensemble. Avec lui, j'ai joué à Londres, en 1967, non seulement le *Concerto de chambre,* mais aussi des œuvres du répertoire classique : le

Concerto l'Empereur à Paris, et le quatrième *Concerto* à Londres. J'ai également joué souvent sous sa direction lorsqu'il était chef principal de l'Orchestre de la BBC, et plus tard à New York. Notre cheval de bataille est resté le premier *Concerto* pour piano de Bartók, qui était peu joué à cette époque. Nous l'avons joué à Londres, avec l'Orchestre de la BBC, à Paris, à Cleveland et à Chicago. Nous en avons également fait un enregistrement. Lorsque je fus nommé directeur musical de l'Orchestre de Paris, il avait déjà quitté la France depuis une bonne dizaine d'années, et ne voulait plus entendre parler de Paris et du gouvernement français. Il refusait même que l'Orchestre de Paris interprète ses œuvres. L'un des moments les plus heureux de ma carrière fut le jour où je parvins à le persuader de nous laisser jouer ses œuvres à Paris, puis de venir lui-même pour diriger l'orchestre.

Cet important événement eut lieu très exactement le 5 janvier 1976. Au programme, il y avait *L'Empereur* de Beethoven, et l'intégrale de *L'Oiseau de Feu* de Stravinski. Le retour de Pierre Boulez à Paris fit sensation, et marqua le début d'une collaboration régulière entre lui et l'Orchestre de Paris. C'est grâce à Georges Pompidou que l'IRCAM (Institut pour la recherche et la coordination acoustique et musicale) fut fondé. Cet institut s'installa au Centre Pompidou en 1977, sous la direction de Boulez. La mission de l'IRCAM était de mener des expériences et des recherches dans le domaine des techniques contemporaines de composition. Au cours des quinze années que j'ai passées avec l'Orchestre de Paris, Boulez apporta régulièrement sa collaboration à nos programmes, et demeura un des piliers de la vie musicale à Paris.

Boulez répète ses concerts dans le moindre détail, non seulement en disséquant la partition, mais en travaillant séparément avec les divers pupitres de l'orchestre. Il fait répéter les musiciens par petits groupes, et leur donne un sens très clair des structures, de la charpente de la musique, en quelque sorte.

Il a une façon très particulière de travailler avec un

orchestre. La pierre de touche est son oreille infaillible. Il entend des détails dans les passages les plus forts et les plus complexes, et sait à la perfection corriger la moindre faute de justesse. J'ai appris énormément à son contact. Ayant étudié le piano depuis mon plus jeune âge, je n'étais guère sensibilisé, comme la plupart des pianistes, aux problèmes de justesse, dans la mesure où pour nous ces problèmes sont plutôt du domaine de l'accordeur. Si le piano est désaccordé, le pianiste n'y peut rien, tandis que pour les cordes ou les vents, chaque instrumentiste doit trouver la note par ses propres moyens, ce qui signifie que toute note, quelle qu'elle soit, peut être parfaitement juste, ou bien trop basse, ou encore trop haute. Il est difficile de se rendre compte si une note est trop basse ou trop haute, et encore plus difficile pour chaque musicien de s'en assurer. Il faut beaucoup d'expérience, et surtout une totale objectivité de la part de l'instrumentiste ou du chanteur d'une part, et de celle du chef, d'autre part. Les chanteurs eux aussi, très souvent, sont incapables de résoudre les problèmes de justesse que le chef leur signale parce que ce genre de remarque a tendance à les déstabiliser; ils perdent confiance, et le problème prend une dimension émotionnelle, voire psychologique. Il est d'une importance cruciale, pour tous ceux qui sont concernés, que le problème reste dans les strictes limites de la musique, de la technique et de l'art.

Boulez a la réputation de ne pas faire le moindre compromis en ce qui concerne ses idées et ses ambitions en matière de musique. La même chose est vraie en ce qui concerne sa personnalité. Sa façon de penser et son comportement sont totalement exempts de la moindre arrogance. En retour, il attend de ses collègues musiciens le même degré d'engagement et de sincérité. Jamais il ne lui viendrait à l'idée de ne pas dire une chose qu'il juge utile, sous le simple prétexte qu'il craint de se tromper : ce sont ces qualités de franchise et cette nature inflexible qui ont fait de lui un musicien universellement admiré, et aussi, à mes yeux, quelqu'un qui a porté au plus haut degré la vertu d'intégrité. C'est au nom de cette même intégrité qu'il a livré tant de combats contre les idées toutes faites sur la musique, et l'administration de la musique. C'est elle encore qui l'a amené à des déclarations fracassantes dans les premières années, telles que : « Schoenberg est mort ! » ou : « Il faut brûler tous les théâtres lyriques ! », etc. C'est cette indépendance d'esprit, enfin, qui lui a donné le courage d'affronter tous les problèmes, comme compositeur, comme directeur musical du Philharmonique de New York et de l'Orchestre Symphonique de la BBC ou, plus tard, dans le cadre de ses activités à l'IRCAM.

En tant que compositeur, il représente un mélange fascinant. Toute sa formation et ses premières œuvres portent la marque incontestable d'Olivier Messiaen, son professeur. Ses contacts avec l'École de Vienne, puis ses expériences à Bayreuth, où il a dirigé *Parsifal* et le *Ring,* ont élargi ses horizons à un point tel qu'il est à mes yeux l'un des esprits les plus éclectiques parmi les musiciens actuellement en activité. Certaines œuvres comme *Rituel (in memoriam Bruno Maderna)* utilisent l'orchestre en plusieurs groupes distincts, et indépendants; d'autres, comme *Notations,* utilisent tantôt l'orchestre au grand complet, tantôt attribuent aux cordes des parties très autonomes qui leur confèrent un degré considérable d'individualité. On a l'impression que l'orchestre, au lieu d'être traité comme une unité composée de quatre groupes d'instruments (cordes, bois, cuivres et percussions), est traité tantôt comme un tout unifié, composé de tous ces éléments, tantôt comme un ensemble de soixante-dix ou quatre-vingts unités, parce que même l'écriture pour les cordes, dans *Notations,* est si individualisée que souvent chaque musicien joue une musique différente de celle de son voisin. Je vois là une ressemblance avec le piano, où les deux mains jouent soit comme une unité, soit comme un ensemble de dix doigts. Dans l'orchestre de Boulez, c'est la même chose – tantôt il joue comme s'il était une seule unité, tantôt ce sont quatre-vingts unités que l'on entend, mais jamais trois ou quatre seulement.

Notations était destiné à devenir une série de douze fragments orchestraux, dont il y avait eu une sorte de version embryonnaire, sous la forme de miniatures pour le piano, que Boulez avait composées dans sa jeunesse. Il composa les quatre premiers fragments pour l'Orchestre de Paris. Les quatre suivants sont destinés à l'Orchestre Symphonique de Chicago, et la création mondiale aura lieu en mars 1992.

Boulez m'a également convaincu que si la musique contemporaine est si peu acceptée par le public, c'est tout d'abord à cause du faible niveau de l'exécution lors de la création et, d'autre part, parce que les œuvres contemporaines sont souvent jouées une ou deux fois, puis vont moisir sur les rayons d'une bibliothèque. J'ai souvent joué *Notations* (dont j'ai dirigé la création mondiale en 1981) avec l'Orchestre de Paris à la fois en tournée et à Paris, et ce à trois reprises au moins. J'ai toujours été surpris, et enchanté de voir comment les musiciens non seulement apprenaient ces œuvres, mais sentaient qu'elles faisaient partie de notre répertoire normal. Et chaque fois que nous les avons reprises, le souvenir de tout le travail effectué lors des précédentes occasions nous revenait instantanément en mémoire. Il était dès lors possible de les jouer avec le même sentiment de familiarité et de compréhension que pour une œuvre du répertoire courant.

Jouer le meilleur de la musique contemporaine est certainement plus difficile que par le passé. Cela est dû au fait que nous sommes obnubilés par l'idée de la première exécution. Certaines œuvres deviennent plus faciles à comprendre et à mémoriser à force d'être jouées et entendues. C'est un aspect qui a été outrancièrement négligé en ce qui concerne la musique contemporaine, qui n'est ni suffisamment jouée, ni vraiment prise en compte par les institutions musicales. Certaines œuvres deviennent difficiles parce qu'elles n'ont été jouées qu'une ou deux fois, au lieu d'être jouées et rejouées au fil des années par les mêmes musiciens et pour le même public.

Lorsque je dirige régulièrement une œuvre contemporaine, elle finit par faire partie de mon répertoire, et je la remets sur le métier tout comme je le fais avec une œuvre de Ravel ou de Debussy, sans parler de Mozart ou de Beethoven. Si vous dites : « Demain a lieu la création mondiale d'une œuvre de Boulez », tout le monde se tournera vers vous pour écouter avec le plus grand intérêt. Si, un an plus tard, vous annoncez que la même œuvre va être jouée pour la seconde fois, ça n'intéresse plus personne. Je partage entièrement l'avis de Boulez qui juge nécessaire non seulement de dispenser une éducation musicale qui aborde tous les systèmes musicaux – tonal, atonal, sériel – mais aussi de faire en sorte que toutes les œuvres jugées importantes soient jouées régulièrement. En écoutant la cinquième *Symphonie* de Beethoven, on se rappelle ce que l'on connaît déjà de cette œuvre, même après une exécution médiocre. Mais je doute fort que les derniers quatuors de Beethoven s'avèrent aussi faciles à étudier ou à jouer. Nous avons tendance à penser que de telles œuvres sont plus accessibles simplement parce que leur style est devenu familier et a mûri avec le temps. Mais ces quatuors à cordes étaient tout aussi difficiles pour les musiciens et le public du temps de Beethoven que ceux de Bartók l'ont été pour notre siècle.

J'ajouterai que la qualité des exécutions de musique contemporaine laisse souvent fort à désirer. Je me suis battu à Paris, et je me bats à Chicago, non seulement pour faire des créations et pour que des œuvres importantes soient jouées une deuxième, une troisième, une quatrième ou une cinquième fois, mais aussi pour que les partitions les plus complexes soient répétées suffisamment à l'avance, et pas seulement l'avant-veille du concert. Si l'on travaille une œuvre totalement nouvelle, les musiciens et le chef ont besoin de temps pour digérer la musique et se familiariser avec elle.

Un exemple concret : j'ai joué les *Notations* avec l'Orchestre de Paris en 1981. A l'heure actuelle, elles se composent de quatre fragments, et durent une quinzaine de minutes. La musique est d'une grande complexité, et difficile à jouer, difficile à percevoir pour l'auditeur, difficile à diriger. Pour nous, ce fut difficile à tous les points de vue, technique aussi bien que musical, et nous avons répété très à fond. J'ai travaillé avec chaque section de l'orchestre séparément, les cordes, puis les bois, les cuivres, les percussions. Puis nous avons répété tous ensemble avant la première exécution. Deux ou trois ans plus tard, nous avons eu envie de rejouer *Notations*. Le travail s'avéra, bien entendu, sensiblement plus facile. Certains membres de l'orchestre l'avaient déjà joué. Quelques années plus tard, nous avons repris l'œuvre pour la troisième fois. Je pris conscience tout à coup que c'était la première fois à ma connaissance qu'une œuvre de musique contemporaine appartenait désormais au répertoire de l'orchestre, sinon aux yeux du public. Les musiciens commençaient à avoir, à l'égard de cette œuvre, les mêmes réflexes qu'envers le répertoire qu'ils jouaient depuis toujours, à savoir Beethoven, Brahms et Debussy. Ils savaient à quoi s'attendre.

La musique classique d'Europe occidentale, telle que nous la connaissons, est la plus jeune de toutes les formes d'expression artistique. Nous connaissons des peintures qui remontent à deux mille ans, nous avons accès à des œuvres littéraires vieilles de deux ou trois mille ans, mais la musique avec laquelle nous vivons est née surtout à la fin du XVIIe siècle. Trois cents ans, c'est peu!

Il y a des aspects, dans la musique tonale, qui me font croire qu'elle ne peut avoir été créée par l'homme. J'ignore si c'est le cas ou si, comme le dit Boulez, c'est une question d'habitude : le fait que nous avons grandi avec cette musique et ce système nous amène à voir en lui une dimension surnaturelle qui n'existe pas en fait. Pour ma part, je crois qu'il se passe quelque chose quand les tonalités de la musique, les sons, entrent en jeu. Ce quelque chose leur confère une sorte d'indépendance. Ceci s'applique au *Crépuscule des Dieux* comme au plus petit menuet composé par le jeune Mozart. Peu importe de savoir si le chromatisme de Wagner a préparé la voie au système dodécaphonique de Schoenberg, ou si la formule de Schoenberg constitue une véritable rupture par rapport au système tonal. La Révolution française, dans un tout autre domaine, a marqué le point de départ d'un combat pour l'égalité qui atteint sa forme extrême dans les œuvres de Marx et Engels, et après eux, de Lénine. Il me semble possible d'observer une évolution parallèle dans la musique et, si ma théorie est juste, nous nous trouvons à présent dans une phase critique, parce que la musique est depuis longtemps dans une impasse.

Je ne crois pas qu'il ait jamais existé de situation comparable à celle que nous connaissons au XXe siècle. De nos jours, la plupart des gens qui vont régulièrement au concert, considèrent encore que la musique de Stravinski, Schoenberg et Bartók est moderne ou contemporaine. C'est oublier que la plus grande partie de l'œuvre de ces musiciens fut composée entre 1910 et 1920. Le public de la création de *L'Anneau du Nibelung* à Bayreuth en 1876 n'aurait certainement pas considéré les dernières symphonies de Haydn, ni les œuvres de la première maturité de Beethoven comme de la musique moderne ou contemporaine.

Jamais on ne s'est intéressé à la musique autant qu'aujourd'hui. Jamais il n'y a eu autant de gens en mesure d'écouter de la musique. Mais j'ai quelques doutes quant à la qualité du public. Les dernières œuvres de Beethoven étaient certainement aussi difficiles à écouter au cours des années 1820 que certaines œuvres de Boulez, Messiaen ou Lutoslawski aujourd'hui. Mais le public de Beethoven avait quelque chose qui lui venait d'une éducation musicale active : beaucoup de ceux qui assistaient aux créations avaient une connaissance de la musique qui fait défaut au public actuel.

En septembre 1966, je me rendis au Japon pour la première fois. Ayant eu la chance de beaucoup voyager, je parle couramment plusieurs langues – l'anglais, l'hébreu, l'allemand, le français, l'italien et l'espagnol. Et c'est précisément parce que je me sens à l'aise dans la plupart des pays que je visite que j'ai trouvé assez désagréable, en arrivant au Japon, d'être incapable de lire une pancarte, de ne pas savoir si dans telle boutique on vendait du sel ou des vélos. Quoi de plus irritant que de devoir s'en remettre sans cesse à des interprètes ? J'avais éprouvé la même chose lors de mon premier voyage en Union soviétique en 1965.

Au Japon, l'intérêt pour la musique classique était déjà tel qu'il était difficile de croire qu'il n'était né que peu de temps auparavant. Je crois savoir, en effet, que la *Neuvième* de Beethoven fut exécutée pour la première fois au Japon pendant la Première Guerre mondiale. Pourtant, on joue davantage de musique à Tokyo que dans n'importe quelle capitale d'Europe ou d'Amérique. Je crois que l'intérêt principal, quand on va jouer au Japon, ne tient pas au fait qu'il y ait un tel engouement du public pour le concert, le disque, ou un tel souci de faire progresser la technologie, dont nous profitons tous dans le domaine de l'enregistrement : ce qui me frappe davantage à chaque visite – il y en a eu sept jusqu'ici – c'est que le public japonais a une approche de la musique très différente de celle que nous connaissons en Europe ou en Amérique. A aucun moment on ne peut avoir le sentiment que la musique ne serait qu'un divertissement pour les Japonais. Au contraire, il y a une concentration palpable du public, qui est une source d'inspiration pour le musicien qui se trouve sur scène. Peut-être est-ce dû à un certain sentiment d'éloignement propre aux Japonais, je ne saurais dire ; mais quelle que soit la raison, ils font preuve, à l'égard de la musique, d'un esprit de sérieux et d'un profond respect que nous serions bien inspirés d'imiter. C'est une qualité que j'ai appris à admirer et que j'aime de plus en plus. Je n'ai dirigé qu'une fois un orchestre japonais, le Symphonique NHK en 1973, et je ne suis pas près d'oublier cette expérience. En 1990, j'ai joué les deux concertos de Brahms avec le Philharmonique du Japon, sous la direction d'Antonio Pappano, et j'ai été frappé encore une fois, à cette occasion, par le professionnalisme et la dévotion avec lesquels les musiciens abordent la musique.

Je suis persuadé qu'avec le temps, les Japonais en viendront eux aussi à éprouver le même degré de liberté qu'en

Europe – liberté à l'intérieur de la musique et envers la musique. La crainte et le respect qu'ils éprouvent pour elle, et le sérieux avec lequel ils l'abordent donnent à espérer qu'ils éprouveront, dans les générations à venir, un sentiment d'appartenance de plus en plus fort. J'entends par là le sentiment qu'ils font partie de l'univers de la musique, et que celle-ci leur appartient aussi. Parfois j'ai envie de dire aux Japonais : « Certes, cette musique est occidentale, certes elle n'est pas le produit de votre civilisation, mais qu'importe qu'elle vienne de France ou d'Allemagne... Ce qui est infiniment plus important et intéressant, c'est bien qu'elle a quelque chose d'universel. »

En 1967, j'ai joué en soliste avec l'Orchestre New Philharmonia, sous la direction de Klemperer. Mais j'ai également dirigé cet orchestre pour la première fois dans le *Requiem* de Mozart.

J'avais dirigé beaucoup de musique chorale avant même de commencer à diriger des orchestres symphoniques au cours des années soixante – les *Requiem* de Mozart et de Brahms, des messes de Bruckner, et naturellement la *Neuvième* de Beethoven. J'appris énormément de choses auprès de Wilhelm Pitz, qui était un musicien d'une rare qualité, et un merveilleux chef de chœurs. Lorsque je travaillais avec l'Orchestre New Philharmonia à la fin des années soixante, c'est avec lui que je fis mes premières armes dans la direction d'œuvres chorales, puisqu'il était chef du Chœur Philharmonia. Je fus fasciné par la façon dont il obtenait une gamme d'expressions infinie grâce à un travail minutieux sur les nuances existant entre legato et marcato, ou que l'on pouvait obtenir en combinant les deux. Je me rappelle tout particulièrement, dans le *Te Deum* de Bruckner, où les chœurs font irruption avec des explosions massives de son, l'extraordinaire tension intérieure qu'ils atteignaient grâce au travail de préparation de Pitz. Il a véritablement suscité en moi le désir de jouer davantage avec des chœurs et, à partir de là, il était naturel que je souhaite également diriger davantage d'œuvres lyriques. Les chœurs entrent souvent en jeu dans de grands tutti, et l'effet peut parfois tomber à plat s'il n'y a rien d'autre qu'un son massif, inarticulé. En revanche, après un travail comme celui que Pitz effectuait avec les voix séparées, et en utilisant toutes les ressources dynamiques des chœurs, on peut parvenir à une dimension supérieure. Je me souviens très bien de la façon dont il faisait répéter « *Eternam factum sanctis tuis* », le mouvement à l'unisson dans le *Te Deum* de Bruckner. Cette phrase revient sept fois, et l'indication est fortissimo dès le début. Pitz réussissait à faire garder aux chœurs assez d'énergie, de volume et d'intensité pour que l'effet de crescendo demeure jusqu'au point culminant.

En 1968, j'allai à New York pour la première fois avec l'Orchestre Symphonique de Londres. Istvan Kertész, qui en était alors le chef principal, était tombé malade, et je dus le remplacer au dernier moment. C'est cette année-là, également, que je dirigeai la Philharmonie de Berlin, et l'Orchestre Philharmonique de New York pour la première fois. A cette époque, je ne savais encore si j'abandonnerais le piano en faveur de la baguette, ou l'inverse, et beaucoup de gens avec qui je travaillais ne voyaient pas comment je pouvais mener ces deux activités ensemble. Certains pensaient que je devais abandonner le piano – beaucoup en fait pensaient que j'étais plus doué pour la direction, et qu'il y avait, de toute manière, beaucoup plus de pianistes d'avenir que de chefs. Je résistai à ce point de vue plutôt étroit – je voulais garder plusieurs cordes à mon arc. Je jouais déjà régulièrement avec Dietrich Fischer-Dieskau, et mes amis eux-mêmes se demandaient comment je pourrais être un pianiste à part entière, et en même temps un accompagnateur. En plus de cela, bien sûr, je faisais beaucoup de musique de chambre – surtout avec Jacqueline du Pré et Pinchas Zuckerman, et plus tard également avec Itzhak Perlman. J'étais le chef d'un orchestre de chambre – avec lequel je jouais et que je dirigeais, tout comme je dirigeais des orchestres symphoniques. Et lorsque, en 1973, je dirigeai mon premier opéra, je crois que les gens renoncèrent à m'en parler. A mon avis, ils étaient tous victimes de leurs clivages mentaux; ils auraient voulu que chacune de ces manifestations de la musique ait ses spécialistes. Je dois reconnaître que jamais je n'aurais pensé pouvoir exercer mon activité dans tant de domaines à la fois. J'ai en effet horreur de toucher à tout de façon superficielle.

J'ai toujours cherché à savoir comment la nature d'un instrument, lorsqu'il est joué par un grand artiste, influence son phrasé et son articulation. Cela m'a énormément appris. Bien entendu, c'est uniquement dans la musique de chambre qu'une telle expérience est possible. C'est avec Jacqueline que j'ai joué la plupart des œuvres de chambre avec cordes. Et si j'ai négligé la musique de chambre au cours des vingt dernières années, c'est en partie parce que je n'ai jamais trouvé personne pour la remplacer.

Le principe de la musique de chambre est le dialogue. Ceci signifie qu'à certains moments, chaque instrument s'exprime individuellement, tandis qu'à d'autres, chaque instrument se fond avec les autres. L'idée que la musique de chambre est le meilleur apprentissage de la musique est en train de disparaître, et cela pour toutes sortes de raisons. Tout d'abord, la musique de chambre est liée à une époque où les gens jouaient beaucoup de musique chez eux – et ceci concernait les musiciens amateurs, mais également les professionnels. De nos jours, les gens ont moins de temps et cherchent davantage à écouter la musique et à la goûter de façon passive. Il y a beaucoup plus de gens qui écoutent de la musique actuellement, mais beaucoup moins qui jouent de la musique de chambre pour le simple plaisir. C'est une tradition qui s'est perdue. Il y a tant de musique à écouter – à la radio, à la télévision et bien sûr, sur disque. Mais il me semble que la perte d'intérêt pour la musique que l'on fait chez soi participe d'une mentalité typique de notre siècle. Jouer un morceau de musique, c'est lui redonner vie, et, chaque fois, le faire évoluer de façon différente, selon l'artiste qui le joue, les conditions acoustiques, etc. Le compositeur porte en lui-même une idée de la manière dont son œuvre devrait sonner. Tant que la musique reste en lui, il peut en faire ce qu'il veut. Elle demeure sa création exclusive. Dès qu'il écrit sa musique sur une partition, en revanche, l'œuvre est soumise à des lois nouvelles. En tant que chef d'orchestre, il faut en être conscient. Il faut qu'il y ait un équilibre parfait entre la conception – l'idée originelle quant à la manière dont la musique doit sonner – et la réalisation effective de cette idée, qui n'est jamais deux fois la même.

A l'origine, la musique de chambre était destinée à être jouée dans des lieux beaucoup plus petits que nos salles de concerts, qui contiennent entre deux et trois mille personnes. Paradoxalement, la télévision, tout en touchant des millions de gens, préserve cette intimité grâce à la caméra qui peut s'approcher tout près des musiciens. Il est très difficile de filmer un grand orchestre symphonique, surtout si, en plus, il y a un chœur et des solistes. La musique de chambre, au contraire, est beaucoup plus facile à filmer – un trio, un quatuor, voire un octuor, par exemple – et aussi beaucoup plus intéressante. La télévision permet de s'approcher des visages, d'observer l'expression du corps d'un musicien. Je trouve beaucoup plus satisfaisant de regarder trois, quatre ou huit musiciens sur un écran de télévision que cent vingt. Bien sûr, tout cela est lié à notre capacité de vision, mais nous avons de plus en plus de mal à séparer la vue de l'oreille. Nous sommes soumis à toutes sortes de bruits la plupart du temps, et on oublie que l'oreille a de la mémoire. Si, en quittant votre chambre d'hôtel au trente-cinquième étage, vous prenez l'ascenseur, où vous entendez une musique d'ambiance, puis un taxi, où la radio diffuse un autre genre de musique, et enfin, une fois arrivé sur les lieux du concert, vous entendez les premières notes d'une sonate, ou d'un quatuor de Beethoven, votre oreille associera inconsciemment et automatiquement cette musique avec celle que vous avez entendue dans l'heure précédente. C'est pourquoi, autant que possible, j'évite d'écouter de la musique avant un concert, même si j'y vais en tant que spectateur. C'est un peu la même chose que si vous répétez jusqu'au dernier moment avant d'entrer en scène. Cela peut s'avérer nécessaire, mais si l'on parvient à s'en dispenser, on peut alors redécouvrir la fraîcheur de la première note, celle du premier contact avec le clavier, qui, autrement, sont perdues.

J'ai grandi dans un milieu où il était de coutume de pratiquer la musique de chambre chez soi une fois par semaine. Même jusqu'à la fin des années soixante, nous jouions pour notre plaisir chez nous, à Londres. J'ai joué, au début des années soixante, avec l'Orchestre de Cleveland. A cette époque, le second premier violon était Arnold Steinhardt. Il y avait également un merveilleux altiste qui s'appelait Abraham Skernik, et le premier violoncelle était Jules Eskine. Je ne connaissais même pas ces artistes – mais au cours de la répétition, nous avons sympathisé, tant sur le plan professionnel que personnel. La répétition terminée, nous sommes allés chez Abraham Skernik et, après le dîner, avons joué de la musique de chambre toute la nuit. Je ne suis même pas rentré à mon hôtel : lorsque nous avons fini de jouer le lendemain matin, nous avons pris le petit déjeuner, puis sommes allés à la répétition.

Il y a un très grand musicien que j'ai fort peu connu, mais qui a exercé une influence sans égale tant sur l'interprétation musicale en général que sur les instruments à cordes en particulier : c'est Pablo Casals. Je l'ai rencontré à Porto Rico, où j'ai pris part comme pianiste et comme chef au festival qu'il y organisait. J'y ai joué les concertos pour piano de Brahms, et dirigé une fois le *Concerto* pour violoncelle d'Elgar avec Jacqueline comme soliste. Casals est un homme d'une importance historique considérable, parce qu'il fut probablement le premier violoncelliste à avoir été absolument hanté par le besoin de jouer juste. Avant Casals, j'ai l'impression que les gens s'étaient faits à l'idée que le violoncelle est un instrument d'une difficulté telle que, lorsqu'il s'agit de jouer dans les aigus, nul ne doit s'attendre à ce que cet instrument joue juste.

Les idées de Casals sur la justesse et l'articulation sont d'une grande importance pour tous les musiciens à cordes, et ont exercé une profonde influence sur ma façon de jouer au piano, ainsi que sur mes conceptions musicales. Il a joué un rôle essentiel dans ce que nous appelons l'intonation expressive, ce qui ne correspond pas tout à fait à l'intonation bien tempérée. Le piano n'a pas la souplesse d'accord qui caractérise un instrument à cordes : il n'y a pas d'enharmoniques au piano : un *ré* dièse et un *mi* bémol sont une seule et même note. Sur un instrument à cordes, il suffit de déplacer imperceptiblement le doigt pour obtenir un changement de couleur, ou modifier l'intensité expressive d'une note. Si un *fa* dièse est la note sensible de *sol* dans une gamme de *sol* majeur, cette note sera très sensiblement plus haute qu'un *sol* bémol dans la tonalité de *fa* majeur. En d'autres termes, en tant que *fa* dièse précédant le *sol*, elle aura plus de hauteur qu'un *sol* mineur précédant un *fa*.

Le but principal du *Clavier bien tempéré* de Bach était de résoudre un grand nombre de ces problèmes de justesse. Casals m'a donné vraiment conscience de la localisation géographique des notes, en me faisant comprendre que certaines d'entre elles donnent l'impression d'êtres tirées dans une certaine direction alors qu'on joue du talon, tandis que d'autres, jouées de la pointe, produisent l'effet inverse. C'est une chose, bien sûr, qu'on ne peut réaliser au piano, mais si on a l'oreille sensibilisée à l'intonation expressive par opposition à l'intonation « bien tempérée », on peut doser les mains et les accords de telle sorte que l'intensité compense ce qu'on ne peut changer en terme de hauteur de note. C'est une leçon que Casals a enseignée aux musiciens de notre temps, et elle a une importance cruciale pour la musique tonale.

L'autre aspect qu'on ne peut sous-estimer, à cause de son importance, est le souci qu'avait Casals de bien articuler les notes brèves dans toute phrase musicale. Dans les phrases legato, en particulier, on a toujours tendance à avaler les notes brèves. Casals était littéralement obsédé par l'articulation de ces notes. Il avait une méthode qui tenait de l'onomatopée pour le faire comprendre à l'orchestre : il disait « la la lai », ce qui ne revenait pas à une série de voyelles – *aeiou* – mais des voyelles précédées par des consonnes, afin de démontrer avec plus de clarté la façon dont les notes devaient être articulées. On peut se rendre compte, en écoutant la *Suite* pour orchestre en ut majeur de Bach, dans l'enregistrement de la répétition avec l'Orchestre du Festival de Marlboro, de l'importance qu'il attachait aux notes les plus brèves, ici les doubles-croches.

Ce furent les deux contributions essentielles de Casals à l'histoire de l'interprétation. Plus il vieillissait, plus il était obsédé par ces deux problèmes, si bien que certains jeunes musiciens qui subissaient son influence en vinrent à l'imiter, et cela frisait l'exagération, parfois la caricature.

Les idées de Casals étaient particulièrement intéressantes pour moi dans la mesure où j'étais pianiste. J'essayais de jouer du piano comme s'il s'était agi d'un instrument à cordes, avec le genre de legato que seul l'archet peut produire, tandis que lui essayait de jouer d'un instrument à cordes frottées comme s'il s'était agi d'un piano. Même le legato le plus admirablement maîtrisé doit avoir une sorte d'articulation naturelle que le piano, qui utilise une touche différente pour chaque note, est en mesure de produire.

Il y avait autour de Casals un certain nombre de musiciens qui faisaient de la musique de chambre avec lui et subissaient profondément son influence et son charme personnel. De tous, le plus extraordinaire était Isaac Stern, qui avait commencé par faire une carrière de virtuose, avant de s'intéresser passionnément à la musique de chambre, et de développer des idées extrêmement originales à propos des possibilités du violon. Même lorsqu'il jouait les œuvres de virtuosité les plus connues, comme le deuxième *Concerto* de Wieniawski, il ne se contentait jamais de produire, avec son violon, une belle sonorité au sens conventionnel du terme. Il essayait au contraire d'aller au-delà du caractère spécifique de son instrument. Bien sûr, tous les grands violonistes tentent d'élargir les capacités de leur instrument, mais Stern me donnait l'impression de s'intéresser davantage aux idées musicales qu'au potentiel de l'instrument lui-même. C'est pourquoi, au cours de sa longue carrière, il a réussi à obtenir avec son violon des couleurs que l'on n'associe pas habituellement à cet instrument. Ces couleurs provenaient d'un usage infiniment varié du vibrato. Il se permettait le luxe, ou s'imposait l'ascèse, de jouer avec le minimum de vibrato, parfois même s'y refusait complètement, pour obtenir une couleur donnée. Et il avait aussi un sens très raffiné de la coordination entre la main gauche et le bras qui tient l'archet. De tous les grands violonistes, c'est Stern qui m'a fait le mieux comprendre qu'il n'y a pas de raison, d'une part, de jouer avec tout l'archet chaque fois qu'on attaque avec une de ses extrémités, et que, d'autre part, il est même parfois contraire aux exigences de l'expression musicale de le faire. On peut obtenir une plus grande variété d'articulation et, par conséquent d'expression, en utilisant parfois peu d'archet et en concentrant le son pour, l'instant d'après, jouer avec tout l'archet, pour donner au son toute l'ampleur nécessaire.

La profonde influence musicale exercée par Stern est ressentie principalement par la jeune génération de violonistes, en particulier ceux qui venaient d'Israël, pays auquel il a tant consacré d'énergie en dehors de ses activités de violoniste. Je pense tout spécialement à Pinchas Zuckerman et Itzhak Perlman.

Je les ai connus l'un et l'autre brièvement en Israël lorsque nous étions enfants. Zuckerman avait assisté, comme moi, au concert que le Quatuor de Budapest avait consacré aux quatuors de Beethoven, et à celui de Casals, mais nous n'avons vraiment fait connaissance qu'en 1968 à New York. Il avait alors dix-neuf ans, et conservait la réputation d'un enfant prodige qui connaissait toute la littérature de la musique de chambre par cœur. On racontait qu'il était capable de jouer la partie de violon et celle d'alto de n'importe quelle œuvre de musique de chambre. Nous nous sommes rencontrés après un concert de l'Orchestre de Philadelphie, où j'avais joué sous la baguette d'Eugene Ormandy. Le lendemain, nous fîmes de la musique de chambre à l'hôtel où Jacqueline et moi étions descendus. Tout de suite, une sorte de complicité et même une véritable affinité musicale s'établit entre nous – particulièrement entre Jacqueline et lui – à tel point que nous décidâmes sur-le-champ de faire de la musique de chambre régulièrement ensemble. Nous avons tenu parole.

Zuckerman a aussi joué souvent avec moi comme soliste. C'est sous ma direction qu'il a donné ses premiers concerts en Angleterre et, ensemble, avec l'Orchestre de Chambre Anglais, nous avons joué à New York en 1969. Pendant le temps trop bref où Jacqueline pouvait encore jouer, il a fait partie intégrante de notre vie musicale, dont les soirées consacrées aux trios étaient devenues les moments les plus importants. Il y avait entre lui et Jacqueline, peut-être parce qu'ils jouaient tous les deux d'un instrument à cordes, une entente sensible surtout dans la façon dont ils accordaient leurs vibratos et leurs attaques, et que j'ai rarement rencontrée, même dans des formations composées de solistes éminents.

Itzhak Perlman, à cette époque, était davantage ce qu'on appelle un violoniste pur. Certes, il s'intéressait aussi à la musique de chambre, mais celle-ci faisait moins partie de sa vie. Avec son talent unique, d'une part, et sa force de caractère et la vigueur intellectuelle qu'il avait dû développer afin de pallier son infirmité physique – il avait été frappé par la poliomyélite à l'âge de quatre ans – Perlman était une personnalité hors pair. Il lui avait fallu devenir très fort pour lutter contre les idées reçues – on n'avait pas l'habitude de voir un violoniste jouer assis, et très peu de gens croyaient qu'il serait capable de faire une carrière de soliste : outre le problème des déplacements, il lui faudrait aussi lutter contre les effets de son infirmité. Nul besoin de préciser qu'il a donné tort à tous ces mauvais prophètes.

Parmi beaucoup de soirées inoubliables, j'ai eu le plaisir, en 1970, de diriger son premier concert avec l'Orchestre Philharmonique de Berlin. Il jouait le *Concerto* pour violon de Tchaïkovski. Je garde encore en mémoire l'étonnement du public en le voyant paraître. Je marchais derrière lui en portant son violon, et sentais que les applaudissements n'étaient pas ceux qu'on entend habituellement lorsque le public salue l'entrée d'un artiste. Il y avait de l'admiration pour son courage manifeste, mêlée à une sorte de réticence, comme s'il était déplacé d'applaudir trop fort. Dès qu'il commença à jouer, évidemment, tout le monde oublia qu'il était assis et qu'il avait eu la polio. Le public était ensorcelé par son jeu. Dans le dernier mouvement, il cassa une corde. Il y a peu de mesures, dans ce mouvement, où le soliste ne joue pas, mais en l'espace de deux mesures, il donna son Stradivarius à Thomas Brandis, qui était alors le premier violon de l'orchestre, lequel lui donna son propre instrument en échange pour qu'il puisse continuer à jouer. Le collègue assis près de Brandis passa à son tour son violon à ce dernier, afin de pouvoir changer la corde du Stradivarius. Cela fait, Brandis continua de jouer sur l'instrument d'Itzhak. Je vois encore l'expression d'Itzhak. Il mourait d'envie de récupérer son violon, mais sa maîtrise était telle que personne n'aurait pu entendre la différence. Je n'ai pas oublié non plus la joie que Brandis éprouvait à sentir sous son menton l'inestimable Stradivarius – je crois qu'il a eu beaucoup de mal à s'en séparer à la fin du concerto.

L'un des violonistes les plus naturels que j'aie rencontrés est Nathan Milstein, qui a joué avec moi très souvent au cours de mes années parisiennes. Sa sonorité était la plus belle et la plus personnelle qui fût et il l'obtenait sans la moindre apparence d'effort. Il tenait son instrument de telle façon qu'il semblait tomber sur son ventre. Aux répétitions, il était assis avec un grand mouchoir sur l'épaule, et une expression nonchalante sur le visage, comme s'il avait été en train de faire la chose la plus facile du monde. La grande leçon de Milstein, pour moi en tant que chef d'orchestre et aussi, je suppose, pour de nombreux violonistes, est qu'il ne faut jamais forcer son violon, jamais essayer d'outrepasser les limites de volume et d'intensité qui sont propres à l'instrument. L'étendue de sa palette de couleurs provenait d'un doigté tout à fait personnel, dont il disait toujours avec fierté qu'il le choisissait instinctivement, et qu'il n'était jamais le même d'un jour à l'autre. En plusieurs occasions, nous avons joué les concertos de Mendelssohn et Brahms, à Paris, plusieurs fois dans la même semaine, et j'étais sidéré par son don d'improvisation, ses changements de doigté et de coups d'archet du jour au lendemain, et ce sans la moindre difficulté. Milstein demeure à mes yeux l'exemple suprême du pur violoniste.

8

Israël après 1967

Au printemps 1967, alors que l'existence même d'Israël était en jeu, après la fermeture du détroit de Tiran par Nasser, point n'était besoin d'être prophète pour deviner que la guerre était imminente. La situation était extrêmement claire, et passablement désespérée. Comme de nombreux musiciens, je ne pouvais supporter l'idée d'être loin de ma famille, de mes collègues et de mes amis du Philharmonique. Je décidai donc de rentrer chez moi. J'arrivai par l'un des derniers vols réguliers, le 31 mai 1967. Jacqueline avait insisté pour m'accompagner. Nous donnâmes des concerts à Tel-Aviv et Haïfa tous les soirs. Zubin Mehta, arrivé quelques jours plus tard, se joignit à nous pour un dernier concert, le 5 juin (c'est-à-dire la veille même de la guerre). Cela se passait à Beersheba, à mi-chemin entre Tel-Aviv et ce qui était alors la frontière égyptienne. En rentrant sur la capitale ce soir-là, nous comprîmes soudain à quel point la guerre était proche en voyant les chars foncer sur la route, dans la direction opposée.

Ce n'est que parce que l'aviation israélienne réussit à détruire l'aviation égyptienne au sol en quelques heures qu'Israël put sortir vainqueur du conflit. Au début, cependant, l'issue était des plus incertaines – mais chacun comprenait clairement que l'existence de notre pays était en cause. Lorsqu'on lutte pour sa survie, on est bien obligé de croire en la victoire. Toutefois, les chances étaient contre nous, comme en 1948. La meilleure preuve en est la façon dont l'opinion publique changea en l'espace d'une semaine. Jusqu'au jour où la guerre commença, l'opinion publique européenne (je ne sais ce qu'il en était aux États-Unis, car je n'y étais pas à l'époque), était presque exclusivement en faveur d'Israël. Le fait que les Israéliens réussirent à se tirer d'affaire tous seuls, et à survivre de la façon remarquable que l'on sait, retourna en quelque sorte l'opinion contre eux pratiquement du jour au lendemain.

Après la guerre de 1967, qui assura la survie d'Israël et celle de la nation juive au Moyen-Orient, un grave problème surgit : de nombreux Arabes se trouvaient désormais sous l'autorité d'Israël. Ayant réussi leur propre transition du statut de minorité à celui de majorité, les Israéliens se trouvaient maintenant confrontés à la présence d'une minorité à l'intérieur de leurs frontières. C'était un problème que les Juifs n'avaient pas connu depuis des milliers d'années. Je crains que cette nouvelle adaptation ne se soit pas faite aussi facilement, et de façon aussi parfaite que la précédente. Il est probablement impossible d'attendre davantage d'un peuple qui a souffert, tout au long de l'histoire, de l'intolérance d'autrui – c'est là une définition fort nuancée de l'antisémitisme, si l'on pense aux pogroms de Russie, aux excès de l'Inquisition espagnole, sans parler des atrocités nazies. Cependant, même en admettant que la minorité arabe ne rêve que d'éliminer les Juifs, une certaine tolérance était nécessaire dont Israël et les hommes politiques israéliens n'avaient pas encore conscience.

Je ne suis pas un homme politique, et n'ai pas de solutions « miracle » à offrir. En outre, ce n'est pas mon rôle de donner des conseils aux responsables israéliens. Tout ce que je puis faire, c'est exprimer une opinion très personnelle, qui est celle d'un Juif : il faut trouver une voie où soit la tolérance. Mais nous faisons partie d'une minorité persécutée depuis des siècles, si bien que c'est peut-être trop demander et trop tôt, que de voir les Israéliens prendre les besoins de leurs voisins en considération.

Pourtant je pense que cette tolérance est essentielle à la survie de l'État juif. Et la tolérance n'est nullement étrangère à la pensée ou à la philosophie juives. La Bible ou le Talmud nous enseignent à vivre pour nous-mêmes, certes, mais aussi avec notre prochain. Cependant, pour faire preuve de cette tolérance, il faudrait un effort conscient pour changer un grand nombre de concepts et d'attitudes hérités de siècles de la Diaspora. L'humour juif, qui est souvent dirigé contre les non-juifs, des expressions telles que *goyim naches* (« c'est bon pour les non-juifs! »), sont acceptables comme moyens de défense et même admirables lorsque les Juifs sont en minorité. Mais dans la mesure où le Juif israélien est dans une situation où il contrôle la vie d'une minorité – et je dis cela sans entrer dans la polémique au sujet de l'animosité que ressent ladite minorité – il n'a plus le droit d'utiliser des expressions telles que *goyim naches*!

L'ère nouvelle dans l'histoire de notre évolution, qui sera celle de la coexistence avec les Arabes, viendra, je l'espère, avec la prochaine génération d'Israéliens. Je crois que les événements survenus depuis 1967 ont prouvé qu'une forme de coopération est indispensable à la survie de l'État et de l'esprit même d'Israël. Il s'agit là d'un des enjeux primordiaux pour notre avenir. L'État juif se trouve au Moyen-Orient, et il a une responsabilité envers cette région, tant en ce qui concerne son développement que sa culture. Lorsque l'État d'Israël fut fondé, on s'est trop peu soucié de le voir un jour faire partie de la communauté des pays du Moyen-Orient. A l'école, par exemple, la deuxième langue n'a jamais été l'arabe, mais toujours l'anglais. L'arabe est parfois étudié comme troisième langue, tout comme le français. Or nous vivons entourés d'Arabes, et ne devons pas oublier que ceux-ci ont apporté une contribution énorme au développement de la civilisation. Il y avait une poésie arabe au Moyen Age; les Arabes ont une culture riche, et sont à l'origine de bien des découvertes scientifiques – les termes « chimie » et « algèbre » et bien d'autres sont des mots arabes.

Une fois que les principes de la coexistence seront définis, Israël pourra, et devra jouer un rôle de premier plan. Israël devrait être l'un des principaux acteurs, peut-être même le principal, au sein de la communauté des pays du Moyen-Orient. Je crois qu'il est essentiel pour la pensée juive, je devrais plutôt dire israélienne, de ne pas rester tournée exclusivement vers l'Europe et l'Occident. Au contraire, Israël devrait réaliser une fusion entre l'Orient et l'Occident. Et toute une partie de la culture locale du Moyen-Orient devrait être incorporée dans les programmes éducatifs de notre pays – à commencer par la langue arabe qui devait être seconde langue obligatoire, ce qui renforcerait encore la nature moyen-orientale de l'État d'Israël.

Dans un sens, ceci existe déjà dans le domaine de la gastronomie – tous les Israéliens mangent de l'« humus » et du « falafel », et autres délices du monde arabe. Ils ont adopté les habitudes alimentaires des arabes, tout en continuant à manger du « gefillte fish » et d'autres plats typiquement juifs. On devrait pouvoir parvenir à une adaptation comparable au niveau des valeurs culturelles et politiques. Les Arabes doivent recevoir l'assurance qu'Israël n'est pas simplement un État occidental implanté artificiellement chez eux, et qu'il n'est pas peuplé exclusivement d'immigrants venus de Varsovie, Berlin, New York, Moscou et Buenos Aires, mais de gens qui font désormais partie du Moyen-Orient.

A mon avis, c'est la seule manière pour Israël d'aborder les problèmes de la cœxistence. Notre pays ne doit pas rester une île totalement coupée de ses voisins. Pour le moment, nous sommes toujours en état de guerre, il est impossible de réaliser ce rêve, mais il faut que nous Israéliens soyons prêts, car un jour viendra où les problèmes liés à la coexistence seront résolus pour de bon. Je ne suis nullement un expert en défense, et je ne voudrais pas donner une opinion concernant des choses dont j'ignore tout. Ce que je sais est que la seule façon pour Israël de rester fidèle à l'idéal de l'État juif, celle-là même qui inspira Ben Gourion et ses compagnons, est de devenir une partie organique de la communauté des pays du Moyen-Orient. C'est à cette ambition que Teddy Kollek a consacré toute son énergie comme maire de Jérusalem. La culture, la langue et le savoir ne sont pas des choses qui viendront s'ajouter au reste une fois la paix conclue. Plus tôt nous serons prêts, mieux cela vaudra.

L'histoire montre que les Juifs et les Arabes sont capables de vivre ensemble et, plus encore, de s'inspirer mutuellement (je fais allusion, bien sûr, à l'Espagne du Moyen Age). On n'ose imaginer ce qui se passerait si Juifs et Arabes coopéraient vraiment, de toutes leurs forces, au Moyen-Orient. Nous pourrions fort bien connaître un nouveau Siècle des Lumières.

Paradoxalement, l'identité palestinienne s'est trouvée renforcée par le simple fait que tant d'hommes politiques israéliens ont refusé de la reconnaître ! Je me souviens que Golda Meir disait en 1970, à propos du problème palestinien : « Qu'est-ce que vous entendez par problème palestinien ? Il n'y a pas de Palestiniens! Les seuls Palestiniens que je connaisse sont les Juifs qui vivent actuellement dans ce qu'on appelait la Palestine ! » C'était courir au-devant des ennuis. Même d'un point de vue stratégique, ce n'était pas particulièrement adroit de sa part.

Je ne puis dire si les Palestiniens vivront dans un État séparé, ou en fédération avec la Jordanie ou Israël. Mais ce que je sais, c'est qu'un jour il faudra qu'existe une communauté des nations au Moyen-Orient – ou plus exactement au Proche-Orient – composée de l'Égypte, d'Israël, de la Jordanie, du Liban et de la Syrie.

Lorsque je suis retourné en Europe une semaine ou dix jours après la guerre en juin 1967, on ne parlait plus du pauvre petit État juif. Raison de plus pour redoubler de vigilance. Les événements terribles de la Seconde Guerre mondiale semblaient soudain oubliés, et on commençait à entendre des allusions, tout d'abord voilées, puis de plus en plus claires, à l'impérialisme juif. Je me rendis compte encore une fois que les hommes ont la mémoire bien courte. En quelques jours le monde avait oublié que les Arabes avaient déclenché la guerre qu'ils venaient de perdre.

J'avais rencontré David Ben Gourion lorsque j'étais enfant, au début des années cinquante. Il m'avait entendu jouer. A cette époque, tout le monde parlait de changer l'appellation de « Juif de la Diaspora » en « Juif d'Israël », ce qui entraînait toutes sortes de gestes symboliques, les uns estimables, les autres contestables. Certains avaient même traduit leur nom en hébreu. C'était le cas de Ben Gourion. Il était né à Plonsk, en Pologne, et s'appelait alors David Grün. Il insistait beaucoup pour que je change de nom moi aussi : Barenboim est la version yiddish de l'allemand *Birnbaum* (poirier), et il voulait que je prenne un nom hébreu. Il suggéra donc à mes parents de s'appeler *Agassi,* qui, en hébreu, veut dire poire. Cela ne nous disait vraiment rien. Alors il dit avec humour qu'il valait mieux changer avant que je ne devienne célèbre, car Agassi serait plus facile à retenir que Barenboim, et que ceux qui ne pouvaient pas prononcer Barenboim pourraient prononcer Agassi, qui en plus a un petit côté italien.

Ben Gourion était à la fois un pragmatique et un visionnaire. Une grande partie de ce que représente Israël, et de ce que mon pays est devenu, est le résultat de ses efforts. Il fut l'un des grands hommes de ce siècle, l'égal d'un Winston Churchill. Plus encore qu'un politicien, c'était un véritable homme d'État. La différence tient au fait que le politicien s'occupe des questions pragmatiques, alors que l'homme d'État se caractérise par une stratégie et une vision. Ce sont là deux extrêmes qui ne font pas toujours bon ménage.

Lorsqu'on monte les opéras de Wagner, on est confronté à un problème semblable, à cause des natures apparemment inconciliables du symbolisme et du naturalisme. *L'Anneau du Nibelung* n'est pas seulement une œuvre naturaliste, qui met en scène les éléments primordiaux que sont l'eau et le feu. En réalité, la dimension naturelle est souvent suggérée par l'orchestre, et n'a par conséquent pas toujours besoin d'être montrée sur la scène. En revanche, les personnages et les situations des opéras de Wagner, particulièrement dans le *Ring*, possèdent une signification symbolique qu'il est pratiquement impossible de décrire sous un angle naturaliste.

Un homme d'État doit posséder cette qualité visionnaire

en même temps que les attributs de l'homme d'action pragmatique, et ainsi savoir par quels moyens sa vision peut entrer dans les faits. Ben Gourion avait sa propre vision du sionisme et du socialisme. Il n'a pas seulement fourni l'élan qui a abouti à la création de l'État d'Israël : il a également su le guider sur cette voie. L'Israël de mon enfance et de mon adolescence était à bien des égards le fruit de sa vision, et sa création.

L'un des traits les plus extraordinaires de Ben Gourion, en dehors du rôle qu'il joua dans l'histoire d'Israël et celle de ce siècle, est qu'il tenait toujours compte de la nécessité de créer une patrie pour les Juifs, sans faire abstraction des réalités propres au Moyen-Orient, et de leur évolution possible. Il fut le champion de la cause juive, mais sut jouer un rôle modérateur lorsque les risques de débordements commencèrent à surgir à l'horizon. Il en a donné la preuve dans ses relations avec les autorités britanniques à l'époque du Mandat, et plus tard dans ses relations avec les Arabes. C'était également évident dans sa conception de l'évolution des relations israélo-palestiniennes. Même en 1967, tout de suite après la Guerre des Six Jours, et alors qu'il était déjà très âgé et retiré des affaires, il adoptait des attitudes très originales et tournées vers l'avenir. Au lendemain de la guerre, Ben Gourion fit une de ces déclarations visionnaires auxquelles nul ne prête attention sur le moment (il est vrai qu'en l'occurrence c'était sans doute impossible en raison de l'euphorie de la victoire) : il suggéra de rendre tous les territoires occupés en échange de la paix. C'était utopique, bien sûr, car aucun pays arabe ne songeait à vivre en paix avec Israël. Il dit aussi qu'il voulait détruire les vieilles murailles qui entourent la ville de Jérusalem. Le monde entier se serait dressé les armes à la main contre une telle action, mais du moins Jérusalem n'aurait plus été une ville coupée en deux. Les murs qui ceignent la vieille ville de Jérusalem sont un obstacle à la fois physique et psychologique. Tout le monde connaît la signification du Mur de Berlin, qui est resté debout pendant moins de trente ans. Le Mur de Jérusalem est là depuis des siècles.

Ben Gourion avait des idées précises sur l'unité et la coexistence dans la ville de Jérusalem. Malheureusement, face à la joie et au sentiment de triomphe suscités par l'heureuse issue de la guerre de 1967, ses idées et ses conceptions n'avaient guère de chances d'être entendues. Plus personne ne faisait attention à lui. Après son départ, la vie politique en Israël entra dans une période de turbulences, dont les conséquences furent graves à la fois pour Israël et pour ses relations avec le monde arabe.

A l'heure actuelle, un premier ministre israélien doit posséder trois qualités essentielles. Tout d'abord, il faut qu'il soit capable de gouverner le peuple d'Israël, et c'est une lourde tâche que d'avoir affaire à deux ou trois millions de Juifs en même temps. (Il y a un vieux dicton qui dit que là où il y a un Juif, il y a trois partis politiques!) En plus, il faut qu'il tienne compte en permanence de la minorité arabe. Ensuite, un premier ministre d'Israël doit s'occuper des Juifs qui se trouvent en dehors des frontières d'Israël – pas seulement du *lobby* juif de Washington, mais aussi des importantes communautés d'Amérique du Nord et du Sud, et d'Europe. L'Union soviétique n'était pas accessible du temps de Ben Gourion, mais il y avait place pour une certaine forme de dialogue. Il savait faire passer la ferveur de son engagement sans intervenir dans des domaines sensibles aux yeux des Juifs de la Diaspora. Dans les années cinquante, on disait qu'un vrai sioniste n'était pas quelqu'un qui parle de sionisme à Rio de Janeiro, Washington ou Paris, mais quelqu'un qui va en Israël et apporte sa contribution à l'édification de l'État. Enfin, la troisième qualité nécessaire à un premier ministre israélien, et qui le sera de plus en plus, est la capacité à traiter avec le monde arabe et les grandes puissances. Dans les années cinquante et soixante, il nous fallait traiter également avec l'Angleterre et la France de De Gaulle, et il ne faut pas oublier que les Anglais n'avaient quitté le Moyen-Orient qu'à la fin des années quarante. Ben Gourion s'y entendait à merveille pour traiter tous ces problèmes. La difficulté principale avec les Arabes était qu'ils refusaient toute négociation avec l'État d'Israël.

Bien que Ben Gourion n'éprouvât pas le moindre doute quant à la politique à mener, ni en ce qui concernait sa conception de l'État d'Israël, et les moyens de le réaliser, il a toujours su faire comprendre que les Arabes avaient des droits qu'il fallait respecter. Ce n'était assurément pas chose facile, dans la mesure où notre pays était en guerre avec tout le monde arabe, et que le but de celui-ci était de rejeter les Juifs à la mer. Il s'agissait moins, pour nous, de gagner une guerre que le droit de vivre.

J'ai une admiration sans bornes pour Ben Gourion, et la façon dont il maintenait l'équilibre entre sa conception d'Israël et celle du Moyen-Orient. Je pense que le fait que ses idées étaient en constante évolution, qu'il était en permanence au courant de tous les aspects du conflit, était dû à ses incessantes préoccupations philosophiques. C'était un homme d'une grande culture; il s'intéressait à la pensée extrême-orientale et au bouddhisme, pratiquait même le yoga. Le personnage de Don Quichotte le fascinait, et il rêvait de connaître suffisamment l'espagnol pour lire Cervantes dans le texte. A un moment où la survie du pays et de son peuple étaient en jeu, on avait du mal à comprendre comment il pouvait se soucier de questions qui n'étaient pas directement liées au conflit du Moyen-Orient. Sa curiosité philosophique était souvent mal interprétée ou tout simplement incomprise par de nombreux Israéliens qui ne savaient s'occuper que de leurs problèmes immédiats ou, au mieux, des problèmes d'Israël. Il est devenu pour moi un modèle, un symbole, quelqu'un de complètement dévoué à la cause de son peuple, et cependant doté à la fois de la capacité de penser de façon pragmatique, et de s'intéresser à des sujets aussi éloignés de ses préoccupations immédiates que le bouddhisme et d'autres formes de littérature philosophique. Même s'il ne s'intéressait pas particulièrement à la musique, il comprenait son importance dans la vie de beaucoup de gens. En outre, il encouragea de loin un certain nombre d'institutions culturelles, en particulier l'Orchestre Philharmonique d'Israël. On le voyait rarement au concert, mais il assista à celui que donna l'orchestre lors de l'inauguration de sa nouvelle salle, le Mann Auditorium.

9

Les Lieder *et la direction comme chef invité*

A une exception près – un concert à Bayreuth en 1963 –, je n'ai pas accompagné de chanteurs en public avant 1969, l'année où je donnai mon premier récital avec Dietrich Fischer-Dieskau. Après cela, j'ai travaillé régulièrement avec lui pendant près de vingt ans. J'éprouvais une grande admiration pour lui depuis que je l'avais entendu à Vienne en 1952. Il assista à un récital que je donnai avec Jacqueline à Rome, en 1968, à la suite duquel il nous écrivit une lettre de félicitations extrêmement touchante. A cette époque j'essayais de monter à Londres un festival essentiellement consacré à la musique de chambre : le South Bank Summer Festival. L'idée venait en partie des organisateurs du Festival Hall, en partie de moi. J'assumai la responsabilité de ce festival pendant trois ans, de 1968 à 1970.

Il existait bien sûr déjà un autre festival estival à Londres, le plus important au monde, les Concerts Promenade, avec leur merveilleux sens de la tradition, qui ont pour cadre le Royal Albert Hall. Mais le Festival Hall accueille la musique symphonique le reste de l'année; au Queen Elizabeth Hall, il n'y a jamais de concerts en été. La saison s'achevait à la fin du mois de juin, ou au début de juillet, après quoi, il n'y avait plus de vie musicale à Londres à l'exception des *Proms*, qui ont leur public, et sont principalement consacrés à la musique symphonique. Les autorités ne savaient trop que faire du Festival Hall, en dehors de la période réservée pour la saison des ballets – ni du Queen Elizabeth Hall – aussi me demandèrent-elles si j'avais des suggestions à faire. C'est ainsi que nous mîmes sur pied un projet de festival de musique de chambre sur la rive droite de la Tamise. Fischer-Dieskau, qui avait été enchanté par notre concert à Rome, accepta, à ma demande, d'y chanter. Ce fut notre premier concert à Londres – nous donnâmes le *Voyage d'Hiver* de Schubert.

Cette soirée marqua le début d'une longue collaboration, au cours de laquelle nous avons donné de nombreux concerts en Europe et aux États-Unis, et fait plusieurs enregistrements. C'est grâce à lui que j'ai découvert toute une littérature musicale que j'ignorais jusqu'alors, en particulier les œuvres de Hugo Wolf. Nous avons enregistré tous les *Lieder* pour voix d'homme composés par Wolf, tous ceux de Brahms, ainsi que bon nombre d'œuvres de Mahler, Mozart, Liszt et Schubert.

Lorsque j'étais arrivé à Salzbourg, à l'âge de neuf ans, je ne parlais qu'espagnol. J'ai donc appris à parler allemand avec un accent autrichien. Après quoi, je n'eus pas l'occasion de le parler pendant des années. A Berlin, j'étais entouré de gens qui parlaient anglais la plupart du temps. Mon travail avec Fischer-Dieskau m'a appris énormément de choses sur la langue allemande, sur la manière d'accorder verbe et musique, le sens des mots, la valeur musicale de certaines syllabes. Il m'a montré des choses simples – par exemple qu'une consonne suivie d'une voyelle doit être articulée avant d'être chantée.

Fischer-Dieskau est l'un des rares chanteurs qui s'intéressent activement à la musique contemporaine. Son exigence et la minutie de son travail de préparation lors de ses interprétations d'*Abraham et Isaac* de Stravinski (dans un hébreu impeccable!) étaient tout simplement stupéfiantes, ainsi que lorsqu'il chantait des œuvres de Lutoslawski et Albert Reimann, dans lesquelles j'ai eu la chance de l'accompagner. Je me souviens aussi de l'enregistrement que nous avons réalisé ensemble du *Mariage secret* de Cimarosa. C'était fascinant de voir comment, avec ce mélange bien à lui d'intuition et de naïveté germanique, il réussissait à capter les aspects comiques du personnage, ainsi que la langue italienne.

Il peut être extrêmement profitable pour un pianiste de connaître la littérature du *Lied.* Tout d'abord, la voix humaine est l'instrument musical le plus naturel qui soit. Lorsqu'on joue une musique qui comporte un texte, comme un *Lied*, on comprend ce qui se passe dans la musique lorsqu'un mot frappant, ou une idée importante émergent du texte. Par exemple, lorsque le mot *Tod* survient dans les *Lieder* de Schubert, il se passe quelque chose d'étrange du point de vue harmonique et rythmique. Peu importe de savoir si cette chose est le résultat d'un acte conscient ou non de la part du compositeur; ce qui compte, c'est l'effet, qui est plein de mystère. Et lorsque l'on rencontre des motifs musicaux semblables dans les sonates ou les impromptus de Schubert, ce qu'ils suggèrent n'en est que plus profond. En d'autres termes, il y a beaucoup à gagner à la fréquentation d'œuvres différentes d'un même compositeur.

Toutes les langues latines donnent l'impression de se projeter vers l'avant – le français en est un exemple extrême : l'accent tombe à la fin de chaque mot – tandis que l'allemand, au contraire, semble aller à reculons. Cela provient de la sonorité même de la langue. On trouve d'excellents exemples de cela chez Mozart, qui composa des opéras, ainsi que des *Lieder* en allemand, et par ailleurs des opéras en italien, sans parler de quelques airs en français. La nature du levé – la dernière note, ou le dernier groupe de notes avant la mesure principale – varie également selon la langue. Quand on dit *das* ou *die* en allemand, on produit deux sons qui sont plus longs, respectivement, que *il* ou *la* en italien. *La luna* est projeté vers l'avant. En allemand, on dit *der Mond;* il y a davantage d'ampleur à la fois dans l'article et dans le nom.

Dans un *Lied,* la caractérisation est évidemment d'une grande importance. Lorsque le piano joue l'introduction, un interlude, ou une conclusion, toute l'atmosphère du *Lied* doit s'y trouver résumée. Parfois, il peut suffire d'une demi-mesure. Dans *Marguerite au rouet*, de Schubert, c'est le piano qui met la roue en mouvement. En jouant des *Lieder,* le pianiste peut aussi développer son don de la caractérisation – parfois grâce à de minuscules motifs rythmiques, ou d'infinitésimales modulations – qui suffisent à modifier complètement une atmosphère.

Il y a un autre facteur, qui s'applique également à la musique de chambre pour piano et cordes, mais qui est d'une extrême importance avec la voix, c'est l'usage de la pédale. La voix a beau se déployer sur une autre ligne que la partition du piano, sitôt que l'accompagnateur fait un usage excessif de la pédale, le texte et la voix deviennent tous les deux flous. De même, une ligne vocale soutenue exige souvent une certaine sécheresse de la part du piano pour compenser – pour faire contraste avec le legato mélodieux de la voix.

Le problème de la projection de la voix du haut de la scène vers le public soulève un certain nombre de points intéressants. Si la partition de la soprano, dans un opéra, indique « piano », une soprano légère peut s'avérer trop légère, une soprano plus corsée passera peut-être mieux – cela dépend du rôle. Chez Mozart, par exemple, la différence entre une Donna Anna ou une Fiordiligi, et une Suzanne ou une Barberine, a beau être évidente, elle est souvent ignorée d'un point de vue strictement musical. Cela a à voir autant avec la nature de la voix qu'avec la projection. Lorsqu'on joue dans une salle qui est trop grande pour un certain genre musical, que ce soit un *Lied*, ou un des derniers intermezzos pour le piano de Brahms, le pianiste, ou le chanteur, peut être tenté de forcer sa voix, ou son instrument, afin de faire passer le son. Mais l'effet peut être beaucoup plus fort si, au lieu d'essayer de projeter le son jusqu'aux fauteuils du fond, on invite tous ces gens auprès de soi, sur la scène. Fischer-Dieskau maîtrisait à un point inouï cet art d'aller chercher le public, pour l'attirer à lui.

Naturellement, la compréhension du texte doit être aussi totale qu'il s'agisse du rôle de Wotan, ou du *Voyage d'hiver.* La différence réside en ceci que, dans l'opéra et l'oratorio, le chanteur attend le signal d'entrée et la direction musicale du chef d'orchestre. Dans le *Lied*, c'est au chanteur de prendre l'initiative musicale, et de montrer la voie.

Les chanteurs d'opéra sont rarement capables de rendre justice au *Lied* parce que leur force d'expression est tributaire d'un mouvement sur la scène, ou d'indications données par le chef d'orchestre. Rares sont les chanteurs capables de faire l'un et l'autre. Je trouve infiniment regrettable que tant de chanteurs consacrent tout leur temps et leur énergie à l'opéra, et se préoccupent trop peu de chanter des *Lieder*, ou ne s'y mettent que tard dans leur carrière, alors que bien des habitudes sont déjà installées. Je regrette également que si peu de pianistes accompagnent des *Lieder*. J'ai donné très tôt des récitals avec Janet Baker, plus tard avec Jessye Norman. Il y a énormément de choses dans la musique vocale – dans le *Lied*, l'opéra et la musique chorale – qui ont littéralement un effet d'onomatopée. Celui-ci ne peut être rendu qu'au prix d'une réflexion approfondie sur les éléments constitutifs de la sonorité d'une langue. Un grand chanteur peut connaître le langage de la musique d'une part, et les sons de la langue parlée d'autre part, mais seule la combinaison des deux permet de rendre pleinement justice au *Lied*.

Vers la fin des années soixante, j'ai commencé à diriger plus régulièrement les principaux orchestres symphoniques : Je suis allé à New York pour la première fois en 1968 avec l'Orchestre Symphonique de Londres, puis en 1969 et 1970; j'ai dirigé le Philharmonique de Berlin, et quelques-uns des grands orchestres américains : Chicago, Cleveland, New York et Philadelphie. Je jouais toujours avec les orchestres londoniens, le New Philharmonia tout d'abord, puis le Philharmonique de Londres. Je n'envisageais pas encore sérieusement de prendre un poste permanent comme celui de directeur musical, pensant que cela risquait de me prendre une partie du temps nécessaire pour diriger d'autres orchestres en tant que chef invité, sans parler de mon activité de pianiste et, ultérieurement, de l'opéra.

Sur ces entrefaites, George Szell m'engagea pour diriger régulièrement le Philharmonique de New York, dont il était conseiller musical avant l'arrivée de Boulez comme directeur.

Étant enfant j'avais rencontré Szell, à Salzbourg, en 1955, à un cours de direction d'orchestre que Markevitch ne pouvait assurer pour cause de maladie. Le Mozarteum se trouvait dans un profond embarras, car tous les étudiants et l'orchestre étaient là, et qu'il n'y avait personne pour assurer le cours. Par un coup de chance extrordinaire, les organisateurs réussirent à convaincre tous les chefs qui dirigeaient cette année-là au festival de Salzbourg de nous consacrer une journée chacun. Mitropoulos vint, ainsi que Szell. Il y en eut d'autres, je suppose, mais ce sont ces deux-là qui me sont restés en mémoire, surtout Szell, parce que c'était mon tour de diriger lorsqu'il assura le cours. C'était un homme sévère, d'une grande rigueur, un peu dans le genre de Klemperer, dans la mesure où il aimait mettre les gens en difficulté, pour voir comment ils s'en tiraient. Il m'avait entendu au piano, l'année précédente, lors d'une audition que j'avais passée avec lui sur la recommandation de Furtwängler. (Ce dernier, après m'avoir entendu, m'avait invité à jouer avec le Philharmonique de Berlin. Mon père ayant refusé, il me suggéra de passer une audition avec George Szell, qui serait susceptible de favoriser mes débuts en Amérique.) Szell fut par conséquent plutôt surpris de me retrouver chef d'orchestre. Bien entendu, il était très sceptique. La première chose qu'il me dit fut : « Qu'allez-vous diriger ? » Je lui répondis : « La *Quatrième* de Beethoven. » C'était une des œuvres que j'avais dû préparer pour le cours. Mais Szell répliqua : « Faites-moi plutôt voir ce que vous savez faire dans la *Cinquième.* » Le début de cette symphonie, qui est excessivement difficile à jouer de façon cohérente, est un cauchemar pour presque tous les orchestres et les chefs. C'était presque du sadisme de sa part de me précipiter d'entrée dans la fosse aux lions. Je suppose qu'il voulait me montrer que la direction d'orchestre n'est pas à la portée du premier venu. Je m'y essayai, néanmoins, sans succès. Au bout de quelques secondes, je perdis tout contrôle de l'orchestre, ce qui me valut quelques critiques bien senties de la part de Szell qui me dit, en substance, que je ferais mieux de rester à mon piano et d'étudier sérieusement la musique. Je crois qu'il s'imaginait que mon goût pour la direction était un caprice passager. C'est donc avec un mélange de plaisir et de crainte extrême que j'appris, avant mon premier concert comme chef d'orchestre à Carnegie Hall avec le Symphonique de Londres (c'était en 1968), que Szell était dans la salle. Ce qui m'inquiétait c'était que je lui savais une excellente mémoire, et qu'il n'avait certainement pas oublié l'incident de Salzbourg, qui pourtant avait eu lieu treize années auparavant. Cependant, je fus d'autant plus heureux lorsqu'il m'invita à diriger l'Orchestre Philharmonique de New York régulièrement.

Je le vis pour la dernière fois en 1970 alors que je jouais le premier *Concerto* pour piano de Bartók sous la direction de Pierre Boulez. C'était à Cleveland, et Szell vint au concert. Il souffrait déjà du mal qui devait l'emporter quelques mois plus tard. Il nous fit force compliments; il connaissait bien ce *Concerto* – il y avait dirigé Rudolph Serkin, et en avait même fait un enregistrement. Il me dit que c'était une des choses les plus difficiles qu'il eût jamais dirigées, et que notre interprétation lui avait beaucoup plu. Il me fit l'honneur de m'inviter dans sa loge après l'entracte, pour entendre la cinquième *Symphonie* de Mahler, sous la direction de Boulez. Szell n'avait jamais dirigé cette œuvre. Je restai auprès de lui, avec la partition sur les genoux, et nous écoutâmes Boulez ensemble. Je ne devais plus le revoir.

Les derniers jours de juillet 1970 virent la disparition de Szell et de Barbirolli. Pour le monde musical, il s'agissait d'une perte irréparable. En outre, deux orchestres se retrouvaient privés de leurs chefs. Ils avaient été l'un comme l'autre des chefs d'orchestre hors du commun. Szell avait été un grand professeur, un pédagogue au sens le plus noble du terme. A Cleveland, il avait réussi à susciter un professionnalisme des plus rigoureux au sein de l'orchestre, et autour de lui. Sir John Barbirolli, quant à lui, fut une grande figure tutélaire de Manchester, où il était arrivé après avoir quitté le Philharmonique de New York dans les années quarante. Szell avait fait travailler son orchestre jusqu'à la perfection, obtenant de ses cordes exceptionnelles un degré inouï d'articulation, d'homogénéité dans l'attaque et une justesse parfaite. Barbirolli avait obtenu de son Orchestre Hallé une sonorité très expressive, en particulier chez les cordes, que l'on appelait la « sonorité Barbirolli », et qui compensait les déficiences techniques de l'orchestre.

Les deux formations me proposèrent d'assumer les fonctions de directeur musical. Bien qu'extrêmement flatté, je n'étais pas encore prêt. Je ne possédais pas un répertoire suffisant, ni les connaissances nécessaires. Au demeurant, et pour être tout à fait honnête, je ne me sentais pas les épaules assez larges pour assumer une responsabilité aussi considérable. En outre, je n'avais jamais encore dirigé l'Orchestre de Cleveland. J'avais joué deux fois avec lui, une fois avec Robert Shaw, qui était à l'époque l'assistant de Szell, puis avec Boulez en 1970. Si bien qu'en plus du profond respect que m'inspiraient l'orchestre et l'œuvre accomplie par Szell, je ne pouvais absolument pas envisager de travailler là-bas en permanence, sans avoir jamais dirigé l'orchestre. J'y retournai, cependant, en tant que chef invité.

Mon premier concert à la tête de l'Orchestre de Cleveland eut lieu en février 1972. Le soliste était Clifford Curzon, qui joua le deuxième *Concerto* de Liszt. Figuraient également au programme l'ouverture des *Noces de Figaro,* et la *Septième* de Bruckner. Nous rejouâmes le même programme quelques jours plus tard au Carnegie Hall de New York et, en janvier 1973, je dirigeai le *Concerto* pour orchestre à cordes de Stravinski, la *Neuvième* de Schubert, et le *Concerto* pour violoncelle de Lalo, avec Jacqueline du Pré. Par la suite nous avons joué aussi le *Concerto pour violon* de Mendelssohn, avec Pinchas Zuckerman comme soliste.

Je me souviens d'une répétition de la deuxième *Symphonie* de Brahms avec l'orchestre de Cleveland. J'avais hésité à apporter à l'orchestre les partitions que j'avais personnellement annotées : Szell était un homme extrêmement méticuleux et je n'avais que quelques répétitions avant le concert. Il me sembla donc plus judicieux d'utiliser les partitions auxquelles l'orchestre était habitué. D'autant plus que j'apprendrais certainement beaucoup de choses en utilisant les annotations de Szell. En fin de compte, cependant, je décidai d'apporter mes partitions : après tout, je savais exactement ce qu'il y avait dedans, et serais donc en mesure d'obtenir rapidement ce que je voulais. Ce qui se passa une fois que je fus en face de l'orchestre n'est pas sans ressembler à un choc de cultures. Non seulement à cause de la perfection technique absolue des musiciens, mais également parce que j'avais l'impression que chacun d'eux connaissait toute la partition, savait avec précision à quoi il devait prêter l'oreille, et connaissait le degré exact de volume et d'articulation. En plus il y avait cette légendaire transparence de texture de l'orchestre. Ce fut une expérience confondante. Après cette première répétition, je dis au manager de l'orchestre qu'étant donné ce que je venais d'entendre, je n'avais qu'un seul regret : celui de ne pouvoir revenir sur mon refus de devenir directeur musical de l'orchestre – même si je ne me sentais toujours pas prêt. Mais les pourparlers avec Lorin Maazel étaient déjà bien engagés, et on était sur le point d'annoncer sa nomination comme successeur de George Szell. Les choses en restèrent donc là.

Au bout du compte, ce fut probablement une chance pour moi de ne pas aller à Cleveland : je n'avais vraiment pas l'expérience requise pour une position de cette importance. Il n'y a rien de pire que de n'avoir que son talent pour recours. Pour affronter un orchestre de ce calibre, pour diriger une centaine de musiciens tous excellents et hautement qualifiés, il faut tout avoir : talent, expérience mais aussi une certaine maturité musicale et personnelle. En dehors du fait que je ne me sentais pas encore en mesure de diriger un tel orchestre, j'hésitais vraiment à prendre des engagements sur une base permanente, car je pensais qu'en tant que chef invité je pouvais acquérir une expérience irremplaçable, et en même temps continuer à travailler mon piano.

J'avais parlé avec George Szell de mes différentes activités musicales – le piano d'un côté, l'orchestre de chambre et l'orchestre symphonique de l'autre – et je lui avais dit que s'il y avait une chose dont je ne voulais à aucun prix c'était un poste permanent, avec tout le poids de travail administratif que cela implique. Il me fit cette réponse, qui était tout à fait juste, et que je n'ai pas oubliée : « Vous vous trompez, on fait de la meilleure musique avec un orchestre à soi, même si c'est un orchestre de troisième ou de quatrième ordre, qu'en tant que chef invité d'un orchestre de premier plan. A force de travailler ensemble, de se fréquenter, il se passe quelque chose entre le chef et l'orchestre qui n'existe pas lorsqu'on est seulement chef invité. »

Vers la fin des années soixante, je dirigeais aussi souvent l'Orchestre Hallé à Manchester. Ce n'était pas le meilleur orchestre du monde, mais il avait une disposition merveilleuse pour jouer de la musique. Toutes les qualités que j'avais tant admirées et respectées chez Barbirolli y étaient évidentes, et notre relation sur le plan artistique était excellente. Rétrospectivement, je crois que j'ai appris énormément de choses sur la direction d'orchestre en travaillant avec cette formation. C'est avec eux que j'ai eu l'occasion de diriger pour la première fois la neuvième *Symphonie* de Beethoven et plusieurs symphonies de Bruckner.

J'ai dirigé plus rarement à Boston. J'ai toujours été conscient de la différence de mentalité entre les musiciens européens et leurs homologues américains. Comme toutes les généralisations, celle-ci a ses limites, mais au fil des années, j'ai découvert qu'une des sources de fierté les plus importantes pour les musiciens américains est leur souplesse. Ils sont capables de jouer de telle façon pour un chef et, le lendemain, de jouer la même œuvre de façon tout à fait différente avec un autre chef. Ils sont totalement ouverts, et dénués de la moindre arrogance. Les très grands orchestres européens, en revanche, ont chacun une façon toute particulière d'aborder la musique : ils s'adaptent au chef avec lequel ils travaillent, certes, mais il y a fondamentalement quelque chose – une sorte d'*Urmusizieren* * – qui est en eux et qu'on ne peut absolument pas changer.

Je me suis souvent demandé pourquoi les motivations des orchestres ne sont pas les mêmes. Cela est peut-être dû au fait que presque tout ce que jouent les orchestres d'Amérique est importé : par conséquent ils peuvent se sentir aussi proches – ou aussi éloignés – de Debussy que de Beethoven, de Tchaïkovski que de Verdi. Quoi qu'ils fassent les membres de la Philharmonie de Berlin ne réagiront pas de la même façon à *La Mer* de Debussy qu'à une symphonie de Bruckner – et l'inverse est vrai de l'Orchestre de Paris. Il y a inévitablement une certaine affinité, qui est le résultat de la fréquentation d'un idiome musical, et du développement historique et culturel d'un pays. On a dit tout et son contraire, au cours des vingt dernières années, à propos de la sonorité des différents orchestres. Un grand orchestre doit avoir une sonorité particulière lorsqu'il joue Beethoven, qui est différente de celle qu'il produit lorsqu'il joue Debussy, et ainsi de suite pour chaque compositeur. Il n'est pas censé imposer sa propre sonorité à l'œuvre qu'il joue.

J'ai également observé, au cours des années que j'ai passées comme chef invité – de 1968 à 1975 – que l'aptitude au travail suivi et quotidien varie selon les musiciens, les endroits, peut-être même les nationalités. En règle générale, le programme d'une journée doit être bouclé afin que le lendemain on puisse reprendre exactement là où on s'est arrêté la veille. Avec les Allemands c'est possible, ainsi qu'avec les Anglo-Saxons. En revanche, avec les musiciens latins en général, et les Français en particulier, c'est autre chose. Lorsque je dirigeais à Paris (j'ai débuté là-bas comme chef invité en 1971), et que je répétais en détail tel ou tel mouvement, je découvrais souvent qu'il fallait recommencer au même point que la veille. En revanche, le musicien français a une faculté d'enthousiasme illimitée et, alors, il est capable d'une abnégation et d'un engagement qui sont très rares en d'autres pays.

---

* Littéralement : « manière originelle de faire de la musique ».

Lorsque j'entendis l'Orchestre de Chicago pour la première fois, ce fut pour moi une révélation artistique. Cela se passait en 1958, et c'était Fritz Reiner qui dirigeait. Je n'avais jamais encore entendu un orchestre de cette classe – à l'époque, je n'avais jamais entendu le Philharmonique de Berlin en concert. J'avais bien entendu le Philharmonique de Vienne à Salzbourg, à l'âge de cinq ans, mais rien de ce que j'avais entendu en Europe ne m'avait préparé au choc que j'éprouvai devant tant de précision, de volume et d'intensité. On avait l'impression d'entendre une machine dotée d'un cœur humain. Mais cet instrument n'était pas d'une froide perfection : il avait une vitalité extraordinaire. Le choc fut d'autant plus grand que j'entendis à cette occasion pour la première fois *Une Vie de Héros*, de Richard Strauss.

Je jouai avec le Symphonique de Chicago pour la première fois sous la direction de Solti, qui n'était pas encore directeur musical, en 1963 ou 1964. Avec cet orchestre, je jouai également le premier *Concerto* de Bartók, sous la direction de Boulez, en 1969. Lorsque je pris la baguette à mon tour, je sentis qu'il fallait que je donne le maximum de moi-même. Il y avait entre les musiciens et moi un grand respect mutuel – ils savaient l'admiration que j'avais pour eux. En fait, mon travail avec le Symphonique de Chicago devint, à partir de 1970, l'un des principaux piliers de ma vie de musicien. Je le dirigeais six semaines par an. Pour la première fois de ma carrière, je travaillais de façon suivie avec un orchestre de premier plan. Nous jouions beaucoup de musique du XXe siècle. Je dirigeai la première fois cet orchestre dans *Pelléas et Mélisande*, de Schoenberg, de nombreuses pièces pour orchestre de Lutoslawski, et *Métaboles*, de Dutilleux. Nous donnâmes également l'intégrale des symphonies de Bruckner et de Schumann. Ensemble nous avons couvert un vaste répertoire, dont une certaine partie était nouvelle pour l'orchestre. Je me souviens en particulier de leur exécution époustouflante et brillante du *Falstaff* d'Elgar.

Il y avait dans cet orchestre une fusion unique de l'exigence musicale la plus haute et d'un élan chaleureux et émouvant, qui m'attachait chaque fois davantage à lui. Chaque fois que je me trouvais en face de l'Orchestre Symphonique de Chicago, j'avais l'impression que tout ce que j'avais à donner ne suffirait jamais, que les musiciens méritaient mieux, et davantage. J'ai rarement rencontré, au niveau collectif, un tel professionnalisme, un souci aussi constant de perfection. On sent vraiment qu'ils veulent tous, sans exception, montrer qu'ils sont dignes de leur réputation, en même temps qu'ils se mettent entièrement au service de la musique, et n'ont d'autre ambition que d'atteindre au plus haut niveau d'exécution musicale.

Pour moi, cet orchestre constitue une source d'inspiration permanente. Chaque jour je me rendais aux répétitions avec une espèce d'allégresse, animé par le désir ardent de progresser. On comprendra dès lors pourquoi, alors qu'elle ne couvrait que six semaines chaque année, cette expérience est devenue une part si importante de ma vie. A cette époque je ne pouvais savoir que je deviendrais un jour directeur musical de l'Orchestre Symphonique de Chicago, mais j'ai su tout de suite que c'était un orchestre avec lequel j'aimerais continuer à travailler jusqu'à la fin de mes jours. La situation était idéale : Sir Georg Solti était directeur musical, et dirigeait l'orchestre dix ou douze semaines par an. Giulini était le chef invité principal, et dirigeait pendant huit semaines. J'étais donc en excellente compagnie ! Ce ne fut qu'en 1980, à cause de la santé de Jacqueline, que je dus limiter mes activités outre-Atlantique. Il m'en coûta beaucoup de ne plus aller si souvent à Chicago.

10

En France

Au bout de plusieurs années de cette existence itinérante de chef invité, je commençai à comprendre que George Szell avait raison. Si bien que lorsqu'on me proposa la direction musicale de l'Orchestre de Paris, en 1973, je décidai d'accepter. Le poste était inhabituel dans la mesure où l'orchestre était relativement récent – il n'avait que six ans d'existence. C'était également un curieux mélange de talents. Il y avait un certain nombre de musiciens remarquables, mais il y en avait aussi de moins bons. En outre, l'orchestre avait traversé bien des épreuves depuis sa création.

Il avait été créé par Charles Munch alors que celui-ci était déjà malade. Pour l'orchestre il représentait un peu le père, et les musiciens l'adoraient. Sa disparition tragique survint peu de temps après la fondation de l'orchestre. Après lui, Herbert von Karajan fut nommé chef principal, et ensuite, ce fut Georg Solti. Pour un orchestre au tout début de son histoire, c'était une chance insigne que de travailler avec trois des musiciens les plus éminents de notre époque. Malheureusement, ni Karajan ni Solti ne considéraient leur rôle à Paris comme leur activité principale. Karajan avait le Philharmonique de Berlin et de nombreuses autres activités. Solti, quant à lui, avait l'Orchestre Symphonique de Chicago.

Lorsque je repris l'orchestre, je trouvai devant moi des musiciens certainement déçus qu'un chef plus jeune qu'eux, et qui n'avait pas l'expérience de ses prédécesseurs, prenne leur destinée en main. En même temps, on sentait chez eux le désir d'établir avec leur nouveau chef une relation enfin durable. C'est ce qui m'a attaché à l'orchestre au début, tant d'un point de vue rationnel qu'émotionnel. Dès le commencement, j'ai considéré que là résidait mon activité professionnelle principale. Tout le reste viendrait désormais après. Malgré les nombreuses et inévitables difficultés, nous avons réussi, en quinze ans, à faire ensemble de l'excellent travail. Nous avons constitué un répertoire comprenant de nombreuses œuvres de musique allemande – classique et romantique – que l'orchestre n'avait encore jamais jouées – c'est l'Orchestre de Paris qui a joué pour la première fois en France certaines symphonies de Bruckner. Il y a eu également un cycle Mahler dirigé par Kubelík, et beaucoup de musique contemporaine, dans le cadre d'une collaboration avec Boulez, qui a lui-même dirigé l'orchestre à de nombreuses reprises.

Parmi les problèmes auxquels j'ai fait allusion plus haut, je me souviens que, lors des premières répétitions de la *Neuvième* de Bruckner, les cuivres éprouvèrent les pires difficultés. Au bout de quatorze répétitions, j'ai fini par comprendre que ce ne serait que par le biais de la couleur orchestrale que les membres de l'orchestre pourraient entrer dans cette musique. De leur côté, eux-mêmes se rendaient compte que les cuivres, chez Bruckner, sonnent souvent comme un orgue, et que cela exige que les cors, les trombones, les tubas et les tubas wagnériens se fondent en un seul son.

A l'Orchestre de Paris je suis redevable non seulement de m'avoir fait goûter les plaisirs de la musique française, mais aussi de la comprendre à présent mieux qu'auparavant. La différence entre les difficultés respectives de Beethoven et de Debussy est assez évidente : avec le premier, il faut souvent préparer un crescendo longtemps à l'avance et, si on arrive trop tôt au forte ou au fortissimo, le reste du crescendo est gâché. Chez Debussy, c'est souvent tout le contraire : les crescendo et les diminuendo surviennent souvent avec la rapidité de l'éclair – souvent sur une seule note – et si on les rate, on obtient un son pâteux qui n'a rien à voir avec la musique de Debussy. Les meilleurs musiciens de l'Orchestre de Paris ont joué pour moi le rôle d'un merveilleux laboratoire : ils m'ont fait comprendre comment la musique peut prendre vie – comment il faut la traiter avec le sérieux et la profondeur qu'elle exige – sans pour autant la transformer en exercice de couleur orchestrale, comme on la considère souvent hors de France. Chez Debussy, l'essentiel n'est pas dans la recherche d'une sonorité éthérée, désincarnée; chacune de ses phrases exige d'être structurée avec vigueur, au contraire, car elles sont beaucoup plus brèves que dans la musique allemande. C'est également pourquoi il faut traiter avec le plus grand soin ces changements dynamiques, qui sont extrêmement soudains. Somme toute, je considère que les années que j'ai passées à Paris ont constitué une expérience très fructueuse, parce que j'ai eu l'impression de recevoir autant que je donnais. Et, bien entendu, le fait d'avoir la charge de cent vingt musiciens pour la première fois a été pour moi une responsabilité très enrichissante.

A Paris, c'est le directeur musical qui se charge d'engager les chefs invités. A Berlin, la situation est différente : les tâches sont réparties entre le chef principal, le directeur et le comité de l'orchestre. J'assistai un jour à Londres à un concert inoubliable, au cours duquel Rafael Kubelík dirigeait l'Orchestre Symphonique de la Radio bavaroise dans la *Symphonie Titan* de Mahler. Je fus si enthousiasmé par son interprétation que je lui demandai sur-le-champ s'il accepterait de venir à Paris, pour y diriger une intégrale de Mahler. Je pensais que ce serait une excellente occasion pour l'Orchestre de Paris de découvrir, grâce à lui, les œuvres de Mahler. Kubelík me demanda : « Pourquoi ne le faites-vous pas vous-même ? » Je lui expliquai que lorsque l'orchestre jouerait les œuvres de Mahler dans l'ordre pour la première fois, il fallait que ce soit sous la direction de quelqu'un qui avait consacré une partie de sa vie à les étudier et à les jouer. Convaincu par mon argument, il vint à Paris, et y dirigea la plupart des symphonies de Mahler – pas toutes, parce qu'il était déjà affaibli par la maladie. Boulez a également dirigé l'orchestre à de nombreuses reprises, non seulement dans la musique contemporaine, mais aussi dans les classiques du XXe siècle ; Mehta est lui aussi venu régulièrement, apportant avec lui un répertoire très varié : c'est sous sa direction que l'orchestre joua pour la première fois les *Gurrelieder* de Schoenberg. Il y a eu également Carlo Maria Giulini, qui entretient, lui aussi, des liens étroits avec l'orchestre depuis le début. Sous sa direction, nous avons toujours vécu des moments de grande inspiration. Solti venait régulièrement, moins souvent que nous l'aurions souhaité à cause de ses autres engagements, mais il nous considérait un peu comme ses protégés. J'éprouvais chaque fois un immense plaisir et un sentiment de confiance lorsque Solti faisait des remarques flatteuses sur nos progrès.

Diriger un orchestre est un métier, au même titre que jouer d'un instrument. Mais bien des gens dans le public ne savent tout simplement pas ce que le chef fait. Lorsque le public entend un très grand orchestre, comme ceux de Chicago, Berlin ou Vienne, dans une œuvre du répertoire, il ne sait trop quel est le rôle exact du chef. Pourquoi un merveilleux orchestre qui connaît la musique par cœur a-t-il besoin d'un chef ? On comprend, en voyant un violoniste jouer le *Concerto* de Tchaïkovski, par exemple, que le soliste en question doit tout d'abord savoir jouer les notes. Ce n'est pas tout, mais c'est déjà un point de départ. Mais ce que le public a beaucoup plus de mal à comprendre, c'est où commence le rôle du chef d'orchestre.

Lorsque le public écoute un violoniste, il voit ses doigts et son archet en mouvement. Mais lorsqu'un chef est face à son orchestre, un certain nombre de considérations viennent s'interposer entre le public et la musique : la personnalité, le charisme, parfois même, tout simplement, le *sex-appeal* du maestro, bref, autant de choses qui n'ont rien à voir avec la musique.

Qu'y a-t-il de si difficile dans la direction d'orchestre, et pourquoi est-il si difficile de devenir chef d'orchestre ? Un instrumentiste doit savoir jouer de son instrument, et pour cela avoir la capacité physique et l'adresse manuelle nécessaires pour le maîtriser. Mais comment peut-on maîtriser un orchestre complet ? Le pianiste, le violoniste, voire le violoncelliste, ont toujours la possibilité de s'exercer : l'un a son piano chez lui, l'autre son violon, le troisième son violoncelle. Où voulez-vous qu'un chef s'exerce ? Il ne peut apprendre la musique ni les notes dans l'abstrait. Imaginez un pianiste sans piano, et qui doit apprendre une sonate de Beethoven uniquement dans sa tête. Ça n'a tout simplement pas de sens.

Il y a plusieurs façons de devenir chef d'orchestre. Jadis, les théâtres d'opéra faisaient appel à des répétiteurs, ou bien à un membre de l'orchestre qui dirigeait tout en jouant de son instrument ou, mieux encore, à un compositeur. De nombreux grands chefs du passé étaient en même temps compositeurs, je ne sais s'il faut dire chefs d'orchestre-compositeurs ou compositeurs-chefs d'orchestre. Peu importe d'ailleurs de savoir si Furtwängler et Klemperer étaient de grands compositeurs. Le simple fait qu'ils aient composé leur donnait une compréhension de la construction d'une œuvre qui fait défaut aux chefs qui ne composent pas. En outre, si on a débuté comme répétiteur dans un opéra, on a appris beaucoup de choses qui peuvent se révéler utiles même dans la musique symphonique.

En un sens, la musique est une manipulation du son. Il s'agit là d'un art qui ne s'apprend pas facilement, en particulier pour un chef d'orchestre qui n'a, précisément, aucun contact direct avec le son. D'où l'absolue nécessité, pour lui, de bien connaître l'orchestre, et les possibilités de chaque instrument, de savoir comment la musique passe d'un groupe d'instruments à l'autre, et fait littéralement le tour de l'orchestre. Si les huit premières mesures sont dominées par les violons, et suivies par un solo de hautbois, c'est surtout avec les violons qu'il faut travailler : un instrument à vent peut jouer tout seul, alors que les premiers violons sont au nombre de seize, et chacun d'eux a sa personnalité propre. Il faut donc veiller avec le plus grand soin à ce qu'ils soient bien ensemble. J'entends par là que chaque musicien doit non seulement jouer sa partie aussi bien qu'il le peut, mais doit également écouter ses voisins, en essayant d'accorder son jeu au leur. Ce qui exige avant tout une justesse absolue, et une synchronisation parfaite des attaques, des sonorités et des articulations. C'est l'homogénéité du groupe qui facilite l'expression d'ensemble. Ce principe vaut pour tout l'orchestre. Un chef d'orchestre doit être capable d'écouter les sons produits par son orchestre, en même temps veiller à leur précision et à leur qualité expressive. Beaucoup de ces problèmes se règlent de la façon la plus naturelle dans les grands orchestres comme ceux de Berlin ou de Chicago – je parle ici des deux orchestres que je connais le mieux. Dans leur cas ces problèmes sont, bien sûr, plus faciles à résoudre que dans des orchestres de troisième ou de quatrième ordre. Mais un chef doit apprendre tout d'abord à organiser la sonorité d'un orchestre modeste, sinon il ne sera jamais capable d'agir sur un grand orchestre.

Les seuls instruments réellement polyphoniques sont le piano, toutes les variétés de clavecins ou de clavicordes, la guitare, l'orgue et la harpe. On peut créer l'illusion de la polyphonie en jouant Bach sans accompagnement au violoncelle ou au violon, mais cela n'enlève rien au fait que ces instruments sont par nature monophoniques. La musique, cependant, est polyphonique dans son essence, et il n'y a pas d'harmonie sans polyphonie. J'ai souvent éprouvé le besoin de rappeler à des chanteurs comme à des musiciens la nature polyphonique de la musique, que je comprends comme une relation entre l'axe vertical et l'axe horizontal : le second est constitué par les différentes lignes mélodiques, le premier par les harmoniques, c'est-à-dire la polyphonie. Si la relation entre ces deux axes n'est pas ce qu'elle doit être, c'est toute l'interprétation qui est fausse.

A mes yeux, la polyphonie est l'essence même de l'écriture musicale. Cela veut dire que celle-ci met en jeu plusieurs « voix », et qu'il est difficile d'intégrer des instruments différents qui jouent ensemble, ou plusieurs voix indépendantes progressant de concert sur le même instrument, par exemple le piano. Dans quelle mesure ces voix différentes sont-elles vraiment indépendantes sur un instrument comme le piano ? Si l'on écoute les *Variations Goldberg*, on a vraiment l'impression d'une véritable autonomie des voix. La question ici est de savoir si des voix différentes, dans une composition pour le piano, sont totalement indépendantes, ou s'il y a entre elles une relation. Si on élargit la question à l'orchestre, il devient tout de suite évident que les instruments qui le composent ne sont pas indépendants. Si chaque instrument était complètement indépendant des autres, il jouerait à son propre rythme, selon sa propre dynamique, sans se soucier des autres, et ce serait une cacophonie générale. Il découle de cela que les différentes voix ou instruments sont solidaires les uns des autres. On pourrait citer Spinoza à ce propos : « Un corps en mouvement ou au repos doit son mouvement ou son immobilité à l'action d'un autre corps, lequel doit, à son tour, son mouvement ou son immobilité à un autre corps, et ainsi de suite jusqu'à l'infini. » Les corps, tout comme les instruments de musique, ne sont pas différents les uns des autres en termes de substance. Dans la mesure où la musique obéit à des lois qui sont celles de son univers cohérent, les diverses voix ou instruments réagissent comme des corps, et c'est cette accumulation qui crée un tout.

Mais comment une voix peut-elle en mettre une autre en mouvement, ou la rendre immobile ? Existe-t-il une sorte de hiérarchie qui veut que certaines voix obéissent à d'autres ? Et dans ce cas, cette domination est-elle le résultat de la puissance propre à certains instruments, ou bien est-elle gouvernée par l'impératif de complète audibilité du discours musical ? Si tel était le cas, cela signifierait que chaque instrument doit jouer au maximum de sa puissance du début à la fin. C'est donc sans doute la substance musicale elle-même qui détermine la hiérarchie dynamique. Il s'ensuit que, nécessairement, un ou plusieurs instruments dominent. Et il est donc impératif d'établir un équilibre correct entre les différents instruments, ou voix, de manière à permettre une totale audibilité, tout en respectant la hiérarchie des instruments ou des voix. Ceci, à son tour, donne une masse sonore qui à son tour est déterminante pour le choix du tempo : en d'autres termes, c'est la masse de l'objet en mouvement qui détermine le mouvement.

L'une des qualités les plus importantes pour un interprète ou un chef d'orchestre est donc la capacité à équilibrer les différentes voix ou instruments. La création d'un véritable équilibre implique que chacune des différentes voix soit entendue dans la perspective qui lui est propre – toutes étant présentes, mais certaines plus proches que d'autres. Chaque voix, ou instrument, doit être clairement articulée – ce n'est qu'à cette condition qu'on sera à même de la relier aux autres. On peut agir de toutes sortes de façons sur ces diverses voix, soit en les modifiant, soit en les mettant au contact des autres voix. Mais la juxtaposition des différentes voix ne modifiera pas l'ensemble. Ce qui signifie que chaque voix doit garder son caractère propre. Le contact avec les autres voix, qui suscite jusqu'à l'infini une individualité de plus en plus complexe, n'a nul besoin d'une altération des caractères individuels.

En ce qui concerne le jeu de l'orchestre, c'est avec Barbirolli que j'ai le plus appris. J'ai fait sa connaissance en tant que pianiste, et j'ai souvent eu l'occasion d'observer son travail en répétition. Il avait une façon très particulière de constituer les groupes de cordes. Ce que je sais dans ce domaine est un mélange de son influence et de celle de Jacqueline. Barbirolli m'a davantage appris dans le domaine du travail effectif avec l'orchestre, tandis que Jacqueline m'a fait comprendre comment on peut concevoir la sonorité du point de vue d'un musicien qui joue d'un instrument à cordes. Elle m'a indiqué de multiples possibilités que je n'aurais jamais découvertes par moi-même.

Un musicien jouant d'un instrument à cordes a le choix entre deux possibilités – il pousse ou il tire. La décision d'attaquer un passage en poussant ou en tirant est d'une extrême importance. Mais plus importante encore est la manière de répartir l'archet, et la vitesse de son déplacement. L'archet a beaucoup plus de poids en son extrémité inférieure, c'est-à-dire au talon, qu'à la pointe, c'est-à-dire son extrémité supérieure, où il est plus mince et plus léger. Un bon instrumentiste doit pouvoir tirer parti de cette différence de poids. Chaque partie de l'archet présente des avantages qui la rendent plus apte à effectuer certaines articulations que d'autres. Si l'on veut obtenir un poids naturel, il faut attaquer en tirant, en partant du talon, mais on peut aussi facilement attaquer une note à la pointe, en poussant, parce que c'est là que c'est le plus facile de contrôler la naissance du son. Il est important de savoir diviser son archet : faut-il jouer une, deux, trois, ou cinq notes dans un seul coup d'archet ? Quand faut-il changer d'archet, et dans quel sens ? Il ne faut pas oublier que dans un orchestre symphonique il y a généralement seize, au minimum quatorze, et parfois jusqu'à dix-huit premiers violons. Ce qui veut dire qu'il y a quatorze, seize, ou dix-huit personnes qui jouent exactement la même note au même moment. Imaginons qu'autour d'une table, il y ait seize convives qui, au signal du maître d'hôtel, doivent tous lever leur fourchette en même temps, à la même vitesse, et avec le même enthousiasme. Le problème n'est pas le même pour les vents, chaque musicien n'ayant que sa partie à jouer, puisque celle du second hautbois, par exemple, est différente de celle du premier. Il faut par conséquent une organisation musicale extrêmement rigoureuse pour façonner la sonorité de la section des violons.

C'est lorsqu'on s'attaque à l'articulation des phrases, qui est l'équivalent de la ponctuation dans le langage, que l'on comprend à quel point il est capital d'imposer une discipline très claire dans les coups d'archet. Barbirolli avait compris cela, et avait mis au point sa propre technique en la matière. Il était capable d'obtenir la sonorité qu'il attendait des cordes avec n'importe quel orchestre. Évidemment, lorsqu'il dirigeait à Berlin, où il était extrêmement populaire, et très bien compris par l'orchestre, les résultats étaient meilleurs qu'avec un orchestre de second ordre.

Comme je l'ai dit, j'ai eu également la chance de bénéficier de l'expérience de Jacqueline, quant à certains points auxquels je m'intéressais particulièrement. Aujourd'hui, c'est moi qui indique les coups d'archet pour tous les pupitres des cordes. Si j'ai seize premiers violons, cela veut dire qu'il faut faire huit exemplaires de la partition. J'ai fait moi-même ce travail, ce qui me donnait en plus la possibilité d'apprendre chaque partie séparément. Si l'on pense à la complexité, et au temps qu'il faut passer à définir les coups d'archet d'une symphonie de Mozart, on imagine sans peine le temps qu'il m'a fallu pour changer tous les coups d'archets du *Ring* pour le Festival de Bayreuth ! J'ai découvert que même d'excellents musiciens appartenant à de grands orchestres ou à des orchestres de chambre, voire de grands solistes, ne réfléchissent pas suffisamment à la répartition et à la vitesse de l'archet.

Si un chef d'orchestre ne comprend pas l'importance de la sonorité des cordes, il devra s'accommoder d'exécutions quelconques. Certains orchestres et certains chefs choisissent trop souvent la facilité : si par exemple la partition demande à l'une des sections des cordes de jouer « piano », le leader jouera mezzo forte, et les autres joueront pianissimo. La somme de quinze pianissimos et de un ou deux mezzo forte est égale à un piano. L'avantage est qu'ainsi il est plus facile de rester ensemble et, si le leader de la section a une sonorité particulièrement attrayante, les autres se contentent de créer une sorte d'aura autour de lui. Je me suis toujours opposé à cette façon de faire, que je considère musicalement aberrante. Je pense que seize musiciens qui jouent un piano expressif produisent une sonorité complètement différente de celle qui est produite par un ou deux musiciens jouant mezzo forte ou forte, pendant que les autres jouent pianissimo, comme pour leur servir de matelas, si j'ose dire. Cette façon de jouer manque d'intensité et de caractère.

Le problème des instruments à vent et de leur organisation par le chef est d'une tout autre nature. Ils sont liés aux caractéristiques matérielles de chaque instrument : la flûte, le hautbois, la clarinette, le basson, sans oublier les cuivres – cors, trompettes et trombones –, chacun a une embouchure différente, et une façon particulière d'émettre du son. Il est par conséquent très difficile d'obtenir une attaque homogène. Difficile également de trouver le juste équilibre entre le phrasé propre à chacun qu'il faut mettre en relief lorsqu'un hautbois ou une clarinette doit jouer une phrase en solo dans une symphonie, et le jeu collectif de l'ensemble. Le caractère individuel qui ressort dans un solo important, par exemple dans la *Symphonie Inachevée*, de Schubert, celui du hautbois ou de la clarinette, doit, quelques mesures plus loin, se fondre dans le jeu collectif, où on ne doit plus entendre la couleur distinctive des instruments. Ce problème apparaîtra clairement à un pianiste qui joue un concerto de Mozart. Lorsque c'est le piano qui expose le thème principal, il lui faut faire preuve d'un phrasé et d'une articulation spécifiques, auxquels doivent s'ajouter le maximum d'imagination et de fantaisie. Plus loin, lorsque c'est l'orchestre qui domine, le piano joue un rôle ornemental et moins important auquel le soliste a parfois du mal à se résoudre. On entend souvent des interprétations de solistes dont la personnalité est si forte qu'ils tiennent le devant de la scène, même lorsque leur partie est secondaire.

Reste le problème de la justesse. Un piano est soit accordé, soit désaccordé, et c'est le problème de l'accordeur, pas celui du pianiste de faire en sorte que le piano soit parfaitement juste. N'importe quelle note jouée par un instrument à vent, en revanche, est susceptible de se révéler trop grave, parfaitement juste, ou trop aiguë. Il y a des notes qui sont à peine trop aiguës ou trop graves, lorsqu'un instrument joue seul, et l'effet peut être très désagréable à l'oreille, mais dans un accord joué par plusieurs instruments, c'est un véritable supplice pour une oreille sensible que d'entendre jouer faux. Il faut donc absolument que le chef détecte les défauts de justesse au même titre que les problèmes d'équilibre dans les vents. Certaines notes peuvent sonner faux, aussi peu que ce soit, lorsqu'elles ne sont pas convenablement équilibrées au sein de l'accord.

Le même problème se pose pour les cuivres, avec en plus le fait que les cors jouent le rôle de « passerelle » dans l'orchestre. Ils servent de lien entre les bois et les gros cuivres (trompettes, trombones et tuba). C'est la raison pour laquelle je préfère que les cors soient placés entre les vents et les autres cuivres, et non sur le côté, coupés du reste des vents. Le problème avec une telle disposition est que le son des cors risque d'envahir les bois, ce qui peut se révéler extrêmement gênant pour certains musiciens. Toutefois, c'est une solution qui présente plus d'avantages que d'inconvénients.

La difficulté atteint évidemment son point culminant lorsqu'on met tout ensemble et qu'on ajoute les timbales et la percussion. En d'autres termes, on a devant soi des timbales, la percussion, les cuivres, les bois, et les cordes. Reste à réaliser l'unité de tous ces sons différents.

Avec les cuivres, le problème principal, évidemment, est la puissance des instruments. Le chef doit être parfaitement au fait des exigences en matière de volume et de « dosage ». Autrement dit, si on rencontre l'indication « crescendo » un peu partout dans la partition, il ne faut surtout pas faire attaquer cette nuance par tous les instruments en même temps : on n'entendrait plus les instruments les moins sonores. Il faut par conséquent que les cuivres et les timbales entrent dans le crescendo après les autres instruments. Il s'agit là d'un équilibrage, d'une gestion, voire d'une manipulation du son indispensable pour la clarté de l'orchestre. Il faut que le chef trouve l'équilibre juste entre clarté et plénitude sonore. Et ceci ne vient que lorsque chaque instrument a la possibilité de s'exprimer avec toute l'intensité et le volume nécessaires.

Il y a quelque chose de presque effrayant pour un jeune chef avec les cuivres. A cause de la nature de leurs instruments, ces musiciens sont généralement des gens de grande taille, et imposants, qui sont capables d'anéantir tous les autres sons rien qu'en jouant fort. Ils ont le pouvoir de noyer les bois et les cordes – sans parler du chef et de la musique! Les cuivres ont souvent tendance à jouer trop fort; ils ne sont pas toujours attentifs à ce qui se passe autour d'eux au sein de l'orchestre, et par conséquent à la musique. Dans le répertoire classique – Mozart, Beethoven, Schubert – ils ont généralement un rôle harmonique, jouent les toniques ou les dominantes chaque fois que la mélodie doit être jouée fort.

Avant Berlioz, les compositeurs ne prenaient pas consciemment en considération la couleur des différents instruments de l'orchestre. Je ne veux pas dire que Mozart était insensible à la couleur – personne n'a écrit pour le hautbois ou la clarinette comme lui – mais la couleur n'était pas considérée comme un facteur à part au sein de l'économie générale de l'orchestre. C'est Berlioz qui ouvrit la voie. Mais avant lui et les autres romantiques, les timbales et les trompettes, en particulier, avaient pour seule et peu gratifiante responsabilité de jouer la tonique et la dominante. En raison toutefois de leur volume, ces instruments sont inévitablement au premier plan. C'est un fait qui n'est pas sans influence, consciemment ou inconsciemment, sur l'attitude et la mentalité des cuivres. Dans le répertoire classique, ils n'ont généralement que peu à faire, et c'est pourquoi leur degré de concentration est généralement inférieur à celui de musiciens qui jouent en permanence, et sans interruption. Cependant, lorsqu'on est face à des musiciens de haut niveau, et sensibles aux cuivres, on peut obtenir, grâce à une ou deux notes, ou une différence dans l'attaque, une modification des couleurs de tout un orchestre. Par exemple, dans *Daphnis et Chloé* de Ravel, le crescendo des trompettes donne l'impression que tout l'orchestre s'embrase subitement, simplement par l'effet de deux ou trois notes jouées par ces instruments. Lorsque le son est bien équilibré, et que l'attaque est nette sans être trop dure, l'éclat de la trompette peut littéralement enflammer l'orchestre tout entier.

Les cuivres, par conséquent, doivent être traités avec le plus grand soin par le chef. Ceci vaut pour le répertoire classique : à mesure que l'on s'approche du XXe siècle, la musique composée pour les cuivres devient infiniment plus élaborée et intéressante. Dans les symphonies de Bruckner, les cuivres sonnent littéralement comme un orgue, et on sait que cet instrument a le pouvoir de produire un son très sombre en même temps que d'une très grande ampleur. Dans la musique d'Europe centrale – chez Dvořák, par exemple – les trompettes sont des instruments qui invitent à danser. Dans les pays latins, la trompette est annonciatrice de mort, pas seulement dans le *Requiem* de Verdi, mais aussi dans la musique espagnole. Même lorsque la musique paraît dansante, la trompette introduit un élément de frayeur. Chez Wagner, la trompette est devenue un instrument tout à fait à part, et cette évolution a marqué, plus ou moins consciemment, presque tous les compositeurs depuis lors. D'une part, Wagner a ouvert la voie à Bruckner et Mahler, d'autre part il annonce Debussy. Lorsqu'on pense à la *Todesverkündigung (Annonce de la Mort)* dans *La Walkyrie*, avec les accents des trompettes et des tubas wagnériens, on prend conscience du rôle tout particulier que Wagner réservait aux cuivres. C'est lui qui a conçu le tuba qui porte son nom – les cors, les trompettes et les trombones ne lui suffisaient pas. Il voulait élargir la section, en lui ajoutant une sonorité particulière, et en leur donnant le maximum de couleur et de prépondérance. Il obtient ainsi un effet que les Allemands appellent *feierlich* – atmosphère de cérémonie. Il ne s'agit pas seulement d'une ambiance festive. Cela s'apparente plutôt à une cérémonie funèbre. C'est là qu'apparaît la différence entre le rôle attribué à la trompette respectivement par les Allemands et les Latins. Dans la cinquième *Symphonie* de Mahler, il est vrai, la trompette est utilisée à la façon latine – mais Mahler est un cas à part. Il ne s'inscrit pas dans l'évolution normale de ce que l'on appelle la tradition germanique. Il a intégré dans sa musique une foule d'éléments venus de l'extérieur. Je crois qu'il y a plus de points communs entre lui et Berlioz qu'on ne s'accorde à le reconnaître. Cela n'est pas seulement lié à la couleur instrumentale, mais aussi à l'esprit de la musique – un certain sens de la folie musicale que Mahler avait en commun avec Berlioz. Il faut d'ailleurs se rappeler que Wagner lui-même eût été « impossible » sans Berlioz.

Il est intéressant de voir à quels instruments Wagner associait la trompette. Dans les passages doux, on trouve souvent la trompette à l'unisson avec le cor anglais. Cet effet, et la couleur produite par ces deux instruments, ont été utilisés par Debussy : que l'on songe à *La Mer* : juste après l'introduction, il y a un passage où la trompette et le cor anglais jouent à l'unisson. Je ne pense pas qu'il s'agisse d'une coïncidence. Les orchestrations de Wagner étaient élaborées avec le plus grand soin. Boulez a dit un jour, avec l'humour qui le caractérise, que Wagner donne l'impression d'avoir orchestré comme un boucher prépare ses hachis – telle quantité de veau, telle quantité de porc, telle quantité de bœuf. Il y a du vrai dans ce qu'il disait. On a le sentiment que Wagner pesait les instruments en fonction de leurs couleurs. Bien entendu il était surtout influencé par Beethoven, mais aussi beaucoup par Berlioz et Liszt, et également, d'un point de vue spirituel, par Schumann.

Dans le répertoire classique, les timbales ont généralement les mêmes problèmes que les cuivres : elles jouent souvent la tonique et la dominante, avec ce risque supplémentaire que les compositeurs classiques n'écrivaient pas pour des timbales chromatiques. Ils étaient par conséquent limités à deux ou trois notes. Le problème des timbales est que, si on exploite toutes leurs possibilités, comme il faut, elles sont susceptibles de servir à bien autre chose qu'à souligner un accent ou à marquer le rythme. Les meilleurs timbaliers ont une véritable imagination auditive – comme au piano. Jouer de la timbale ne consiste pas simplement à frapper avec une baguette pour faire du bruit. L'endroit où tombe la baguette est un élément décisif, de même que l'impact. On peut par exemple obtenir un effet d'énergie contenue en jouant chaque note avec la même main. Au début du quatrième mouvement de la *Symphonie Fantastique*, Berlioz demande qu'on joue les sextuplets d'une main, à l'exception de la sixième note, qui est frappée systématiquement par l'autre main. Les timbaliers modifient cela très souvent, jouant une note sur deux avec chaque main. Le son ainsi obtenu est tout à fait différent de ce que Berlioz voulait. La partition originale stipule que le tempo ne doit pas être trop rapide. S'il avait souhaité que ce mouvement soit joué très rapidement, Berlioz n'aurait pas donné une telle indication. Je demande toujours aux timbaliers, au début du deuxième acte de *Siegfried*, de jouer avec une seule main. Je suis même allé jusqu'à leur demander, dans *l'Annonce de la Mort* de *La Walkyrie*, que je prends avec un tempo relativement lent, de jouer le triplet d'une seule main. Ainsi la main doit tomber et remonter à chaque fois, si bien que chaque note acquiert une qualité inexorable. Dans le deuxième mouvement du premier *Concerto* pour piano de Bartók, chaque instrument à percussion a une couleur différente. Et que dire de Boulez, et des couleurs respectives des marimbas, des vibraphones et des xylophones!

La qualité du son et la couleur sont des éléments très importants en ce qui concerne les percussions. Une certaine partie de la musique pour piano du XXe siècle ne me tente pas dans la mesure où elle fait un usage trop limité des percussions – on croirait entendre une mauvaise imitation de machine à écrire. Il y a un compositeur qui, bien que ses orchestrations ne soient pas toujours particulièrement intéressantes, avait un sens très original de la percussion : il s'agit de Franz Liszt. Ses apports essentiels, dans le domaine de la sonorité orchestrale, sont l'utilisation de la harpe et du triangle. Comparée au premier *Concerto* pour piano de Liszt, l'utilisation du triangle dans la quatrième *Symphonie* de Brahms paraît bien timorée. Dans la *Troisième*, en revanche, il faut beaucoup de réflexion et de sensibilité pour réaliser l'équilibre entre la clarté des timbales et l'effet de trémolo. Trémolo, comme chacun sait, vient du mot « tremblement » et tout le problème est de savoir à quelle vitesse on tremble. Dans les symphonies de Bruckner, les chefs et les cordes conçoivent souvent le trémolo de façon uniforme, et le jouent sans y prêter une attention particulière, au lieu d'utiliser les différentes vitesses qui sont envisageables dans le trémolo, et qui constituent l'un des éléments les plus expressifs de la musique.

Dans l'orchestre classique – celui de Bach, Haydn, Mozart et Beethoven – les premiers et seconds violons étaient toujours séparés, par souci d'indépendance des voix. De sorte que la musique de cette époque donne souvent lieu à une conversation entre ces deux groupes : celle-ci devient plus facile dès lors que les deux groupes sont assis face à face plutôt que côte à côte. Lorsque tous les violons se trouvent rassemblés à la gauche du chef, se pose la question de savoir qui on va mettre à droite – les altos ou les violoncelles ? Depuis de nombreuses années, il est de règle, dans les orchestres allemands, de mettre les altos « à l'extérieur », et les violoncelles « à l'intérieur ». Si les violoncelles sont assis face au public, vers le centre de l'orchestre, leur son sera, bien entendu, plus direct, et les altos, assis en retrait, seront légèrement désavantagés. Ils jouent « à l'envers », dans une certaine mesure, puisqu'ils sont tournés vers le fond de la scène. Ce qui pose des difficultés également dans les passages d'accompagnement, que se partagent généralement les seconds violons et les altos dans de nombreuses œuvres du répertoire classique.

Il n'y a pas de disposition idéale de l'orchestre. La clarté que l'on gagne à la séparation des premiers et seconds violons présente des avantages dans certaines œuvres, et des inconvénients dans d'autres. Sur les scènes qui sont à la fois larges et peu profondes, le dernier pupitre des premiers violons peut se trouver fort éloigné du dernier pupitre des seconds violons. Et pourtant, ils doivent très souvent jouer ensemble. Il est plus facile d'obtenir un son bien plein aux cordes lorsque les premiers et seconds violons se trouvent réunis. En ce qui concerne les violoncelles et les altos, j'en suis encore à essayer toutes sortes de solutions. Il faut cependant éviter de changer continuellement de disposition. Les musiciens s'habituent à entendre certaines voix, et peuvent être désorientés par des changements trop fréquents. Si on ne joue que du Bach pendant une semaine ou plus, on peut sans inconvénient séparer les premiers et les seconds violons, mais que faut-il faire s'il y a plusieurs compositeurs au programme ? Il serait difficile de jouer *Le Sacre du Printemps* avec des premiers violons séparés des seconds. De nos jours, toutes ces questions sont réglées, à mon sens, de façon trop souvent bureaucratique. On ne peut que gagner à faire preuve de souplesse pour certaines œuvres.

D'un point de vue psychologique, un orchestre est un être collectif extrêmement sensible, sans doute même susceptible. Il n'y a rien de pire pour un musicien d'orchestre qui connaît ses difficultés et s'est efforcé de les résoudre, que de s'entendre dire par un chef : « Il y a sûrement un problème. Il va falloir faire quelque chose ! » J'ai vu un jour une partition de chef d'orchestre sur laquelle était écrit : « Trop fort, le basson ! » C'était avant la répétition ; le basson n'avait pas encore joué, mais le chef s'était déjà mis dans la tête que le basson jouerait trop fort à ce moment-là. Il m'avait prêté sa partition. J'assistai à la répétition. Lorsque le passage en question arriva, il arrêta la musique pour dire : « Trop fort, le basson ! » Une telle malhonnêteté risque de ruiner complètement le travail accompli par le chef avec l'orchestre, et ce n'est que justice. L'orchestre acceptera mieux une hésitation qu'une attitude arbitraire de la part de son chef.

L'un des aspects les plus délicats dans ce domaine est la justesse. J'ai eu ma part de problèmes avec la justesse au début de ma carrière de chef. Venant du piano, je ne remarquais pas toujours les erreurs de justesse dans l'orchestre. Je savais ce qui n'allait pas s'il y avait une fausse note et, bien entendu, je savais quand un accord était faux. Mais je n'étais pas toujours capable de dire quel instrument était trop bas, ou lequel était trop haut. Pendant les années soixante, alors que j'étais à Londres, j'assistai un jour à une répétiton de *Pelléas et Mélisande* de Schoenberg sous la direction de Boulez. Dans un passage assez complexe, où l'orchestre joue en tutti, Boulez arrêta tout le monde après un accord, pour dire : « Cet instrument joue trop haut, celui-là trop bas. » J'étais sidéré. J'avais effectivement entendu que ce n'était pas parfait, mais sans savoir exactement ce qui n'allait pas. Boulez, lui, savait précisément. Il fit rejouer le passage. Cette fois, l'accord fut juste. Je lui demandai : « Pierre, comment est-ce qu'on fait ? Je suis pianiste, et je n'ai pas l'habitude... ». « Oui, répondit-il. Il faut de l'expérience. Par exemple, si un accord ne sonne pas nettement, ou de façon peu satisfaisante à votre oreille, dites simplement ce qui vous passe par la tête sur le moment – dites que c'est trop haut, ou trop bas – il se peut que vous ayez raison, et comme ça, vous le saurez pour la prochaine fois. Ou bien alors, vous vous êtes trompé, et quand vous dites à un musicien qu'il joue trop bas, il vous répondra peut-être qu'au contraire, à supposer qu'il ne joue pas juste, c'était parce qu'il était trop haut. Il ne faut pas avoir peur de se tromper. C'est ainsi qu'on apprend. » Et c'est ainsi, en effet, que j'ai appris. Je n'avais pas peur, si j'entendais quelque chose qui ne me paraissait pas « propre », de dire : « Trop bas ! » Au début, il est souvent arrivé qu'un musicien me réponde : « Comment ça, trop bas ? J'étais bien trop haut, au contraire ! » Et moi de dire : « En effet, vous avez raison ! » C'est comme ça que l'on se fait l'oreille. Mais il faut rester souple, et ne pas avoir peur de se tromper. C'est un peu comme quand on apprend une langue étrangère. Si l'on a peur de faire des fautes, on n'y parvient jamais.

L'un des événements les plus importants de ma vie professionnelle au cours des années quatre-vingt était le concert que je donnais chaque année à Munich avec Sergiu Celibidache. Il avait repris la direction musicale de l'Orchestre Philharmonique en 1979, et m'invitait chaque année. Celibidache avait, en plus d'une exceptionnelle connaissance technique de l'orchestre et de la faculté de l'équilibrer, une ténacité sans faille, et exempte de tout compromis dans la recherche de ses objectifs. Il avait également des qualités bien à lui : lenteur des tempos, un phrasé particulier qui exige souvent des contrebasses une sonorité moins pleine, et une façon spéciale de clore les phrases musicales. Ces traits caractéristiques sont faciles à imiter, mais ceux qui le font, en se proclamant les disciples de Celibidache, lui rendent, ainsi qu'à eux-mêmes, un très mauvais service. Ils feraient mieux d'essayer de comprendre *pourquoi* il fait les choses d'une certaine façon, et d'en tirer des conclusions applicables à leur propre travail, par exemple en ce qui concerne le tempo. Dans une symphonie de Bruckner, le tempo de Celibidache n'est pas déterminé seulement par son souci d'obtenir un son ininterrompu, mais parce qu'il a besoin d'un tempo lent afin d'exprimer tout ce qu'il voit dans la musique. Son tempo est lié à la substance de la musique et au son. Ce qui compte à ses yeux est la façon dont un instrument conduit au suivant, et dont les phrases ont chacune un point culminant. Chez Celibidache, il n'y a jamais un accent qui ne soit pas à sa place, pas un instrument qui puisse se permettre de jouer une chose qui ne cadre pas complètement avec la sonorité de l'orchestre dans son ensemble. Et il n'y a pas un seul musicien dans le Philharmonique de Munich qui soit autorisé à jouer la moindre note de façon mécanique, routinière et irréfléchie.

Celibidache a l'une des oreilles les plus fines, et l'un des cerveaux musicaux les plus aigus qui soient. Autant que je m'en souvienne, jamais je n'ai quitté Munich, après une semaine de répétitions et de concerts avec lui, sans emporter avec moi ample matière à réflexion. Parfois, de façon inattendue, un angle nouveau apparaissait lors des répétitions, voire des concerts. Ce souci constant du phrasé et de l'articulation a enrichi tous les musiciens qui ont été en contact avec lui.

11

L'opéra

Afin de retracer ma carrière de chef d'opéra, il faut que je remonte jusqu'au début des années soixante-dix. Le premier opéra que j'aie jamais dirigé fut *Don Giovanni* à Édimbourg, en 1972. A cette époque, le directeur du Festival était Peter Diamand. Il a débuté très tôt, comme secrétaire d'Arthur Schnabel, et il est passé par tous les échelons de l'administration de la musique. Il a été successivement directeur du Festival de Hollande pendant dix-sept ans, puis du Festival d'Édimbourg pendant treize ans. Il avait une profonde passion pour l'art lyrique, tout en restant conscient des limites des opéras de répertoire, avec leurs répétitions insuffisantes.

A Édimbourg, on travaillait dans les meilleures conditions, avec l'Orchestre de Chambre Anglais. Nous avions un plateau de chanteurs qui étaient là sans interruption pour la durée du festival, c'est-à-dire qu'ils participaient effectivement aux répétitions et aux représentations. Et même si le King's Theatre n'était pas idéal d'un point de vue technique, il était entièrement à la disposition de la production.

Peter Diamand avait fait venir à Édimbourg toutes les compagnies européennes possibles et imaginables, avant de décider que le Festival d'Édimbourg devait faire lui-même ses propres productions. C'était là une décision courageuse, qui permit d'offrir au public des représentations lyriques de très grande qualité. De toute évidence, il croyait fermement en mes capacités de chef lyrique. Je n'ai jamais eu lieu de m'en plaindre, et lui serai toujours reconnaissant de m'avoir donné ma première chance.

A mesure que je devenais plus expérimenté dans le

domaine symphonique, la tentation de diriger à l'opéra se faisait plus pressante. Mais je me disais toujours que je ne pourrais pas tout faire à la fois. Peter Diamand réussit cependant à me persuader de diriger les opéras de Mozart. Il me proposa de diriger *Don Giovanni*, *Les Noces de Figaro* et *Così fan tutte*. Nous donnâmes *Don Giovanni* deux années de suite, puis il en alla de même pour *Les Noces de Figaro*. Malheureusement, *Così* ne fut jamais monté à Édimbourg. En 1967 déjà, on m'avait proposé de le donner en version de concert pour la radio de Rome, mais la Guerre des Six Jours ayant éclaté, j'avais dû annuler. Non sans regrets : c'était le premier opéra sur lequel j'avais vraiment travaillé.

A l'origine, Peter Diamand souhaitait monter les trois opéras avec Jean-Pierre Ponnelle. Mais à l'époque, celui-ci était complètement accaparé par Salzbourg. Je le rencontrai à plusieurs reprises, et nous parlâmes des trois œuvres. Mais il nous fallut attendre Paris pour pouvoir travailler ensemble. C'est Peter Ustinov qui mit en scène *Don Giovanni*, et *Les Noces de Figaro* furent montées par sir Geraint Evans.

Plus tard, à Paris, j'ai donc produit ces trois œuvres en collaboration avec Jean-Pierre Ponnelle. Puis nous en avons donné deux en co-production à Washington, l'une (il s'agissait des *Noces de Figaro*) avec des surtitres. Le surtitrage était particulièrement réussi en l'occurrence, et le public réagit très bien. Mais il y eut tout de même quelques problèmes, en particulier dans les récitatifs, lorsque des répliques comiques apparaissaient avant que les personnages les aient effectivement prononcées. Évidemment, les choses devenaient également plus compliquées lorsque deux personnages, ou plus, parlaient en même temps. Le surtitrage est une bonne chose à condition d'être affiché avec un maximum de discrétion, et de ne donner que l'information strictement nécessaire. Il faut en plus qu'il soit poétiquement correct, sans parler de la synchronisation, qui est d'une importance primordiale.

Nous avons également donné les trois opéras de Da Ponte en Israël. Étant donné que Tel-Aviv n'avait ni salle d'opéra ni théâtre, les représentations eurent lieu dans la salle de concert. Ponnelle divisa la scène, afin qu'il y ait un endroit où l'orchestre puisse jouer. Les musiciens étaient assis en contrebas, et vers le fond, là où les chœurs se tiennent habituellement. Et il y avait un petit rideau qu'on pouvait soit ouvrir soit fermer, selon les besoins. Cela ressemblait davantage à du théâtre amateur qu'à du grand opéra, mais c'était admirablement réglé, sans les décors rituels, simplement avec les accessoires les plus significatifs.

Je n'avais jamais eu la possibilité d'aller souvent à l'opéra, à la différence de certains de mes collègues qui avaient étudié à Vienne, où se trouve une des plus belles salles lyriques du monde. Ce ne fut que lorsque je commençai à voyager que je me mis à fréquenter des opéras comme Covent Garden et le Metropolitan, ainsi que les opéras allemands.

Mon intérêt pour l'opéra fut stimulé par les nombreuses occasions qui m'ont été offertes de travailler avec des chanteurs, avec Dietrich Fischer-Dieskau, en particulier, ainsi qu'avec des chefs de chœur comme Wilhelm Pitz, par exemple. Mais depuis toujours, mon éducation et mon apprentissage du piano avaient mis l'accent sur l'élément dramatique de la musique. En même temps que j'apprenais à gérer les énormes masses sonores mises en jeu lors du travail avec les chœurs, je continuais à jouer du piano, cherchant constamment à exprimer de façon théâtrale le drame intérieur de la musique. Tout jeune, j'avais en outre assisté à des répétitions de *Don Giovanni*, sous la direction de Furtwängler. Si bien qu'au-delà de mon intérêt pour tant d'œuvres de Mozart, ses concertos et ses sonates pour piano, ses symphonies et le *Requiem*, il me semblait tout naturel de vouloir m'attaquer à ses opéras. Je voulais aussi monter et diriger le *Fidelio* de Beethoven, mais, sans doute en raison du côté latin de mon éducation, je me sentais attiré depuis toujours par la part italienne de Mozart, tout particulièrement les opéras de Da Ponte.

Au milieu des années soixante-dix, la maladie de Jacqueline empira, et je réduisis considérablement mes activités outre-Atlantique. Elle était dans un fauteuil roulant, à cette époque – elle vint à Paris en 1976, mais ce fut là son dernier voyage. Il me devint de plus en plus difficile de m'éloigner d'elle et de Londres pour de longues périodes. Si bien que j'habitais à Londres, tout en travaillant à Paris.

En 1978, je suis allé pour la première fois au Deutsche Oper de Berlin. C'est là que Siegfried Palm, l'intendant de l'Opéra, me demanda tout d'abord de diriger *Les Noces de Figaro*, puis *Tristan et Isolde.*

Plus tard, je dirigeai *Fidelio*, *Aïda* et *Le Vaisseau Fantôme.* Mes relations avec le Deutsche Oper étaient merveilleuses en ce temps-là, parce que nous programmions les œuvres assez longemps à l'avance pour que je puisse répéter de façon régulière pendant au moins trois ans. La distribution demeurait plus ou moins la même, si bien qu'il y avait pratiquement une troupe fixe pour tous les opéras du répertoire. Je crois que pendant les trois ou quatre premières années, *Figaro* et *Tristan* restèrent dans les mêmes mains, tant en ce qui concerne la direction que la distribution.

Bien entendu j'avais beaucoup moins d'expérience qu'aujourd'hui, mon allemand était limité, de même que ma connaissance de l'univers wagnérien. J'ai tout de même un excellent souvenir de ma collaboration avec Götz Friedrich à Berlin. Nous avons travaillé ensemble pour quatre opéras : *Les Noces de Figaro*, *Aïda* et *Tristan et Isolde* à Berlin, ainsi que *Parsifal* à Bayreuth en 1987. Friedrich fut le premier à me faire comprendre que les chanteurs ont par trop tendance à déambuler sur la scène sans trop savoir où ils sont censés aller, ni ce qu'ils doivent faire. Il avait l'art d'éliminer le moindre déplacement non significatif sur la scène.

Lorsqu'on m'offrit la possibilité de diriger *Tristan* à Berlin, je me plongeai dans la partition avec une passion qui ne fit que croître, comme la plupart des chefs d'orchestre. J'étais aussi fasciné par Bayreuth, en particulier à cause de son acoustique. J'y étais allé en 1963, et j'avais entendu un grand nombre de retransmissions radiophoniques au fil des années. De plus, Wolfgang Wagner m'avait invité, dans les années soixante-dix, à y diriger *Lohengrin.* Il voulait absolument que je dirige *Tristan et Isolde* en 1981. J'acceptai, avec un mélange d'excitation et d'appréhension. Je me souviens que je lui demandai s'il serait possible de repousser *Tristan* d'un ou deux ans. Mais il me répondit que 1982 devait marquer le centenaire de *Parsifal* et que *L'Anneau du Nibelung* suivrait, si bien qu'un nouveau *Tristan* s'imposait dès 1981. A l'origine c'était Patrice Chéreau qui devait le monter, et j'eus plusieurs conversations avec lui et Wolfgang Wagner. Cependant, après le *Ring* qu'il monta avec Boulez, Patrice me dit qu'il en avait assez de Wagner et de Bayreuth pour le moment, et qu'il ne tenait pas à faire de *Tristan* une cinquième journée du *Ring*. A mon grand regret, il se retira du projet.

On s'entendit alors pour confier la production à Jean-Pierre Ponnelle. Il avait une certaine expérience de Wagner, même s'il n'avait jamais rien monté à Bayreuth. Il était surtout connu pour ses mises en scène de Monteverdi, Rossini et Mozart. Il avait tout de même fait le *Ring* à Stuttgart, ainsi que le *Vaisseau Fantôme* et *Parsifal*.

C'est à partir de ce temps-là que je commençai à me familiariser avec les habitudes de travail de Bayreuth. Wolfgang Wagner était toujours là, disponible en permanence... A n'importe quel moment, on pouvait aller le trouver pour parler avec lui d'un problème de distribution, ou d'horaire de répétitions, ce que je trouvais extrêmement sécurisant. Pierre Boulez avait connu la même expérience. En 1980, Wolfgang Wagner nous invita à Bayreuth, Ponnelle et moi, pour discuter avec nous du *Tristan* prévu pour l'année suivante. Je me demandai sur le coup pourquoi il fallait absolument qu'on aille parler de cela à Bayreuth mais, au fil des années, j'ai compris qu'il était important d'aller préparer les projets sur place – il faut entendre les chanteurs sur la scène, parce que l'acoustique de Bayreuth n'a pas d'équivalent dans le monde, et pas seulement parce que la fosse est couverte, ce qui a une profonde influence sur la relation entre l'orchestre et les chanteurs. Même de la scène on se rend compte à quel point l'acoustique est unique. La salle n'est pas très grande, ce qui permet aux chanteurs d'emplir le volume. Il n'est pas nécessaire de forcer sa voix, comme dans d'autres endroits. Quant à l'avantage d'avoir une fosse d'orchestre couverte, il saute aux yeux : la relation entre orchestre et chanteurs en est grandement facilitée, et le mélange des sons est idéal.

A Bayreuth, on peut discuter des projets dans des conditions tout à fait exceptionnelles. Ce n'est pas uniquement dû au fait qu'on est à Bayreuth ; cela tient à ce que tout, là-bas, semble possible. On ne fait rien sous prétexte que c'est la tradition qui l'exige. Je trouve cela tout à fait remarquable pour un festival qui se limite à dix œuvres d'un même compositeur depuis plus de cent ans. La façon dont Wolfgang Wagner conçoit les productions et la direction du festival est un exemple unique d'administration musicale. Metteur en scène lui-même, il a de toute évidence ses propres idées ainsi qu'une connaissance tout à fait extraordinaire de la musique et des livrets. Malgré cela, il a toujours donné aux metteurs en scène – en ce temps-là il s'agissait de Ponnelle, puis plus tard de Harry Kupfer, qui avaient, l'un comme l'autre, des conceptions esthétiques qui différaient radicalement des siennes – non seulement l'impression qu'ils pourraient réaliser leur vision artistique sans la moindre interférence de sa part, mais également qu'il leur donnerait les moyens de le faire. Je ne connais aucune autre institution qui laisse une telle liberté aux artistes. Le fait que les cachets y soient excessivement bas constitue presque un atout pour Bayreuth : il y a un climat d'ouverture aux idées nouvelles allié à un désir sincère de les expérimenter, qui ouvre des espaces illimités à la création artistique, et ce en dépit des perspectives de rétribution fort modestes. Tous ceux qui ont participé au festival y ont été sensibles.

L'intérêt de Wolfgang Wagner se concentrait bien sûr davantage sur le côté théâtral que sur le côté purement musical. Mais il était conscient, par exemple, de mes exigences quant aux partitions à utiliser. Il comprenait également que j'aie mes propres idées quant aux coups d'archets dans les parties des cordes ; et que ce n'était pas par arrogance que je souhaitais que mes propres indications pour l'archet figurent sur les partitions orchestrales. J'ai toujours bénéficié de sa coopération lorsqu'il fallait acheter de nouvelles partitions : il a complètement renouvelé celles du *Ring*. Tout cela créait une véritable atmosphère d'atelier.

L'orchestre est composé de musiciens provenant de nombreux opéras, principalement d'Allemagne, bien que certains viennent également de l'étranger. Au cours de ces dernières années, sa qualité s'est trouvée rehaussée par la présence d'excellents musiciens est-allemands, venus de Dresde, Leipzig et Berlin-Est. La plupart des musiciens jouent toute l'année dans des opéras, et connaissent les œuvres pratiquement par cœur. Ils viennent à Bayreuth uniquement parce qu'ils ont envie d'y jouer. On pourrait s'attendre, étant donné qu'ils jouent des opéras toute l'année, à ce qu'il y ait un sentiment de routine dans leur jeu, mais j'ai trouvé au contraire dans l'orchestre une extraordinaire curiosité, qui montre qu'ils sont prêts au contraire à affronter des difficultés nouvelles à tout instant. Au bout du compte, si l'on considère l'organisation des auditions, les discussions avec le metteur en scène, la planification des décors, et les nombreuses possibilités qui sont offertes de faire des essais longtemps à l'avance, on se sent très en confiance lorsqu'on travaille à Bayreuth. Au cours des dix dernières années, c'est devenu pour moi un besoin artistique et presque physique que d'aller travailler là-bas.

Je me suis spécialisé dans Wagner grâce à mon travail à Bayreuth, et dans Mozart parce que j'ai monté le Festival Mozart avec Ponnelle à Paris en 1982. Dans cette même ville, j'ai également dirigé *Fidelio*, et *Béatrix et Bénédict* de Berlioz. Mon seul regret est de n'avoir pas eu la possibilité de découvrir Verdi plus en profondeur, et de n'avoir pu donner certains de ses opéras – en particulier *Otello*, *La Traviata* et *Falstaff*.

Il est parfois extrêmement difficile pour un metteur en scène de parvenir à ses fins si le côté musical, le phrasé, l'articulation, l'intensité, le tempo et le volume ne conviennent pas. De nombreuses difficultés surgissent dès lors qu'on ne fait pas suffisamment attention à la clarté du texte, et à la coordination entre le son de la langue et celui de la musique. La même chose s'applique à l'articulation de la musique. C'est comme si l'on parlait sans marquer la ponctuation – sans utiliser de virgules, de points ou de points-virgules : il n'y aurait plus de communication possible.

On n'attache pas suffisamment d'importance à la position physique du chanteur sur la scène par rapport à ce qu'il est en train de chanter. Il se retrouve parfois allongé ou à genoux alors qu'il doit chanter un passage d'une grande difficulté musicale ou vocale. La priorité, en fait, n'est pas la position du corps, mais la synchronisation. Il faut faire en sorte que le chanteur se trouve dans la position qui convient le mieux à sa respiration. A quel moment doit-il effectuer les gestes qui s'imposent d'un point de vue scénique ? Les tensions qui surgissent entre les chanteurs et leur metteur en scène sont dues, comme c'est fréquemment le cas dans la vie, à une sorte d'obstination de part et d'autre. La solution peut consister, le plus simplement du monde, à effectuer un mouvement ou une action donnée au moment opportun – s'il est effectué quelques notes plus tôt, ou plus tard, le mouvement devient plus facile, et peut même se révéler utile pour le chanteur. Si un chanteur arrive à la répétition en se disant : « Là, il faut que je me tienne debout », alors que le metteur en scène, de son côté, pense qu'il doit être à genoux, le conflit est inévitable. C'est l'une des raisons pour lesquelles le chef d'orchestre doit assister aux répétitions scéniques chaque fois que c'est possible, non seulement pour parler de la conception d'ensemble avec le metteur en scène, mais aussi pour être en mesure de donner son sentiment en ce qui concerne la synchronisation de certains gestes. J'ai découvert que les metteurs en scène qui sont ouverts à cette idée sont tout à fait heureux lorsque le chef est là. En ce qui me concerne, j'ai toujours été d'accord pour que le metteur en scène soit présent lors des répétitions musicales. Je pense que la musique et l'action dramatique doivent être travaillées simultanément, même si elles sont tantôt intimement liées, tantôt en opposition l'une avec l'autre. C'est le seul moyen de parvenir à cet état idéal où l'on écoute avec les yeux, et l'on voit avec l'oreille. Les deux sont indissociables. Parfois, c'est la juxtaposition de l'action et de la musique qui permet d'atteindre à la plénitude de l'expression. Un opéra peut fort bien être produit par un metteur en scène qui n'a aucun sens musical, au point de ne pas comprendre l'importance de la synchronisation que la musique impose. Mais alors il y a un fossé infranchissable entre la scène et l'orchestre. A l'extrême inverse, certains metteurs en scène d'opéra essayent de tout faire à travers la musique. Ce qui risque d'aboutir à une espèce de description chorégraphique de la musique. Ces deux extrêmes sont aussi peu satisfaisants l'un que l'autre. Le chef doit prendre en considération les aspects scéniques de la production, car l'élan dramatique provient tantôt de la scène, et dans ce cas la musique doit suivre, accompagner l'action, ou se juxtaposer à elle; tantôt, en revanche, les rôles sont inversés, et c'est l'orchestre qui fournit l'élan à l'action qui se déroule sur scène.

Un chef d'opéra ne doit pas seulement se préoccuper de l'élément théâtral. Son rôle est d'établir le lien entre celui-ci et l'élément musical. Si un chef ne s'intéresse pas à l'aspect théâtral de l'opéra, il doit alors se cantonner à la musique symphonique. Pour ma part, j'ai été fasciné par cet élément théâtral depuis le tout début, et je passe des heures, lors des répétitions des opéras de Mozart, à travailler la moindre nuance des récitatifs. L'un des grands avantages du recitativo secco – il n'est donc pas accompagné – est qu'on choisit soi-même la vitesse et la dynamique. Les indications sont rares dans les récitatifs; c'est à nous de décider s'il faut les faire vite ou lentement, en forçant la voix ou non. Dans certains cas, tout au plus on trouve une indication *sotto voce*, lors d'un aparté entre les personnages. Généralement on est très libre, et c'est au chef qu'il revient de régler les questions de rapidité, la part du chanté par rapport au parlé, ainsi que le volume. Le recitativo secco s'appuie exclusivement sur le clavecin (parfois soutenu par un continuo au violoncelle). On peut faire un usage extrêmement expressif des silences, et aussi souligner brusquement telle syllabe, un mot tout entier, ou une phrase, qui peuvent ainsi produire un effet dramatique beaucoup plus frappant qu'un tutti d'orchestre dans une partie musicale de l'opéra. On prend également conscience de la nécessité de lier les récitatifs aux passages musicaux. Parfois il faut marquer une rupture complète entre les uns et les autres, mais dans d'autres cas, à l'inverse, le récitatif prépare l'entrée de l'orchestre, pour le passage musical suivant. Dans le fameux duo « *La ci darem la mano* », de *Don Giovanni*, on constate qu'à la fin du récitatif précédent, Don Juan a déjà préparé l'atmosphère et le volume du duo. C'est pourquoi il faut éviter toute rupture de rythme ou de volume.

Ponnelle a débuté comme décorateur de théâtre. C'était un artiste et un peintre extrêmement doué. En faisant tout par lui-même, il a souvent dû se priver d'échanges fructueux avec d'autres décorateurs ou des créateurs de costumes, mais dans ses plus grandes réussites, il est parvenu ainsi à une unité d'ensemble tout à fait remarquable. Une impression de bien-être presque physique émanait de son travail, alliée à la conviction qu'il n'y avait pas d'autre façon de faire les choses.

Ayant assisté à mes concerts de Munich, Ponnelle me connaissait comme pianiste. Quant à moi, j'avais vu certains de ses films. Parmi les metteurs en scène, c'était l'un des plus cultivés d'un point de vue musical. On le rencontrait à des concerts de musique de chambre, chaque fois qu'il en avait le temps, ou à des concerts symphoniques. Il était curieux de toutes choses, et vivait pleinement. Il représentait le mélange idéal de l'éducation allemande et du tempérament italien. Il y avait en lui une force d'imagination et un sens de l'improvisation extrêmement stimulants. Les artistes d'origine latine qui passaient beaucoup de temps à vivre ou travailler en Allemagne parvenaient souvent à cette fusion unique de ces deux tempéraments en apparence antagonistes. On peut citer l'exemple de Busoni, et plus tard de Claudio Arrau, de Ponnelle et de Giulini. Et c'est cette fusion, d'un point de vue historique, qui a fait de Mozart un phénomène unique parmi les compositeurs lyriques de son époque. Il n'y a rien de plus italien que les opéras composés par Mozart sur les livrets de Da Ponte, et il n'y a aucune œuvre dont l'inspiration soit plus authentiquement germanique que *La Flûte enchantée* et c'est la raison pour laquelle j'ai toujours considéré Mozart comme l'un des premiers génies vraiment européens.

Toutes les représentations de *Tristan* que j'ai dirigées à Bayreuth ont eu lieu du vivant de Ponnelle – il y assistait tous les ans. La façon dont je travaillais avec lui ressemblait à bien des égards à celle dont j'ai travaillé ensuite avec Harry Kupfer. La première production que j'aie vu de ce dernier fut son *Vaisseau Fantôme* à Bayreuth, que je trouvai fascinante. Si bien que lorsque Wolfgang Wagner commença à envisager avec moi d'autres projets, j'en profitai pour lui dire que je serais heureux de travailler avec Kupfer.

J'ai déjà eu l'occasion d'insister sur l'importance de la collaboration entre le metteur en scène et le chef d'orchestre. Si l'on assiste à une exécution musicale d'une très grande intensité, affublée d'une mise en scène sans aucune intensité dramatique, ou bien au contraire si la mise en scène est d'une grande intensité et la direction musicale sans tension dramatique, l'effet d'ensemble sera déséquilibré. Kupfer et moi avons parlé de cela dès le début, et sommes tombés d'accord pour reconnaître que l'impulsion principale procède tantôt de la musique, tantôt de la mise en scène.

L'une des choses qui me fascinaient le plus dans le travail de Kupfer, et me donnaient envie de travailler avec lui, était la facilité rare avec laquelle il dirigeait les foules sur scène. *L'Anneau du Nibelung*, à l'exception du deuxième acte du *Crépuscule des Dieux*, ne lui donnait que peu d'occasions d'en faire la démonstration. Dans le *Vaisseau Fantôme*, en revanche, la façon dont il traitait les scènes de foules était tout à fait remarquable. On avait l'impression qu'il y avait des milliers de gens sur la scène, et pourtant les gestes et la place de chacun avait été soigneusement réglés.

Une autre qualité qui m'avait donné envie de travailler avec lui était le fait qu'il comprenait la différence entre intensité et volume. Ceci s'applique au chant, à la parole, au jeu des acteurs et, bien entendu, à la musique. Si l'on veut parvenir à un effet statique, il faut susciter une illusion d'immobilité au moyen d'un mouvement d'une extrême lenteur, soigneusement contrôlé. Si l'on se contente de dire au personnage de demeurer immobile sur la scène, l'effet esthétique ne sera pas des meilleurs, et l'on n'atteindra pas nécessairement une impression statique : tout ce que l'on risque d'obtenir, en fait, est une absence d'expression. Nous avons beaucoup parlé ensemble de tout ce qui me tenait à cœur, et nous nous sommes découvert énormément de points communs. Il sait également susciter chez les chanteurs des gestes d'une prodigieuse intensité sans exagérer le volume, la force de la voix, ni exiger d'eux qu'ils crient. Certains moments d'une très haute intensité peuvent être réalisés à un volume très bas.

Dans le premier acte du *Siegfried* mis en scène par Kupfer à Bayreuth, il y avait un chanteur qui avait absolument besoin de se déplacer en chantant. Nous avons donc dû, non sans difficulté, lui ménager des temps de repos, pour reprendre sa respiration, avant d'attaquer la phrase suivante. Il faut dire que le premier acte de *Siegfried* exige de la virtuosité au meilleur sens du terme. Il s'agit, en effet, d'un mot qui peut prendre une couleur négative lorsqu'on parle de « virtuose », sans doute par opposition à une interprétation toute de profondeur. Pour ma part, je préfère ramener ce terme à sa racine, qui est le mot « vertu ».

Mon expérience à Bayreuth me servit de modèle pour l'organisation artistique de l'Opéra de la Bastille, dont j'assumai la responsabilité en juillet 1987. Le premier à me parler de la Bastille fut Pierre Boulez qui, en dehors de son implication professionnelle dans le projet, faisait partie de la commission responsable de l'architecture du bâtiment. Tout d'abord, j'hésitai, parce que les négociations avec l'Orchestre Symphonique de Chicago étaient déjà bien avancées. Je n'étais pas certain de pouvoir entreprendre en plus un projet comme celui de la Bastille. En fin de compte, je décidai que c'était faisable. J'avais deux années avant de prendre mes fonctions à Chicago pour me consacrer entièrement à la Bastille. Le nouvel Opéra devait ouvrir ses portes en janvier 1989, de sorte qu'entre l'automne 1988 et l'automne 1991, j'avais deux saisons devant moi pour y travailler, avant de commencer à Chicago. Il y avait beaucoup d'enthousiasme et de volonté de collaborer au projet chez tous les artistes concernés. C'est pourquoi j'acceptai de m'en occuper.

Je signai un contrat de cinq ans avec le ministre de la Culture de l'époque, François Léotard. L'Opéra-Bastille était un bâtiment nouveau, et j'étais impatient de participer à la naissance d'un projet entièrement original. J'assumais les fonctions de directeur musical et artistique de ce nouvel opéra. Quant au bâtiment, les décisions avaient été prises avant mon arrivée. Restait à former l'orchestre. Il y avait fort à faire, de sorte qu'il n'était pas question d'avoir une première saison complète. En fait, entre janvier et juin 1989, nous avions prévu quelque quarante-cinq ou cinquante soirées lyriques, en plus de concerts que nous devions programmer au fur et à mesure. Le théâtre ne devait atteindre sa « vitesse de croisière » qu'au bout de trois ans, époque à laquelle j'aurais sans doute dirigé entre quarante et cinquante soirées par an.

En mars 1988 j'annonçai le programme de mes trois premières saisons. Je voulais créer une situation grâce à laquelle chacune des composantes d'un théâtre lyrique recevrait une égale attention – l'orchestre, le chef, les chanteurs, la mise en scène, les décors et les costumes. En d'autres termes, il n'était pas davantage question de *prima la musica* que de *prima la parola*. A la Bastille, tous devaient être égaux.

L'administration d'un théâtre est une chose extrêmement complexe. Le théâtre de répertoire, tout en ayant ses avantages, a démontré son incapacité à maintenir le niveau de qualité que l'on est en droit d'attendre. Si on donne cinquante opéras différents en deux cent cinquante ou trois cents soirées, on manquera forcément de temps de répétition. Quand il y a une compagnie à domicile, les œuvres sont bien rodées, mais cela ne s'avère satisfaisant que dans le cadre d'un festival. A l'Opéra-Bastille j'avais mis sur pied un système qui devait être un mélange des deux. Nous disposions d'un temps de répétition pratiquement illimité, tant pour la musique que pour la mise en scène. Et tout en prévoyant une distribution pour la première série de représentations, il était entendu que chaque œuvre serait redonnée deux ou trois fois dans la saison, avec seulement un ou deux changements dans la distribution. Nous ne voulions pas travailler avec deux équipes dès le début. Les metteurs en scène étaient tous acquis à ce principe – Chéreau, Ponnelle, Kupfer, Carlos Saura et Peter Stein, qui devait monter *Pelléas et Mélisande* de Debussy, sous la direction de Boulez. Ils promettaient tous d'être présents lors des reprises, ce qui signifiait que le metteur en scène s'engageait pour au moins trois ans, avec une production nouvelle chaque année, et aussi la tâche de redonner vie à l'ancienne. Si l'on programme deux ou trois séries de représentations pendant une saison, on gagne du temps sur les répétitions, dans la mesure où il n'est jamais nécessaire de tout reprendre de zéro. Le paradoxe, en ce qui concerne la qualité d'une représentation lyrique, est qu'on répète pour la première, ensuite, il y a une série de représentations, puis l'œuvre est pratiquement abandonnée, et il faut la reprendre. Dans l'espace de trois ans, nous aurions eu peut-être trois distributions pour des œuvres comme *Don Giovanni*, mais toutes répétaient avec Chéreau, qui était chargé de la production, dont j'assurais la direction musicale.

J'avais également programmé *Tosca* et *Tristan et Isolde* pour cette première et brève saison de printemps. J'avais l'intention de les reprendre à l'automne, en y ajoutant cinq nouveaux opéras, et encore cinq la saison suivante, afin que, dès la troisième saison, nous ayons la possibilité de présenter quatorze productions différentes. Comme nous ne pouvions pas donner de ballets, parce que le gouvernement voulait transformer le Palais Garnier en un théâtre exclusivement consacré à la danse, nous décidâmes d'organiser des concerts dans les intervalles entre les productions lyriques. Dans ce but, j'avais déjà invité les Orchestres Philharmoniques de Berlin et de Munich.

Avec Chéreau, Ponnelle et Kupfer à la Bastille, j'avais auprès de moi trois des plus grands noms de la scène. Et pour les chefs d'orchestre, il y avait Boulez, Solti, Christoph von Dohnanyi, Zubin Mehta, et moi-même.

Après l'élection présidentielle de 1988 en France, la situation politique changea, et une personnalité proche du gouvernement et de François Mitterrand fut nommée à la tête des théâtres lyriques. Il s'agissait de Pierre Bergé, un brillant homme d'affaires, président d'Yves Saint-Laurent. Le problème était que non seulement il ne comprenait pas mes conceptions artistiques en ce qui concernait le nouvel opéra, mais en plus, il n'en avait pas à suggérer de son côté. Le gouvernement voulait que la Bastille soit un opéra populaire, et cependant la seule œuvre vraiment populaire prévue au programme était *Carmen*. Bergé pensait également que plus on ferait de représentations, plus l'opéra serait populaire. En outre, il souhaitait vraisemblablement avoir son mot à dire dans la programmation et le cas échéant intervenir dans mon travail. Il en avait assez d'être cantonné dans le rôle d'homme d'affaires au service des talents des autres.

Bergé était toujours très courtois, et les contacts entre nous étaient toujours d'une extrême civilité. Il aimait à dire que bien qu'il n'ait jamais fait de politique auparavant, il se sentait « le cœur à gauche ». Il ne m'était jamais venu à l'esprit qu'ayant accepté un poste qui m'avait été proposé par un ministre du gouvernement de Jacques Chirac, j'allais dorénavant être considéré comme « l'homme de la Droite ».

La bataille commença pendant l'automne 1988 dans les journaux, avec un article en première page du *Monde*, intitulé : « Daniel Barenboim, oui ou non ? ». Le résultat fut que ce qui était resté jusqu'alors un problème d'ordre artistique était devenu un problème purement politique. Il devint vite inévitable que dans ces circonstances, l'un de nous était de trop, sans compter qu'étant donné les appuis politiques dont il bénéficiait, Bergé avait la possibilité de me relever de mes fonctions du jour au lendemain.

C'est ainsi qu'à la fin du printemps 1989 je me trouvai, pour la première fois en quinze ans, sans position administrative fixe. J'avais quitté l'Orchestre de Paris, je venais d'être congédié par l'Opéra-Bastille, et j'avais deux ans devant moi, ce qui représentait beaucoup de temps, avant de prendre la direction musicale de l'Orchestre Symphonique de Chicago.

Comme je m'étais réservé beaucoup de temps pour l'Opéra-Bastille, j'avais tout à coup tout le loisir de me consacrer à des activités qui me tenaient à cœur, mais auxquelles je n'avais pas vraiment eu le temps de me consacrer depuis des années. Les seuls engagements réguliers sur mon agenda étaient les huit semaines que je passais avec le Symphonique de Chicago, six sur place, et deux en tournée, et, bien sûr, le *Ring* pendant l'été, à Bayreuth. A peu près au même moment, l'Orchestre Philharmonique de Berlin se retrouva sans chef permanent, et nous eûmes ainsi la possibilité de développer une relation musicale déjà très intime, jusqu'à un point que je n'aurais jamais osé envisager. Nous donnâmes ensemble de nombreuses œuvres du répertoire lors de nos nombreux concerts à Berlin : non seulement les œuvres classiques allemandes, comme les symphonies de Bruckner, Beethoven et Brahms, mais aussi un grand nombre d'œuvres contemporaines, parmi lesquelles la première exécution en Allemagne de la troisième *Symphonie* de Lutoslawski, et des *Notations* de Boulez. Par ailleurs nous enregistrâmes les concertos pour piano de Mozart, et *Parsifal*.

Assez curieusement, c'est dès 1983, à Bayreuth, que j'avais eu ma première conversation avec Solti à propos de l'Orchestre Symphonique de Chicago. Il dirigeait le *Ring*, et évoqua pour la première fois devant moi l'avenir lointain où il quitterait l'orchestre. A ses yeux, j'étais le successeur qui s'imposait. Il connaissait mon admiration pour l'orchestre, et aussi, je pense, l'attachement que les musiciens avaient pour moi. Avec beaucoup de délicatesse, il dit que, puisque la transition entre nous s'était si bien passée à Paris en 1975, on pouvait fort bien envisager semblable passation de pouvoirs lorsqu'il déciderait de s'en aller de Chicago. Je fus flatté par son attitude, et extrêmement touché par sa confiance. En ce qui me concerne, et à supposer qu'on m'offre effectivement le poste à Chicago, je ne pouvais rêver de meilleur prédécesseur que Solti. Et c'est ainsi que quelques années plus tard, ce qui m'avait semblé un rêve impossible se réalisa, et on m'offrit le poste de directeur musical de l'Orchestre Symphonique de Chicago, ce qui marquait, d'une certaine façon, la fin d'une très longue et fructueuse collaboration, qui durait depuis 1970, avec l'orchestre dont j'étais un des chefs invités. D'autre part, je pouvais dès lors envisager avec l'orchestre une association encore plus fructueuse à l'avenir.

12

Vie en musique

Qu'est-ce que la musique ? Et comment s'exprime-t-elle ? De la façon la plus simple, par l'intermédiaire des sons, qui purement et simplement sont de l'air (Busoni disait que ce n'est « rien que de l'air »). La musique exprime des émotions individuelles ou collectives, mais elle est aussi une création par laquelle l'homme aspire à imiter la nature dans ce qu'elle a de plus profond.

On pense souvent que la musique ne se soucie que des émotions humaines – telles que l'amour, ou la haine – en particulier dans l'opéra. Mais la musique pure, j'entends par là la musique sans paroles ni programme, exprime également la vie intérieure de l'individu, sa relation au monde, à l'univers. La musique a donc le pouvoir d'aller au-delà, et même de se couper complètement des relations entre les hommes et, en cela, elle a une dimension transcendante qui dépasse la fonction narrative d'un duo d'amour, que ce soit chez Verdi, Mozart ou Wagner.

La musique part du néant et retourne au néant, et dans ce sens elle s'apparente à la vie d'un homme, d'un animal ou d'une plante. La vie elle aussi naît de rien, et s'achève dans le néant, et ce néant est lui-même silence. Je pense que chacun des arts a une nature en quelque sorte organique, mais ce qui me fascine dans la musique – et c'est là une des raisons pour lesquelles j'ai décidé de lui consacrer mon existence – c'est la dimension temporelle, qui n'appartient qu'à elle. La musique a quelque chose d'inexorable. Une fois qu'elle est en mouvement, elle suit son cours naturel : elle dure le temps nécessaire pour jouer les notes qui la composent. Au concert, une œuvre peut commencer à huit heures et, s'il dure trente-cinq minutes, c'est là sa durée d'existence. Une exécution musicale est quelque chose qui n'existe que tant que jouent les musiciens. On peut y penser, se l'imaginer, mais sa vraie vie réside dans le temps de l'exécution. C'est ce qui fait le caractère unique de chaque exécution. Le son ne peut être prolongé à l'infini. Inévitablement, il redevient silence.

La musique fait partie de ma vie. En un sens, elle m'apporte un réconfort de tous les instants, me donne le courage d'envisager la mort, en particulier, et c'est là une force que les hommes ne possèdent pas automatiquement. Certes, chacun de nous pense de temps en temps à la mort, et même souvent. Il y a des circonstances, quand on a passé un jour, ou simplement quelques heures désagréables, ou particulièrement peu créatives, où l'on a l'impression d'avoir perdu son temps de façon irrémédiable. La relation entre la vie et la mort est la même que celle qui existe entre le silence et la musique – le silence précède la musique, et lui succède.

Pour moi l'élément le plus puissant dans le son est précisément le silence qui le précède et lui succède. Si l'on envisage une pièce musicale exclusivement comme une combinaison de sons, on peut avoir une idée de la nature cosmique du son. On peut sentir le présent, et penser au présent. On peut penser au passé, et avoir le sentiment du passé, avoir une prémonition de l'avenir, mais pas se souvenir du temps avant la naissance, ni savoir ce qui se passe après la mort. Seule la musique nous donne ce pouvoir – et c'est une dimension sans laquelle je me sentirais infiniment plus pauvre. Je vois donc dans la musique un parallèle avec la nature, d'une part, et, par ailleurs, j'éprouve grâce à elle un genre d'autonomie par rapport au monde. Bien sûr, on ne peut choisir de vivre complètement dans une situation d'autonomie virtuelle : ce serait une sorte d'évasion. Mais ce pouvoir de la musique est non seulement ce qui me fascine le plus en elle, c'est aussi ce qui me donne les moyens de m'exprimer le mieux. Je ne sais plus qui a dit cela, mais il n'y a pas de meilleur moyen d'échapper à la vie que la musique, et cependant, il n'y a pas non plus de meilleur moyen de comprendre la vie.

Je pense constamment à la manière dont le son naît, comment on le prolonge : la continuité du son est probablement une des choses les plus difficiles dans l'exécution de la musique. Il faut une certaine énergie pour produire un son – et c'est par là qu'on est en contact avec le silence qui précède – mais il faut plus d'énergie encore pour maintenir le niveau du son. C'est en fait comme la loi de la gravité : il faut beaucoup plus d'énergie pour tenir un objet en l'air que pour le soulever. La continuité du son est également semblable à celle de l'existence. On ne peut arrêter la vie, mais on peut contrôler le son que l'on produit. C'est pourquoi il n'y a rien dans la vie de comparable à ce que j'éprouve, en tant que musicien, à travers les sons.

Bien sûr, il y a une différence essentielle entre la vie et la musique : lorsque la vie cesse, il y a la mort, et comme il n'est pas en notre pouvoir de recréer la vie, la mort est un état définitif, au moins physiquement. Mais la musique est une création de l'homme, et il est par conséquent possible d'échapper à la mort par la musique. Lorsqu'une œuvre s'achève, c'est pour moi comme une mort provisoire. On sent parfois un silence total, effrayant en plein milieu d'une œuvre, par exemple, dans le grand paroxysme du dernier mouvement de la septième *Symphonie* de Bruckner. Lorsque je prolonge le silence qui suit la pause, j'éprouve le sentiment d'une mort momentanée, puis du pouvoir de renaître, de redonner naissance à la vie. Cela est vrai de presque tout silence en musique. Le premier *si* bémol dans *Parsifal* ne dépend pas seulement de la beauté et de l'intensité de la note, mais de la façon dont on fait surgir celle-ci du silence. Si on l'attaque avec trop d'intensité, en l'accentuant, l'effet sera peu naturel, et presque douloureux, d'un point de vue physique. Une manière d'exprimer un silen comme celui de la *Septième* de Bruckner consiste à le fai précéder d'une tension extrême afin qu'après un sommet absolu d'intensité et de volume, le silence prenne tout son sens. L'autre façon d'aborder un silence est de diminuer progressivement le son ; la musique devient alors si douce que le silence apparaît comme le seul dénouement logique. Un silence peut être plus assourdissant qu'un paroxysme, plus doux qu'un pianissimo à peine audible, comme dans le Prélude de *Tristan*.

Ce sont là autant d'éléments qui font de la musique l'essence même de ma vie. Je m'efforce de considérer toutes les manifestations du son dans cette perspective. Par exemple, staccato signifie qu'il faut jouer une note sans lui laisser son espérance de vie complète, parce qu'alors la résonance serait trop longue. C'est pourquoi on l'écourte. J'ai déjà dit que le son a tendance à se résoudre progressivement en silence, à moins qu'on ne lui insuffle une énergie nouvelle, ou plus de volume, ou plus d'intensité afin de prolonger sa vie. Le staccato va un peu plus loin, dans la mesure où la note ne reçoit pas sa durée naturelle, en quelque sorte, mais, au contraire, se trouve raccourcie, comme par une accélération du passage progressif du son au silence. Il s'ensuit un effet immédiat sur d'autres éléments tels que le volume. Dans une phrase legato, il y a souvent des notes liées entre elles et puis, soudain, au milieu, deux ou trois notes plus brèves. On ne peut les jouer avec le même volume, ni la même intensité que dans le legato, parce que le staccato signifie la mort anticipée de la note. Si, dans une phrase legato, on trouve brusquement une note brève, il faut la jouer soit plus fort, soit plus doucement, afin de dramatiser la « mise à mort », et de mettre brusquement un terme au déroulement naturel du legato. En revanche, si on cherche à intégrer la note staccato dans un passage, pour créer un effet momentané de tension diminuée, sans interrompre le déroulement du legato, il faut jouer cette note plus doucement. C'est pourquoi il importe de faire attention à la dernière note de la phrase. J'éprouve une sensation presque douloureuse lorsqu'une phrase s'achève sans lien avec ce qui vient de se passer, ou ce qui suit. Les dernières notes d'une phrase sont aussi importantes que les premières. Achever une phrase sans faire attention à ce qu'on joue revient presque à épuiser l'oxygène, et être ainsi contraint de prendre une inspiration avant de continuer. Il s'agit d'un phénomène littéralement physiologique. La vie est possible grâce à l'alternance inspiration-expiration et la musique, c'est de l'air rendu sonore. Les chanteurs savent cela mieux que personne, car leur instrument, c'est leur corps.

Toutes ces considérations ne sont pas exclusivement d'ordre spéculatif. Elles ont une influence palpable sur la façon dont on fait de la musique et dont on traite le son. L'oreille humaine a une « mémoire » des sons qui permet, par exemple, d'obtenir différentes sortes de staccatos : il y a des staccatos lourds, des staccatos légers, et même un staccato buffo. Quand on joue une note brève, suivie immédiatement par une autre note brève – en fait chaque fois qu'on a une succession de notes brèves – l'oreille crée un certain motif. On sous-estime trop souvent la capacité de notre oreille à se souvenir. Lorsqu'un thème revient, parfois sous une forme légèrement différente, l'oreille se souvient, et perçoit la transformation. En musique, rien n'est coupé de ce qui précède, ou suit. Il est essentiel pour un musicien d'observer et d'examiner tous les moyens d'expression qui sont à sa disposition, mais trop peu le font, soit parce qu'ils n'ont pas la curiosité nécessaire, soit parce qu'ils craignent que la conscience rationnelle ne diminue l'émotion de la musique, ou leur instinct.

Toutes nos pensées doivent être comprises comme faisant partie de la musique, parce que la musique *est* pensée. Une série de notes n'est pas de la musique – c'est pourquoi la musique ne devient pas autre chose que de la musique, alors que tout en fait peut devenir de la musique. Une série de notes organisées de telle façon qu'une relation soit créée entre elles peut devenir de la musique. Ce n'est que par la pensée qu'on peut élever la qualité d'une émotion. L'application positive de la pensée rationnelle à la musique donne à l'intuition un élan nouveau, une autre liberté, et une connaissance supérieure. Et cette connaissance supérieure ne signifie pas forcément la fin de l'émotion.

La première réaction d'un musicien face à une œuvre

musicale est intuitive, même lorsqu'il s'efforce d'être rigoureux et objectif. A mesure qu'il étudie l'œuvre en question, il arrive souvent qu'il hésite à la connaître plus en profondeur, craignant d'y perdre la fraîcheur et la spontanéité, ainsi que cet élan originel de l'intuition qui constitue si souvent un attrait important pour le musicien comme pour le public. Pour ma part, je suis d'un avis opposé : je pense que l'attitude qui consiste à voir dans la pensée rationnelle l'ennemie de l'émotion relève de la superstition. C'est de la superstition en effet que de croire que plus on sait de choses sur la musique, moins la part de l'émotion sera grande.

Il est impossible de donner une définition exacte d'un beau son. Celui-ci peut provenir d'un instrument isolé, comme un violon, ou d'un orchestre au grand complet. La beauté du son est une question de goût personnel, mais le plaisir physique que procure le son a une qualité presque enivrante. Il est assez facile au chanteur ou à l'instrumentiste qui le possède d'en faire son unique moyen d'expression. Il y a toutes sortes de façons d'utiliser la sonorité comme moyen d'expression : soit en variant l'intensité, soit en créant quelque chose de complètement uniforme en termes d'intensité et de volume. L'expression en musique est la création de quelque chose que le son en lui-même ne possède pas (le son en lui-même tend vers le silence). Dès qu'on le prolonge, et lorsqu'on produit le son suivant avec le même volume que le précédent, on lui donne une qualité expressive dont il est lui-même privé. Le danger, dans ce que l'on peut appeler le beau son – et que j'appelle souvent le caractère enivrant du son – c'est que cette qualité enivrante peut passer aisément pour une véritable expression. La véritable expression en musique ne peut venir que des variations du son, et ces variations du son, comme son égalité, ne fonctionnent que par rapport à l'ensemble de l'œuvre.

J'utilise souvent le mot « paradoxe » : je pense qu'il peut nous aider à comprendre beaucoup de choses au sujet de la musique et de notre relation à elle. Car ce n'est qu'en termes de contraires que l'on peut saisir la nature des choses.

Lorsqu'une chose est théorique par nature, il est essentiel de la transformer – pour en découvrir les possibilités d'application pratique. Et quand une chose est manifestement naturelle par essence, il est aussi nécessaire d'en faire un objet de contemplation et de spéculation. La somme de ces contradictions nous donne le sens d'une vaste unité contenant tous les possibles. Il n'y a pas de différence essentielle entre le réel et le virtuel. Et il m'arrive de regretter que cette chose, si absolument vraie en musique, ne soit pas vraie dans la vie.

13

Musique dans la vie

Depuis la Seconde Guerre mondiale, un changement radical s'est produit dans le monde de la musique. Les maisons de disques et les chaînes de télévision exercent désormais une énorme influence sur la vie musicale dans le monde entier. A force de vulgarisation et de commercialisation, la musique est devenue – et c'est à dessein que j'emploie ce terme – une véritable « industrie ».

D'une part, on dépense de plus en plus d'argent pour organiser des concerts (c'est ce que j'entends par commercialisation), d'autre part, la musique est à présent accessible à des millions de gens, grâce au progrès de la reproduction et de l'enregistrement (c'est ce que j'appelle la vulgarisation). Les vieux 78 tours d'avant-guerre ont cédé la place, le progrès technologique aidant, aux petits 45 tours, puis aux disques longue durée. Plus tard est venue la stéréo qui a, à son tour, frayé la voie au disque compact, et nous sommes maintenant à l'orée de l'ère audiovisuelle.

En même temps, la condition des musiciens au sein des orchestres symphoniques s'est améliorée, tant financièrement que d'un point de vue social : les saisons durent plus longtemps, les salaires sont plus élevés, la sécurité de l'emploi est garantie, et les musiciens sont payés douze mois par an. Dans les années vingt et trente, les musiciens d'orchestre devaient faire toutes sortes de choses pour gagner décemment leur vie : jouer dans des orchestres symphoniques, dans des ensembles de chambre, à l'opéra, dans des cafés, voire dans des lieux mal famés. Depuis la guerre, ils n'ont heureusement plus besoin d'avoir recours à de telles extrémités. L'imprésario qui, dans le passé, encourageait et favorisait la carrière des artistes en misant sur eux sa réputation et son argent, a peu à peu cédé la place à l'agent, qui se contente d'agir au nom de l'artiste, et de s'occuper de ses intérêts financiers.

Ce qui est fait ne peut être défait, et bien des changements étaient nécessaires. Mais beaucoup de managers et d'agents devraient se soucier davantage de la qualité de la vie musicale. Nous sommes arrivés à un degré de manipulation et de production (ne serait-ce que pour satisfaire certains intérêts commerciaux), que je ne puis comparer qu'à une épidémie. Je crois qu'il n'y a qu'une façon constructive et positive pour les promoteurs, imprésarios, managers et maisons de disques d'agir en faveur de la musique : ils ne doivent plus se contenter de signer des contrats et de faire de la promotion d'artistes comme si ces derniers étaient de simples biens de consommation, mais créer un véritable partenariat. Aucun musicien n'aime considérer les managers ou les maisons de disques comme ses employeurs. Si la qualité et le goût de ces managers s'améliorent, et s'ils ont les qualités nécessaires pour un véritable partenariat, alors tout le monde en profitera, les managers eux-mêmes, les artistes et, indirectement, le public.

Un artiste est en concurrence non seulement avec ses collègues, mais avec lui-même. Avant le disque, lorsqu'un interprète se produisait dans une ville, il lui fallait se mesurer avec le souvenir du dernier concert qu'il y avait donné. De nos jours, il doit lutter également contre ses propres disques, qui l'ont certainement précédé sur les lieux.

Il n'y a rien de fixe ni de figé dans la musique. On ne joue pas une sonate de Beethoven pour la mettre à la banque ou au réfrigérateur, en espérant la retrouver dans le même état plus tard. Une interprétation ne vaut que le temps, et l'endroit où elle a lieu.

Les enregistrements sont souvent effectués dans des lieux où la réverbération est importante, ce qui a un effet immédiat sur l'acoustique de l'enregistrement. On ne peut exiger d'un mélomane d'avoir la même acoustique dans son salon, et n'importe quel musicien vous dira qu'on ne joue pas de la même façon selon que l'acoustique est sonore ou mate. Même le choix du tempo et de la dynamique est fonction de l'acoustique. C'est pourquoi un enregistrement ne peut que refléter une exécution donnée, et n'a aucune valeur devant l'éternité.

Jusqu'à l'arrivée du disque compact, le son du studio n'était jamais restitué dans sa vérité originelle. Le disque compact représente un grand progrès dans ce sens. Néanmoins les conditions acoustiques, et le fait qu'une exécution particulière ne soit pas destinée à être préservée pour toujours, font que l'enregistrement, d'un point de vue artistique, ne saurait être qu'un pis-aller. Ce n'est certes pas au point de la différence entre l'original et la reproduction d'un tableau. Et il existe des enregistrements effectués par des artistes d'hier que nous n'avons plus la possibilité d'entendre, et qui constituent pourtant des témoignages d'une importance historique et artistique considérable.

En studio, le fait de pouvoir s'arrêter, et recommencer à volonté, ou enregistrer par petits fragments sans qu'il soit besoin d'une conception d'ensemble mûrement réfléchie, ni même de l'endurance physique requise par le concert, fausse quelque peu les données de l'exécution. J'ai essayé de lutter contre cela – je m'efforce de jouer des passages aussi longs que possible dans la même prise – mais il est pratiquement impossible d'oublier qu'on a la possibilité de s'arrêter et de recommencer. Il y a également le problème du volume, en particulier pour les solistes dans les concertos, ou pour les chanteurs en général : dans certains cas, le volume obtenu, en grande partie grâce au microphone, ne peut pas être reproduit en direct. Je pense que c'est la raison pour laquelle certains musiciens ont connu le succès au disque, sans pour autant obtenir un succès équivalent au concert.

De nos jours, il y a des millions de gens qui apprécient la musique. Avant l'invention du gramophone, les mélomanes devaient se contenter de jouer chez eux des arrangements pour piano à quatre mains des symphonies de Beethoven. Ce qui signifiait, certes, qu'ils avaient un contact plus intime avec la musique. Ils n'étaient donc pas simplement des auditeurs passifs, et leur connaissance de la musique était infiniment plus grande. Le public actuel est beaucoup plus vaste, mais les connaissances ne sont plus ce qu'elles étaient. Auparavant on savait lire la musique. C'est quelque chose qui a virtuellement disparu aujourd'hui. Si seulement les responsables de l'éducation pouvaient comprendre combien il est facile, et nécessaire, d'enseigner aux enfants à lire la musique, et à quel point leur vie s'en trouverait enrichie, qu'ils jouent eux-mêmes ou écoutent de la musique plus tard !

Si l'on étudie l'évolution de la direction d'orchestre depuis le début du XIXe siècle jusqu'à nos jours, on se rend compte que la fonction de chef d'orchestre, avec le professionnalisme que nous lui connaissons, est une invention relativement récente. Du temps de Mozart, c'était le premier violon qui dirigeait l'orchestre. Les musiciens qui dirigeaient au XIXe siècle – Liszt, Wagner, Mendelssohn, Schumann – étaient pour la plupart des compositeurs et, pour certains d'entre eux, de grands solistes. Furtwängler et Klemperer en sont des exemples plus récents : ils voulaient tous les deux être considérés comme des compositeurs-chefs d'orchestre plutôt que des chefs d'orchestre-compositeurs. La majeure partie du répertoire qui est joué de nos jours, par conséquent, a été composée avant même que la direction devienne l'activité exclusive d'un musicien, ce qui indique que le nouveau profil du chef d'orchestre correspond à une nécessité sociale bien plus qu'artistique.

Il ne faut pas se laisser aveugler par les chiffres. Bien sûr, il y a beaucoup plus de concerts actuellement, les orchestres doivent jouer tout au long de l'année : le public veut entendre de la musique hiver comme été. Tel n'était pas le cas jadis, c'est pourquoi on a besoin de plus de gens pour assurer ce genre de services que l'on appelle concerts. Mais le répertoire ne s'est pas élargi en conséquence. A quelques exceptions près, la musique composée au cours des cinquante dernières années n'est pas encore entrée dans le répertoire courant. De plus en plus, on constate que l'on joue aujourd'hui les mêmes œuvres qu'il y a cinquante ans. Je ne suis pas certain qu'on les joue beaucoup mieux – bien que les orchestres soient supérieurs sur le plan technique, et même s'il y a plus de souplesse, et si l'on peut, peut-être, faire les choses plus rapidement. Mais le besoin d'allonger la saison n'est pas d'ordre musical. Il est né du fait qu'un nombre croissant de gens se rend au concert. Le public est constamment abreuvé de musique, et pas toujours de la meilleure. Cela implique également qu'il y a plus de gens qui jouent et chantent et que l'on a besoin de beaucoup plus de solistes, d'instrumentistes et de chanteurs.

On a essayé de résoudre ce problème par la création de concours. Dans le temps, il y avait quatre ou cinq grands concours de piano chaque année en Europe. A quelques exceptions près, ils distribuaient tous des premiers, deuxièmes et troisièmes prix. Ce qui signifie qu'en une décennie, par exemple entre 1950 et 1960, cinquante pianistes de talent pouvaient surgir sur le devant de la scène. Que sont-ils devenus ? Certains d'entre eux ont fait des carrières brèves mais brillantes, tandis que d'autres n'ont jamais eu de succès parce que le principe même des concours est contraire à la nature du développement humain et musical dont un artiste a besoin. Trop souvent, lorsque de jeunes musiciens, dont le talent est manifeste, gagnent des concours, une maison de disques (quand ce n'est pas plus) est là, qui attend dans les coulisses, avec des offres de contrat. Là est le nœud du problème. Le jeune musicien qui vient de gagner un concours n'a pas le répertoire nécessaire pour sortir disque sur disque, mais s'il veut éviter de tomber dans l'oubli il n'a pas le choix, même s'il n'a ni l'expérience, ni l'endurance requises. Et puis un moment vient où l'intérêt financier est si fort (et il devient chaque jour plus pressant), où l'on a investi tant d'argent et tant d'efforts sur le nom d'un artiste, comme on fait par ailleurs sur un produit de beauté ou des aliments, que le sens des valeurs, et l'importance réelle de l'artiste passent après l'effort de promotion qui le porte.

Très souvent, en regardant la télévision, je vois de la publicité pour tel produit alimentaire, qui me met l'eau à la bouche, et me donne envie d'en goûter. De même, quand on voit sans arrêt des pochettes de disques et, sur le petit écran, le visage, ou le nom de certains artistes, on part du principe qu'ils sont très bons. Cependant, certains artistes ont le don de se mettre en avant, particulièrement à la télévision; ils éblouissent le public, en même temps qu'ils charment son oreille. Dans la mesure où ils ont directement accès dans nos maisons, et dans tous les lieux publics, les médias ont le pouvoir de faire et de défaire les réputations, non pour des raisons artistiques, mais pour des raisons d'image. Le malheur, c'est que les gens croient trop souvent que ces artistes sont tels que les médias les représentent.

Je pense que de nombreux jeunes artistes croient avoir découvert le moyen de devenir célèbres et populaires rapidement, sans se rendre compte que lorsqu'on est par trop dépendant d'autrui, qu'il s'agisse d'un manager ou de qui que ce soit, l'effet peut être des plus néfastes. Le risque est particulièrement grand pour de jeunes musiciens en début de carrière. Il est en effet extrêmement déroutant pour eux, alors qu'ils commencent tout juste à être connus, de se voir offrir des contrats mirobolants, en termes d'argent, mais aussi parce qu'ils sont assortis de la perspective d'enregistrer un grand nombre d'œuvres du répertoire qui seront, dans le meilleur des cas, choisies en accord avec les maisons de disques, et, dans le pire, imposées par celles-ci. Le jeune musicien confronté à de telles pratiques comprendra bien vite que ce qu'un artiste a de plus précieux, ce n'est ni la gloire, ni l'argent, mais son indépendance. Plus on mûrit en tant qu'artiste, plus on a la possibilité de devenir indépendant, et moins on est contraint de s'adapter au goût du public. En fait, on devient susceptible, en toute liberté, et grâce à ses connaissances et à son talent, d'influencer le goût du public.

L'un des paradoxes de la vie d'un artiste est qu'il doit

plaire, être aimé et admiré, mais pour y parvenir, il faut précisément maîtriser cet instinct et, même l'oublier complètement lorsqu'on joue. Un jeune chef désire plaire à son orchestre. Pourtant, même s'il sent qu'une section de celui-ci – les bois, ou les cuivres, par exemple – est plus à l'aise si l'on aborde un passage donné sur un tempo plus lent ou plus rapide, ou avec une dynamique plus forte, ou plus nuancée, il doit avoir assez de courage, de force de caractère et de clairvoyance pour savoir si les musiciens se soucient vraiment de la musique, ou si ce n'est pas de leur part une simple question de convenance (très souvent en fait, il s'agit d'un problème de confort physiologique). Si la requête des musiciens correspond à une nécessité musicale, le chef doit être capable de la considérer comme une suggestion constructive. Si, en revanche, il est convaincu que non seulement elle n'ajoute rien, mais qu'en plus il ne s'agit que d'une question de convenance, alors il faut qu'il ait le courage de refuser au risque d'être moins populaire, en tout cas momentanément.

La relation entre un musicien et son public ou les critiques est un problème qui demande réflexion. Il y a des jours où l'on a vraiment l'impression d'avoir mis le meilleur de soi-même dans une interprétation. Et pourtant, le lendemain, on lit dans les journaux des critiques assez sévères. Quoi de plus naturel que de se sentir meurtri dans sa sensibilité d'artiste ? Inversement, on peut être tout à fait mécontent de soi et pourtant avoir d'excellentes critiques ! Cela m'est arrivé de nombreuses fois. Si je me laisse démonter par une mauvaise critique, je devrais logiquement être ravi d'en avoir de bonnes. Toutefois, jamais une bonne critique ne m'a aidé à surmonter ma déception au lendemain d'un concert dont j'étais mécontent.

Notre perception de la relation entre composition et exécution a changé avec le temps. A l'origine, la composition était considérée comme plus importante. Puis l'accent s'est déplacé vers l'interprète, et maintenant nous idolâtrons la reproduction de l'exécution. Quelle déchéance ! Liszt fut le premier compositeur à jouer régulièrement la musique d'autres compositeurs en public. En fait, c'est lui sans doute qui a inventé le récital de piano. « Récital » provient du verbe « réciter », ce qui veut dire, en l'occurrence, réciter la musique d'autres compositeurs. Avec Liszt, l'interprétation elle-même, et l'exécution publique prirent une importance capitale. A présent, nous sommes fascinés par la reproduction des interprétations. Il est dès lors inévitable que, d'une évolution à l'autre, la musique soit passée du domaine culturel à celui des loisirs. Je ne dis pas que les concerts où l'on joue du Mozart ne sont pas divertissants, et je ne voudrais certes pas que les concerts se limitent à des exercices intellectuels rébarbatifs. Mais ce qui nous intéresse surtout aujourd'hui dans la musique de Bach, Mozart et Schubert, bien qu'ils appartiennent à un passé lointain, c'est une qualité transcendante, une qualité qui exige une certaine intimité ou la solitude, et qui n'est absolument pas compatible avec la vulgarisation et la commercialisation de la musique.

Nous sommes à présent à l'âge de la télévision, dont nous connaissons l'influence non seulement sur la musique mais aussi sur la politique. Nous savons comment l'opinion publique peut être influencée par le physique ou le charisme d'un candidat présidentiel. Nous vivons dans une époque qui se soucie d'image plus que d'idéologie. Milan Kundera le montre dans son livre *L'Immortalité* où il dit que les différences idéologiques entre les systèmes politiques sont devenues moins importantes que l'image de leurs leaders – c'est un peu l' « imagéologie » contre l'idéologie! La façon dont on présente un sujet est devenue plus importante que le sujet lui-même.

Le souci excessif de préserver la tradition ne peut que trahir l'affaiblissement d'une culture. Une civilisation constructive et spirituellement riche est consciente de ce qui constitue son héritage mais sait l'adapter à l'avenir, aux habitudes nouvelles, et je ne vois pas cela de nos jours. Oscar Wilde prétendait que l'art cesse d'exister dès lors qu'il devient une archéologie, lorsqu'il ne s'intéresse plus qu'aux civilisations du passé. Cela me rappelle ce que Boulez dit aujourd'hui, à savoir que c'est un signe de faiblesse, pour une civilisation, de ne plus savoir détruire. Cette hantise de tout conserver témoigne d'un manque de courage. C'est pourtant bien de courage dont nous avons besoin pour utiliser l'expérience passée afin d'avancer vers l'avenir.

14

Vie et musique

Je n'irai pas jusqu'à dire que Spinoza est le seul philosophe qui puisse nous aider à rester équilibrés, mais, chaque fois que j'ai traversé des moments pénibles, d'ordre professionnel ou personnel, c'est son insistance sur notre faculté d'exercer la raison dans la vie de tous les jours qui est venue à mon secours. Il faut que nous comprenions la possibilité, et même la nécessité dans nos vies de moments difficiles, comme la dépression, le manque d'énergie ou l'absence du bonheur. La raison peut nous montrer la différence entre ce qui est provisoire, et ce qui demeure. Dans une situation désespérée, si l'on est incapable d'avoir recours à la raison, la seule issue logique est le suicide ou, à tout le moins, l'angoisse. De même la signification d'un énoncé musical ne réside pas seulement dans ce qu'il exprime, mais également dans sa fonction au sein de la structure. Une phrase est la résultante de ce qui la précède, et annonce ce qui suit. Elle ne peut donc pas être jouée comme une entité isolée : elle doit être liée à l'ensemble. Si une seule phrase représentait la totalité de la composition, elle n'aurait nul besoin du compromis qui constitue la base de toute relation. Combien de fois, dans un moment d'extrême bonheur, ou de pure révélation, avons-nous souhaité le préserver – tout en sachant que c'est impossible. L'instant ne peut exister que dans la fluidité de l'existence. Cela s'applique aussi à la composition musicale.

Puisque nous croyons à cette totalité, la façon dont nous énonçons une phrase donnée doit exprimer à la fois son caractère propre, et ce qui l'asservit à l'ensemble. Elle a sa place dans la composition musicale de la même manière que chaque être humain a sa place dans l'univers (Spinoza pensait que la connaissance de notre place dans l'univers était essentielle à notre bonheur). Nous existons par rapport au temps, et aussi par rapport au reste de l'univers. Lorsque nous prenons conscience que toute composition n'a qu'un seul point culminant, et que les autres sommets ne sont qu'autant d'étapes dans l'ascension vers lui, ou la descente, la notion de retenue expressive prend toute sa signification. Par retenue expressive, j'entends qu'un excès d'expression dans une phrase est dommageable à la conception de l'ensemble, même si cela peut, sur le moment, avoir une qualité expressive évidente et attrayante. Il faut faire preuve d'une certaine retenue expressive pour replacer une phrase dans le contexte de l'ensemble.

La routine est l'ennemi suprême de l'expression musicale. Il faut être conscient en permanence des dangers du confort artificiel, des risques de retomber en terrain familier. C'est le devoir de l'interprète de découvrir non seulement des idées nouvelles, mais aussi un langage nouveau pour les idées anciennes. Et il est important de se souvenir qu'un chef-d'œuvre musical n'est pas une communication au monde – elle est le résultat du dialogue du compositeur avec lui-même. La reproduction objective de ce dialogue ne se peut concevoir, car le simple fait que le compositeur ait pu traduire ses pensées par l'écriture musicale constitue en soi un compromis entre ses pensées, qui n'appartiennent qu'à lui, et les limites représentées par la notation musicale sur le papier.

L'interprète court toujours le risque de rechercher des solutions techniques, inévitablement au détriment de l'expression musicale. Je suis certain que la ligne de moindre résistance mène inéluctablement à la ligne de moindre expression. Lorsqu'on a déjà fait une chose d'une certaine façon, on trouve quelque tranquillité à la répéter, c'est ainsi qu'on éprouve le confort du familier. La tranquillité véritable, toutefois, ne peut venir que lorsqu'on comprend ce qu'on a fait, comment on y est parvenu, et que l'on s'efforce de faire encore mieux. La seule véritable assurance – celle qui vient lorsqu'on a tiré parti des expériences passées – on la trouve en repartant de zéro. Chercher la solution facile, physique, mécanique, ou technique est une faiblesse.

Il y a un autre contrepoids à tous les aspects conscients de la musique ainsi qu'au pouvoir de la raison, c'est le recours à l'illusion. Il est essentiel d'exprimer ce qu'on pourrait appeler l'aspect inexplicable de la musique – que j'appelle illusion. Savoir utiliser l'illusion est aussi important pour un musicien que sa faculté de raisonner. Nous savons que la musique est une imitation de la nature et, par conséquent, la création est par définition illusion. Un piano n'a pas la faculté de prolonger le son comme un instrument à cordes ou un instrument à vent, et pourtant, par un usage judicieux des mains et de la pédale, un pianiste peut créer l'illusion du son continu. Il doit tout d'abord entendre le son dans sa tête, et ensuite se servir de ses mains pour le réaliser tel qu'il s'en souvient.

Raison et illusion ne sont pas nécessairement opposées. Éclairée par la raison, l'illusion peut être utilisée comme moyen d'expression ou de communication. Il y a de nombreux moyens techniques de créer l'illusion avec le piano : on peut créer l'illusion de portamento, en passant d'une note à l'autre sans solution de continuité. On peut réaliser cet effet en dosant soigneusement le volume, en passant d'une note très grave à une autre beaucoup plus aiguë, et en retardant imperceptiblement cette dernière, en la jouant à peine plus vite, en se servant des harmonies.

J'ai énormément appris sur la musique en lisant des ouvrages qui n'ont rien à voir avec elle – en particulier des œuvres de Spinoza et Aristote. Les livres sur la musique racontent toujours, il me semble, des choses parfaitement subjectives au sujet de ceux qui les ont écrits ! Les concepts de la philosophie, en revanche, peuvent parfois s'appliquer à ce que nous éprouvons au sujet de la musique. Dans le *De Anima,* Aristote parle des facultés de l'âme – celle de sentir, tout d'abord, puis la faculté intérieure de l'imagination et de la mémoire, enfin celle du raisonnement. A mes yeux, cela semble la bonne façon d'absorber une composition musicale. Celle-ci constitue un processus sans fin d'adaptation à l'œuvre, que l'on absorbe jusqu'à ce qu'elle fasse partie de nous-mêmes. Ce n'est que lorsque nous parvenons à ce stade que nous sommes en mesure de re-créer l'œuvre. Dans l'exécution, en revanche, le processus aristotélicien se trouve inversé : nous réfléchissons avant de commencer, puis, en utilisant nos sens, nous retrouvons nos premières sensations. L'impression sensorielle d'une composition musicale peut être éprouvée soit en la lisant, soit en la jouant. Chaque musicien a, à des degrés divers, la faculté d'entendre une œuvre rien qu'en la lisant. Son premier contact sensoriel est extrêmement subjectif – il perçoit l'œuvre à travers l'effet qu'elle produit sur lui – et sa perception n'est pas toujours fiable et ne constitue pas nécessairement une véritable connaissance de l'œuvre.

Il y a une anecdote intéressante et amusante qui illustre bien ce que je veux dire. Lorsqu'on demanda à Brahms quelle était l'exécution de sa deuxième *Symphonie* qu'il considérait comme la meilleure – il y en avait eu plusieurs en peu de temps – il répondit que c'était sa propre lecture de la partition.

De même que l'on peut voir dans l'homme un univers en miniature, la constitution d'une œuvre musicale est analogue à celle du corps humain. Il existe en anglais une différence précise entre souvenir et mémoire. Se souvenir et se rappeler sont deux choses différentes, et la distinction est importante en ce qui concerne la musique et son exécution. Un jeune homme se rappelle, un vieil homme se souvient. La mémoire est une faculté qui vient immédiatement à votre secours, tandis que le souvenir ne vient que par la réflexion. Pour se souvenir, il faut une certaine maîtrise dans l'art de l'illusion. Et cela implique un certain recueillement, et n'a que peu de chose à voir avec la mémoire. Il y a là quelque chose de très important, qui pose des problèmes graves aux interprètes d'aujourd'hui, dans la mesure où l'on joue tant d'œuvres de mémoire. Le souvenir exige un effort de la part de l'individu. Tout, dans l'interprétation musicale, repose sur le pouvoir de se souvenir. En d'autres termes, on a beau avoir appris *Tristan et Isolde* par cœur, et le connaître effectivement par cœur, être capable d'éprouver l'incandescence de la musique, il faut pouvoir se *souvenir* de cette incandescence, pas seulement s'en rappeler, et de représentation en représentation, accumuler la somme des souvenirs qui sont en nous. Diriger de mémoire signifie réellement connaître le moindre détail, chaque note, et ne pas s'en remettre à l'orchestre. Il ne suffit pas de se rappeler les notes, il faut aussi savoir comment il faut les jouer. La mémoire seule, si elle n'a pas le soutien du souvenir, devient mécanique, et faillible. La faculté de se souvenir est une condition de la création.

La langue est également d'une extrême importance pour l'interprétation. Un enfant qui entend parler français depuis le jour de sa naissance ne peut qu'être influencé par la sonorité de sa langue maternelle lorsqu'il joue de la musique. Cela est vrai aussi pour les Allemands, les Russes, et tous les autres. Le fait qu'en français l'accent principal tombe souvent en fin de mot induit certaines difficultés lorsqu'on essaie de mettre au point un phrasé en musique. Il n'y a dans ce domaine rien de si peu naturel qu'un accent qui tombe à la fin d'une phrase ou d'un passage. L'allemand, d'un autre côté, à cause de ses consonnes fortes, possède un certain poids qui se reflète dans la musique allemande. A plusieurs égards, la musique allemande est le contraire de la musique française. La difficulté principale, dans la musique allemande, du point de vue de la dynamique, est la lenteur de l'élaboration, de la *Steigerung* et l'idée de *allmählich steigern* que l'on voit souvent dans les partitions de musique allemande. La chose est difficile à traduire, elle signifie en gros « plus d'intensité » ou « progressivement plus intense ». On peut considérer que ce type de difficulté inhérent à la musique allemande est d'ordre structurel. Dans la musique française, chez Debussy et Ravel, on a exactement le contraire – c'est la rapidité des contrastes dynamiques qui crée la difficulté. C'est comme un flash soudain qui surgit;

un crescendo ou un diminuendo peuvent tenir dans une seule note, et il faut que le changement dynamique s'effectue le plus vite possible. En français on utilise un terme extrêmement suggestif pour cela : *étincelle* . Ce sont là des caractéristiques inhérentes à la langue qui s'entendent dans la façon dont jouent les musiciens de chaque pays. Les musiciens français éprouvent des difficultés avec les rythmes et les sons compacts, mais ont une aptitude prodigieuse à exprimer les couleurs sonores les plus recherchées, ainsi qu'à la vivacité de l'expression musicale. Les musiciens allemands ont un meilleur sens du rythme mais sans doute moins d'imagination sonore.

Il y a des choses en musique qui ont besoin d'être soulignées, mises en relief – des choses qui n'ont rien à voir avec un ralentissement soudain, ou une interruption du déroulement musical, mais avec la *mise en place* d'une note donnée ou d'un accord. Il est très difficile pour un musicien qui ne comprend pas l'allemand d'y parvenir de façon spontanée. Lorsque Wagner élabore ses grands monologues, que ce soit pour Wotan ou Isolde, il emploie souvent à la suite plusieurs mots commençant par la même consonne, ce qui crée un effet d'accumulation, une allitération qu'en allemand on appelle *Stabreim.* C'est la même chose lorsqu'on a quatre ou huit mesures, chacune ayant un accent forte piano. A la fin de l'introduction de la deuxième *Symphonie* de Beethoven, par exemple, on a cela avant d'aborder l'allegro – il y a un forte piano dans chaque mesure. Il y a une façon de placer le premier temps dans la mesure de manière à obtenir son poids naturel. A mes yeux, ceci correspond à la sonorité de la langue, et lorsqu'on essaie de faire comprendre cela à un musicien qui ne parle pas allemand, il exécutera bien sûr vos instructions, mais il y aura quelque chose de forcé dans sa façon de le faire. Je pense que ces différences de langue ont réellement une influence sur l'exécution de la musique. Elles sont liées au problème du tempo, à celui de la couleur. Dans les orchestres latins, les cordes ont souvent une aptitude à jouer légèrement, de façon aérée, et cela convient à de nombreuses œuvres. Certains musiciens allemands, qui ont une tendance naturelle à produire un son plus charnu, ont plus de mal à jouer ce genre de musique.

Le flair, le sens de la couleur et l'aptitude d'attacher autant d'importance au détail insignifiant qu'aux traits les plus essentiels sont autant de caractéristiques françaises. On ne peut commencer à lire une partition de Debussy si on n'est pas conscient de cela, ou si on ne le sent pas. C'est un trait qui se retrouve dans d'autres domaines de la vie en France – l'importance que les Français attachent non seulement à la nourriture, mais aussi à sa présentation, par exemple. Ils ont l'art de consacrer un temps et une énergie incroyables à des choses qui sembleraient dénuées de la moindre importance à d'autres peuples. Cela se sent très nettement dans leur musique. Dans leurs moments d'enthousiasme, ils sont capables de faire des choses tout à fait extraordinaires, et, dans le meilleur des cas, le résultat est très séduisant. C'est une des raisons pour lesquelles je garde de mes années en France beaucoup d'excellents souvenirs. D'un autre côté, avec de bons musiciens allemands, on sent les fondements mêmes de la musique dans leur façon de jouer. L'une de leurs qualités les plus impressionnantes est leur faculté de jouer fort, avec intensité, sans jamais produire de sonorité dure.

Les cuivres français ont de sérieux problèmes, qui sont liés à leur langue, quand il s'agit de jouer autre chose que de la musique française. Je me souviens d'une chose qui m'est arrivée alors que je dirigeais la quatrième *Symphonie* de Bruckner à la Scala de Milan, il y a de cela de nombreuses années. A cette époque, il y avait dans l'orchestre un corniste de grand talent qui n'avait jamais joué cette œuvre. Il n'y avait pas moyen de lui faire jouer la note brève dans la seconde mesure de son solo avec le poids nécessaire – il n'arrivait pas à donner l'ampleur voulue. C'est une chose qui est liée à la langue. D'un point de vue musical, soit les notes brèves appartiennent à celle qui les précède, soit elles annoncent la suivante. Dès que l'on a affaire à un rythme constitué par une note pointée, suivie d'une brève, celle-ci sera jouée plus tard, et plus vite dans tous les pays latins, parce que les langues latines ont une tendance à aller vers l'avant, ce qui fait que les petites notes ont tendance à venir plus tard, et à se lier à la note suivante. Un musicien allemand, au contraire, jouerait cette même petite note en la liant à la précédente.

Très tôt dans ma carrière, j'ai entretenu une relation privilégiée avec l'Orchestre Philharmonique d'Israël – en raison d'une certaine chaleur dans le jeu de l'orchestre, qui vient de la façon la plus naturelle aux musiciens juifs, ainsi qu'une générosité d'esprit qui répondait à mon attachement personnel pour de nombreux musiciens. J'éprouvais une sorte de fanatisme – je dis cela au sens positif – lorsque j'étais en face de l'Orchestre Philharmonique d'Israël. Lorsqu'ils sont en train de jouer, plus rien au monde n'a d'importance, rien d'autre n'existe.

S'il y a une chose que les meilleurs musiciens juifs ont en commun avec les meilleurs musiciens allemands, c'est bien cette faculté peu commune de se détacher de la vie de tous les jours, et de toutes leurs activités extra-musicales dès qu'ils commencent à jouer. J'ai l'impression qu'il s'agit d'une faculté quasi métaphysique ou transcendante – pour les Juifs, cela peut s'expliquer par leur culte pour l'étude. Dans les séminaires juifs, plus rien au monde n'existe dès lors qu'on commence à étudier la Torah et le Talmud. C'est la raison pour laquelle, durant les pogroms, tant de Juifs furent tués tandis qu'ils étaient perdus dans l'univers de leurs études. En de tels moments, ils ne se lèveraient même pas pour se défendre.

Si l'on voulait pousser le trait un peu trop loin en disant que le musicien latin est élégant, et le musicien allemand est intense, alors on pourrait décrire le musicien juif en disant qu'il a une chaleur particulière – on parle de « son juif » à propos de certains grands violonistes.

15

Sur l'interprétation

Un chef-d'œuvre peut être interprété de mille façons, à la seule condition de ne pas le trahir. Il n'est cependant pas possible de réunir toutes les interprétations possibles en une seule exécution, pas plus qu'il n'est possible de vivre plusieurs vies. L'interprète, ou le musicien, ne pourront jamais percevoir en même temps tous les aspects des nombreuses interprétations possibles. En une seule exécution, on ne peut en avoir qu'un aperçu.

Nous avons souvent tendance à nous obnubiler sur un point de vue, ou une conception de l'œuvre, et devenons ainsi aveugles aux autres possibilités. A mes yeux cependant, le dualisme, la nature paradoxale des choses, est l'essence même de la musique. Ce n'est pas une coïncidence si la forme sonate, qui repose sur ce dualisme, est l'une des formes d'expression les plus parfaites. La structure d'une sonate ou d'une symphonie de Beethoven repose sur ce principe dualiste. C'est lui qui fait ressortir l'essence dramatique de la musique, qui ne se définit pas en termes de sonorités plus ou moins fortes, de rythmes plus ou moins rapides : c'est la musique elle-même qui est dramatique, même dans ses formes les plus épiques comme les compositions de Bach. Le premier sujet peut avoir un caractère héroïque, le second peut être plus lyrique, par exemple; c'est la juxtaposition de ces éléments opposés qui confère à la musique une impression de tension, et la rend si passionnante.

A tort ou à raison, je ne me suis jamais penché sur le problème des instruments anciens. L'idée de jouer Bach et Scarlatti au clavecin m'a toujours tenté, il est vrai, mais je ne l'ai jamais mise à exécution. Je n'ai jamais eu envie, et n'ai jamais éprouvé un besoin urgent, de diriger Mozart à la tête d'un orchestre jouant sur des instruments dits d'époque. Mais je pense qu'une grande partie du travail accompli par les musiciens qui se sont consacrés sérieusement à la musique ancienne nous donne à tous matière à réfléchir, en particulier en ce qui concerne la nécessité d'articuler la musique du XVIIIe siècle aussi clairement que possible. Vers le milieu de ce siècle, juste après la Seconde Guerre mondiale, une réaction s'est produite contre la façon de jouer Haydn et Mozart que nous avions héritée du XIXe siècle : la nouvelle école prônait l'objectivité dans l'exécution, et voulait se débarrasser des excès de la tradition romantique, ainsi que de tous les éléments qui ne convenaient pas, d'un point de vue stylistique, à ce que devait être l'exécution de la musique du XVIIIe siècle. Mais l'articulation et le phrasé véritables étaient souvent sacrifiés soit à la beauté ou la plénitude du ton ainsi qu'à une certaine liberté en ce qui concerne le tempo. Les bons musiciens qui se sont intéressés aux instruments d'époque ne se sont pas contentés de les utiliser; ils ont aussi essayé de faire des recherches, et de retrouver l'expression qui était celle de ces instruments au XVIIIe siècle. Bien entendu, je pense qu'il est tout à fait possible de jouer Haydn et Mozart sur des instruments d'époque. De même, on doit pouvoir jouer Mozart et Beethoven comme si Wagner n'avait pas existé et, en disant cela, je ne pense pas seulement aux problèmes liés à l'orchestration. Ce que je veux dire va plus loin. Wagner a inventé, ou du moins perfectionné, des moyens d'expression jusqu'alors inconnus. Parfois, il est tentant, voire séduisant d'utiliser les mêmes moyens dans la musique d'autres compositeurs, et de jouer tel mouvement de Mozart ou de Beethoven avec le legato, et la gamme dynamique illimitée de Wagner. Bien entendu, tout cela est contraire à la nature de la musique. Il serait certes aberrant de se priver de certaines possibilités d'expression que nous devons à Wagner, mais il importe de savoir lesquelles peuvent être utilisées dans toute musique, et lesquelles ne peuvent l'être que dans sa musique et celle de ses successeurs. Jouer Mozart et Beethoven avec la liberté de tempo, l'immense gamme dynamique dont on a besoin chez Wagner, serait une sorte d'« anachronisme rétrospectif ».

Goethe prétendait ne pas savoir ce qu'il avait emprunté à l'*Éthique* de Spinoza, et ce qu'il y avait lui-même mis. Lorsqu'on assimile une chose, celle-ci devient une part de soi-même, mais alors il faut l'adapter à ses besoins.

Dans la musique, et particulièrement en ce qui concerne l'interprétation, il est extrêmement important de comprendre la nature de ce que Spinoza appelle « les attributs ». C'est ce que je veux dire lorsque j'écris que les différents attributs ne sont pas nécessairement des choses différentes, mais des aspects différents d'une même chose. Ainsi, des exécutions différentes ne sont pas seulement des interprétations différentes : elles correspondent également, sur un plan supérieur, à divers aspects d'une même interprétation. C'est pourquoi les exécutions sont rarement aussi différentes qu'on le pense : l'essence de l'interprétation demeure la même. Et les exécutions ne sont pas non plus aussi semblables qu'on se l'imagine. Tant que le rapport entre les parties et le tout est respecté, les parties peuvent différer sans changer la totalité organique. Tant que l'on comprend et que l'on sent la structure et la nature d'une phrase, on peut trouver de nombreuses façons de l'interpréter. Ces divers attributs ne correspondent pas nécessairement à des aspects différents d'une même chose. C'est là un autre exemple de la façon dont la pensée philosophique peut venir à notre aide pour élucider certains aspects de l'interprétation musicale.

Il n'y a pas d'interprétation parfaite. On ne peut que progresser en observant en permanence les divers moyens d'expression mis en jeu dans chaque exécution ou répétition. J'ai souvent pu observer que tant qu'il y a une conception claire de ce qu'il faut souligner dans une exécution, le jeu des contrastes peut varier d'une exécution à l'autre. On peut créer la tension dans n'importe quel acte d'un opéra de Wagner en ayant recours à des moyens d'expression opposés.

J'ai vu des représentations, même à Bayreuth, où le passage permanent d'une phrase, où la musique semble littéralement s'abandonner, à une autre, dont le tempo est au contraire plutôt strict, créait une tension prodigieuse. Et paradoxalement, une tension du même ordre peut être obtenue en mettant simplement l'accent sur la rigueur du tempo. J'ai entendu des exécutions au cours desquelles on commettait les pires crimes contre le texte écrit, du point de vue de l'articulation, de la dynamique et de l'équilibre, mais aucun critique n'en parle jamais. Les critiques limitent trop souvent leurs analyses à la façon dont le tempo a été respecté pendant l'exécution.

Il est très important que les musiciens, les auditeurs et les critiques se rappellent que le tempo n'est qu'une partie de l'ensemble. Il est lié à l'ensemble, et ne constitue en aucune façon une force indépendante et objective. Il y a des musiques qui supportent plus de liberté et plus de souplesse que d'autres. Utiliser le rubato dans la « Danse Sacrale » du *Sacre du Printemps* serait aussi aberrant que de ne pas le faire dans les nocturnes de Chopin ou un opéra de Wagner.

Le problème de l'interprétation devient plus complexe dès lors que l'on aborde l'œuvre de quelqu'un d'autre. Personne ne songerait à discuter les libertés que Boulez prend lorsqu'il dirige une de ses propres œuvres, mais s'il prenait la moindre liberté dans Stravinski ou Ravel, ce serait un tollé général.

Certaines conditions extérieures peuvent jouer un rôle déterminant dans le choix d'un tempo. Ceci peut s'appliquer à un moment précis, dans un lieu donné qui a une acoustique, une tension et un volume particuliers. Dans une église qui résonne beaucoup, on est contraint de choisir un tempo légèrement plus lent que dans un endroit dont l'acoustique est sèche, parce que le son a besoin de plus de temps pour s'épanouir complètement. Si on devait jouer toute l'ouverture de *Figaro* ou le dernier mouvement de l'*Appassionata* pianissimo, on pourrait les jouer encore plus vite qu'un excellent interprète, ou qu'un bon orchestre, et l'oreille serait encore en mesure de l'entendre. Mais sitôt que les contrastes dynamiques sont plus importants, comme la musique l'exige expressément en l'occurrence, cela influe sur le tempo. Au-delà d'un certain tempo, l'oreille ne peut pas saisir complètement toute la substance sonore qui est produite.

On peut, à l'inverse, tomber dans l'excès de lenteur. Si le vibrato des cordes, ou les tensions harmoniques de la musique manquent d'intensité, même un tempo relativement vif paraîtra trop lent. Lorsque le tempo est juste, les diverses composantes peuvent toutes entrer en relation dans une parfaite harmonie. La plupart des compositeurs qui utilisent des métronomes ont tendance à donner des indications métronomiques trop rapides – nous le savons non seulement d'après certaines indications exagérément rapides de Beethoven, mais aussi de Bartók. A l'opéra, quand on répète au piano avec un chanteur, la masse sonore est considérablement moins importante que celle produite par un orchestre au grand complet, et naturellement on prend la musique sensiblement plus vite. Plus la masse sonore est importante, plus elle a besoin de temps. La masse sonore est donc un facteur déterminant pour la justesse du tempo. Si l'on dispose d'un orchestre capable de donner la masse nécessaire, on peut prendre un certain tempo plus lentement. Avec un orchestre qui n'en est pas capable, il faut prendre la même œuvre sur un tempo imperceptiblement plus rapide.

Le métronome est comme une montre. Celle-ci marche, sans répit, tant que la pile dure. Cela ressemble au temps objectif indiqué par le métronome. Le temps subjectif est fonction de ce que nous faisons. Lorsque nous nous amusons, ou quand nous sommes particulièrement absorbés, nous ne voyons pas le temps passer même si la pendule continue son tic-tac, toujours à la même vitesse. Et à l'extrême inverse, lorsque nous nous ennuyons, ou que nous sommes contrariés, cinq minutes peuvent paraître une éternité. Le métronome représente le temps objectif, le rubato, le temps subjectif. Et la tension dépend de la façon dont on remplit les soixante secondes qui composent une minute.

Dès qu'un compositeur achève une œuvre, celle-ci prend

place dans notre cosmos, notre univers. Elle échappe à son créateur, et est désormais soumise aux lois du cosmos, à celles de l'acoustique, de la masse sonore, à l'aptitude de l'oreille à absorber une quantité variable de notes selon des moments. En tant qu'interprètes, notre relation à une œuvre ressemble à celle du compositeur au cosmos. Avant que le compositeur l'ait écrite, avant qu'elle soit exécutée, la composition dépend exclusivement du cerveau du compositeur. Elle est enfermée à l'intérieur de son imagination. Dès lors qu'elle est sur le papier, elle appartient à l'imagination de celui qui la déchiffre, et sitôt qu'elle est jouée, elle est soumise aux lois de l'univers. Le compositeur n'est pas forcément le meilleur interprète de son œuvre. Tant que l'œuvre musicale reste dans son imagination, il est le seul et irréprochable juge des différents éléments qui doivent la composer. Lorsqu'elle devient une réalité perceptible, toutefois, rien ne garantit qu'il percevra tous les éléments qui sont entrés dans la création de son œuvre.

Il y a une distinction évidente, mais vitale entre les musiciens qui créent la musique et ceux qui l'interprètent. L'interprète n'a pas l'originalité, la créativité du compositeur. Il est original dans ses recréations, mais il utilise une matière qui existe déjà. Il est le réalisateur de la musique, mais c'est le compositeur qui en a eu la vision.

A mon avis, l'une des qualités primordiales qui distinguent l'être humain est sa capacité de lutter pour la liberté – non seulement la liberté politique, mais aussi la liberté de pensée et d'action. Mais l'homme est très souvent l'esclave de la nature – il est l'esclave de ses émotions – de ce qu'il aime, de ce qu'il déteste, de la famille, de la société, de l'Église. Être libre d'un côté signifie souvent que l'on est enchaîné de l'autre. Lorsqu'un homme devient maître après avoir été esclave, cela veut dire bien souvent qu'il a seulement changé de forme d'esclavage – j'entends par là qu'il est entré dans une nouvelle dépendance, par rapport à des besoins physiques, matériels ou affectifs. Tout cela s'explique, à mon sens, par le lien très étroit qui existe entre la liberté et la peur. Celui-ci m'est clairement apparu, d'un point de vue politique, dans les sociétés qui existaient en Union soviétique et en Europe de l'Est avant la récente montée du libéralisme, et les premiers pas vers la démocratie. On a toujours affirmé que l'un des aspects les plus cruels du système soviétique était que les gens n'étaient pas libres de voyager, et n'avaient pas le droit de faire maintes choses que l'on pouvait faire librement à l'Ouest. Mais à mes yeux, il y avait plus grave encore : le système soviétique créait des êtres humains dont l'existence tout entière était dominée par la peur. Je ne pense pas qu'il soit absolument essentiel pour tous les habitants de Riga ou de Leningrad de passer des vacances à Naples. Bien sûr, ça peut être très agréable, mais en aucune façon indispensable. A mon avis, ce qui est beaucoup plus choquant, c'est d'obliger des hommes à vivre dans une société où l'émotion primordiale est la peur, où chaque individu a peur de ses amis, de sa famille, et craint pour sa vie à cause de ses opinions. Pour moi, cette relation entre la liberté et la peur est d'une extrême importance.

L'un des résultats de l'oppression est l'anxiété de l'esprit et l'angoisse du cœur. C'est un sujet sur lequel Spinoza dit des choses très importantes, et il a largement contribué à former mes conceptions sur la musique, et celles qui guident ma vie personnelle. Cette anxiété de l'esprit, cette angoisse du cœur que nous éprouvons parfois sont ce qui nous empêche d'être aussi créatifs que nous voudrions, ou devrions l'être. Sachant que les choses qui nous procurent du plaisir dans la vie sont temporaires, nous essayons continuellement de nous assurer de leur possession. On peut collectionner les polices d'assurance au sens propre comme au sens figuré – mais nous sommes incapables de surmonter notre peur de perdre l'objet de notre affection. Il nous faut donc trouver un moyen de soulager, ou de diminuer notre angoisse.

Dans la musique, il est aussi important de considérer les détails dans leur relation avec l'ensemble, que, pour des êtres humains, de s'envisager en fonction de leur rapport à la nature ou à l'univers. Une exécution musicale qui ne traduirait pas une conscience de cela ne serait guère qu'une suite de beaux instantanés. Elle serait l'équivalent d'une vie passée à goûter les plaisirs de l'instant présent, sans considération pour les vraies valeurs ou pour notre place dans l'univers.

Si l'on décide de passer sa vie en musique, on évolue dans une sphère différente. Il n'y a pas d'assurance pour la pensée musicale juste, et certainement pas davantage pour l'interprétation musicale. Le risque est toujours maximum. On cède facilement à la tentation de la facilité. Les bois et les cuivres dans un orchestre, en particulier, diront volontiers : « Si une note est difficile à contrôler, il n'y a qu'à la jouer plus fort. » Par conséquent, on choisit la solution de facilité – on joue un peu plus fort, comme cela on est sûr que la note sera bien là. Mais ce n'est pas vraiment de cela qu'il s'agit en musique. La musique exige un engagement total de la part de l'interprète, une dévotion et une discipline extrêmes – ce qui ne revient pas à de la superstition. On sait à quel point il est facile de succomber à cette dernière et de croire en quelque puissance surhumaine, vers laquelle on peut se tourner en dernier recours. Je me dis parfois que la différence entre un optimiste et un pessimiste est que le premier croit que son Dieu l'aidera quand toutes les ressources de la raison se seront révélées vaines, alors que le pessimiste croit *a priori* que Dieu ne l'aidera jamais.

Et il a parfois raison. C'est vrai, par exemple, en ce qui concerne les défaillances de la mémoire : on a beau penser, analyser et travailler, il peut toujours venir un moment où la concentration nous fait défaut – c'est parfois même inévitable. Le souvenir s'enfuit, seule demeure la mémoire de nos doigts qui continuent à jouer. Et personne ne se rend compte que, pendant quelques secondes, nous avons été victimes d'un trou de mémoire.

Pour bien travailler une œuvre, il faut essayer toutes les formes d'expression possibles, ainsi que leurs réalisations, avant d'en choisir une. Il y a tant de façons différentes de phraser, et d'équilibrer ! Il y a toujours plus d'une solution, et la bonne – celle que l'on recherche – ne peut pas toujours être trouvée du premier coup. C'est presque comme un kaléidoscope – il y a plusieurs options pour construire chaque phrase de notre exécution, plus, en fait, que nous n'en pourrons jamais utiliser. Il faut par conséquent en éliminer certaines, et en choisir une seule. Celibidache a raison de dire que répéter signifie : dire non! un millier de fois. Tant qu'on n'a pas essayé, puis rejeté les autres, nous ne pouvons pas être sûrs d'avoir choisi la meilleure solution. Cela s'applique même à des problèmes d'ordre purement technique, comme le choix d'un doigté au piano, ou les coups d'archets aux cordes. Mais on n'a pas toujours besoin de choisir le doigté le plus expressif – parfois même une note répétée exige un doigté différent, afin d'éviter une répétition trop mécanique. Nous devons constamment nous efforcer d'extraire la quintessence du morceau sur lequel nous travaillons. Il faut également travailler en allant du plus compliqué au plus simple. La complexité, jusqu'à ce qu'elle ait été analysée méthodiquement, n'est qu'un chaos. A la lumière de l'analyse, elle apparaît comme l'accumulation de détails ordonnés. Les carnets d'esquisses de Beethoven montrent qu'il composait selon cette méthode. La version finale, telle que nous la connaissons, est souvent considérablement plus simple que la première. L'inspiration initiale d'un compositeur, comme celle d'un interprète, est souvent désordonnée, et par conséquent d'une complexité injustifiée. Pour simplifier à l'excès, on pourrait dire que la différence entre une grande œuvre et une œuvre mineure tient à ce que les grandes œuvres ont toutes été élaborées en partant du plus compliqué vers le plus simple – non pas dans l'acception primitive de ce terme, mais dans le sens d'une plus grande clarté. Les *Notations* de Boulez, par exemple, paraissent d'une indéchiffrable complexité à première vue. Mais dès qu'on commence à les analyser, on se rend compte qu'elles sont d'une grande transparence, et d'une grande clarté, et ce non seulement du point de vue de l'orchestration, mais également en ce qui concerne le discours musical.

Spinoza a écrit que la connaissance est bien autre chose qu'un amalgame d'informations. Il faut faire, en fait, une distinction entre expérience et connaissance. Beaucoup de problèmes tels que le trac au moment de jouer sont liés à une trop grande dépendance par rapport à l'intuition pure, ou à une connaissance empirique. Lorsque l'on sait comment une œuvre de musique est construite, comment elle réagit aux lois qui gouvernent la sonorité et le phrasé, on a déjà moins de raisons d'avoir peur. Cela ne veut pas dire qu'on puisse toujours être totalement maître de ses nerfs. En fait, il y a deux sortes de trac : celui qui vient de la peur de n'être pas capable d'accomplir tout ce que l'on veut, et, bien sûr, celui qui résulte du manque de connaissance. La répétition mécanique est l'équivalent musical de la superstition. On se croit en sécurité parce qu'on a répété de façon mécanique, et que ça a bien marché trois ou quatre fois. Mais c'est une illusion, et une idée fausse.

Le contact avec le public apporte inévitablement un élément qui peut se révéler soit favorable, soit déstabilisant, dans la mesure où il abolit la solitude dans laquelle le musicien a travaillé, et trouvé sa confiance. Ce qui compte surtout, pour un musicien, dans le processus de re-création, c'est d'être capable de re-composer une œuvre, de la démonter, et de la remonter à nouveau. Ceci constitue toujours un processus de création, qui peut l'aider à pénétrer l'univers du compositeur. A l'origine, celui-ci a une idée : un fragment de mélodie, un motif harmonique, et il la développe, la simplifie, ou la complique, l'amplifie. Il peut l'associer à une autre idée. Et puis, après une grande inspiration, ou un rude labeur, ou l'un et l'autre, il parvient à la forme achevée. Il va du détail vers le tout.

L'interprète commence par percevoir la totalité achevée. Il doit par conséquent retracer le chemin qui le mènera de la totalité au détail. Même si un compositeur a écrit une œuvre dans un éclair d'inspiration, en s'appuyant sur son instinct créateur subconscient, l'interprète doit faire usage de sa raison, de son entendement et de son sens de l'observation, pour recréer consciemment cet élément subconscient. Si l'interprète travaille exclusivement, ou principalement de façon intuitive, il risque de parvenir à un résultat qui n'a rien à voir avec l'esprit de l'œuvre. Mais s'il peut vérifier son intuition de l'œuvre aux moyens de l'observation consciente, il dialoguera avec des associations et des motifs qui procèdent vraiment de l'œuvre telle que le compositeur l'a créée. Ceci, bien sûr, n'implique absolument pas qu'il saisira exactement les intentions du compositeur, mais du moins les risques de contresens seront-ils écartés.

Le compositeur a ce que l'on peut appeler une double « autorité » – celle qui s'exprime au moyen du système conventionnel de la notation musicale, et celle qui réside dans les pensées musicales informulées. C'est l'équivalent de la relation entre la lettre et l'esprit : ce qui est écrit peut nous mener à l'imagination du compositeur – à ses pensées musicales inexprimées. Mais, paradoxalement, ce n'est que par l'imagination que l'on peut saisir la pleine signification des notes écrites. En musique, il ne peut y avoir de séparation entre pensée et émotion, entre raison et intuition – tous ces éléments se combinent en une unité. L'observation en profondeur nous aide à comprendre la construction d'une œuvre, et à la mémoriser. Einstein disait que la seule chose inexplicable, dans l'univers, c'est qu'il soit explicable. On pourrait presque le paraphraser en disant que ce qu'il y a de plus explicable dans la musique, c'est qu'elle est inexplicable. Au terme de toutes les observations, et de toutes les analyses, il reste toujours un élément qui demeure incompréhensible. C'est là que réside, à mes yeux, la qualité transcendante de la musique.

Ce que j'ai appris en lisant Spinoza, au sujet du pouvoir de la raison de surmonter l'angoisse du cœur m'a beaucoup aidé à affronter la musique, et tout ce qui l'entoure – les médias, l'adulation, les critiques, et l'envie. Nous autres musiciens sommes constamment aux prises avec des gens qui vivent à la périphérie de la musique – agents, managers, administrateurs, membres du grand public, et critiques. La musique est un des sujets sur lesquels chacun pense avoir le droit d'exprimer une opinion. J'ai souvent rencontré des gens qui se montraient soit enthousiastes, soit extrêmement perturbés, par tel tempo, et qui en parlaient sans avoir la moindre idée des choix qui l'avaient déterminé. Je ne connais pas d'autre profession dans laquelle les gens se sentent ainsi appelés à donner leur avis sur tout et n'importe quoi.

Aucune exécution musicale ne représente le bout du chemin : c'est toujours le commencement d'une nouvelle étape. Une interprétation représente la somme et le sommet de ce qui a existé auparavant, et le prélude à ce qui suivra. Aucune exécution digne de ce nom ne se conçoit sans que l'artiste y ait trouvé une compréhension plus approfondie. Il est très important pour les musiciens de concert d'apprendre une œuvre non seulement instinctivement ou de façon subconsciente, mais également d'observer et de bien assimiler les ingrédients utilisés par le compositeur lors de la création. Jamais une œuvre n'est sortie toute composée du cerveau d'un compositeur. La musique, bien au contraire, s'élabore pas à pas – le compositeur laisse de côté ce qui n'est pas essentiel, pour ne retenir que ce qui est indispensable – on voit cela dans les carnets de Beethoven – et je vois en cela un autre exemple de retenue expressive. Nous ne pouvons nous exprimer nous-mêmes qu'après avoir acquis une connaissance intime du texte du compositeur, et avoir trouvé la manière qui est la nôtre de le « dé-composer ».

Je crois qu'il est important de comprendre comment un compositeur en est venu à écrire ce qu'il a écrit – en d'autres termes, quels moyens il a utilisés. Quels étaient les relations harmoniques, la ligne mélodique, les motifs rythmiques et les liens qui existaient entre eux ? Quelles *instructions* a-t-il laissées pour l'interprétation ? Le compositeur a inscrit des symboles conventionnels, des notes – c'est là ce qui est explicite. Ce qu'il nous faut rechercher, c'est le moyen d'en saisir la pleine signification. Souvent, je suis arrivé à un phrasé ou un doigté particuliers en travaillant un autre passage. Ce qui est manifestement simple devient souvent inutilement compliqué, mais un passage compliqué peut tout aussi bien devenir non seulement simple, mais également plus expressif.

Si la partition dit allegro, et que l'on joue adagio, c'est aller trop loin; et c'est pareil lorsqu'on joue un diminuendo à la place d'un crescendo. La liberté rythmique ne saurait être l'effet de l'arbitraire, ni du caprice. Chaque élément doit, d'une façon ou d'une autre, être lié à la totalité organique. Bien sûr il y a des différences d'ordre stylistique entre les compositeurs : certaines choses, en particulier en ce qui concerne le volume et la souplesse du tempo, sont possibles chez Puccini, impossibles chez Bach, et inversement. Mais la notion de liberté en elle-même est la même pour Bach, Stravinski, Puccini ou Wagner. Pour ma part, je n'essaie jamais de modifier les indications d'un compositeur, mais je m'efforce de trouver une relation entre elles. Cette relation s'applique également aux aspects quantitatifs de l'exécution : lorsque la partition dit accelerando, je me demande toujours : jusqu'à quel point faut-il accélérer ? Et de même lorsqu'elle dit diminuendo. Et que se passe-t-il quand la partition ne dit rien ? Dans le Finale de la septième *Symphonie* de Bruckner, il y a un crescendo irrésistible jusqu'au paroxysme ultime : il ne saurait, à mon avis, être question de l'interrompre, ni même de le freiner. Car, à partir de ce moment, la musique reçoit un élan vers l'avant qui se prolonge jusqu'à la fin.

En tant que musicien, j'apprends constamment de nouvelles œuvres, et en même temps, je reviens sans cesse à l'étude de certains chefs-d'œuvre que je connais déjà, et que je joue depuis mon enfance. A mesure que ma vie se poursuit dans la musique, la distinction devient plus claire entre les œuvres d'un intérêt épisodique et celles qui sont désormais les compagnes de toute une vie.

TABLE DES MATIÈRES

Cet ouvrage a été réalisé par la
SOCIÉTÉ NOUVELLE FIRMIN-DIDOT
Mesnil-sur-l'Estrée
pour le compte des Éditions Belfond
en mars 1992

Imprimé en France
Dépôt légal : mars 1992
N° d'édition : 2883 – N° d'impression : 20350